작은 나라,
당찬 외교

작은 나라, 당찬 외교
© 안문석, 2025

초판 1쇄 2025년 2월 26일 찍음
초판 1쇄 2025년 3월 20일 펴냄

지은이 | 안문석
펴낸이 | 강준우
인쇄 · 제본 | 지경사문화

펴낸곳 | 인물과사상사
출판등록 | 제17-204호 1998년 3월 11일

주소 | (04037) 서울시 마포구 양화로7길 6-16 서교제일빌딩 3층
전화 | 02-471-4439
팩스 | 02-474-1413

ISBN 978-89-5906-787-9 03300
값 19,000원

작은 나라,
당찬 외교

안문석 지음

줏대 있는 외교, 결기 넘치는 외교

우리의 외교는 어디로 갈 것인가?

인물과
사상사

Prologue

사람도 그렇지만 국가는 약하면 서럽다. 이리 치이고 저리 치여 주권을 지키기 어렵다. 주권은커녕 '국가 자율성national autonomy'도 흔들거린다. 강대국이 왼쪽을 지향하면 왼쪽으로, 오른쪽을 바라보면 오른쪽으로 가야 한다. 그런 신세를 면하려면 두말할 필요 없이 힘을 길러야 한다. 좀 작더라도 경제력과 군사력이 강하고, 문화적인 깊이가 있는 나라들은 그렇게 휘둘리지는 않는다.

강대국들도 만만한 나라들만 쉽게 대한다. 뻗대고 버티고 말 많은 나라, 작은데도 가진 게 있는 나라는 함부로 대하지 않는다. 가진 게 있으면서 배짱도 있는 나라는 오히려 경계한다. 가진 게 없으면서 뻗대면 깨부수려 하고, 가진 게 있는데도 말 잘 듣는 나라는 만만하게 생각한다.

　작은 나라들은 이 중 어떤 길을 갈지 노선을 정해야 한다. 그래서 일단 가지려 한다. 경제를 발전시키려 하고, 첨단 무기를 가지려 한다. 모든 나라가 그런 노력을 함에도 이를 이루는 나라는 많지 않다. 내부적인 요인 때문이든 외세의 방해나 침략 때문이든. 제2차 세계대전 이후 수많은 나라가 생겨났지만, 성장을 이루고 강소국을 만들어낸 나라는 몇몇에 불과하다. 한국과 타이완, 싱가포르 등이 대표적이다.

작은 나라가 강소국으로 성장하는 것이 어렵지만, 강소국으로 생존해 나가는 것은 더 어렵다. 어떤 나라는 강대국에 붙어살고, 어떤 나라는 강대국과 거리를 유지하며 산다. 전자가 '편승 전략bandwagoning strategy'이고, 후자가 '중립 지위 전략neutralist position strategy'이다. 아예 다른 나라와 연대해서 강대국에 저항하는 '균형 전략balancing strategy'을 쓸 수도 있다.

편승하면 쉽게 지낼 수 있다. 이런저런 떡고물을 받아먹으면서 필요할 때 강대국 편을 들어주면 된다. 이에 비해 중립 지위 전략은 피곤하다. 강대국의 요구를 그때마다 피하면서 중립을 지켜갈 방책을 찾아내야 한다. 균형 전략은 위험하기까지 하다. 잘못하면 공격을 당할 수 있다.

편승이 쉽지만 모든 강소국이 그 길을 가지는 않는다. 왜일까? 국가도 자존심이 있기 때문이다. 사람과 다를 바 없다. 사람은 왜 열심히 공부하고 열심히 일하는가? 자존심 때문이다. 남한테 굽신거리지 않고, 남에게 아쉬운 소리 하지 않기 위해 열심히 산다. 을보다는 갑으로 살기 위해 남들보다 더 하는 것이다.

국가도 자존심을 지키면서 살기 위해 힘을 기른다. 좀 분석적으로 얘기하면, 국가 이익을 분명하게 확보하기 위해 힘을 추구하는 것이다. 그렇다면 국가 이익, 즉 국익이란 무엇일까? 생존survival, 번영prosperity, 명성reputation이다. 국익이라고 얘기할 때 그 내용을 쪼개보면 생존, 번영, 명성 가운데 하나이거나 두 가지, 혹은 이 세 가지 요소를 모두 의미한다.

약소국은 국익의 세 요소를 확보하기가 매우 어렵다. 생존을 위해 애쓰는 나라도 많다. 생존 걱정을 벗어나 번영을 위해 노력하는 나라도 있다. 생존과 번영을 확보한 나라라면 작지만 강한 강소국이라고 할 만하다. 강소국 가운데에서도 명성까지 갖췄다면 최강소국이라고 불러줄 수 있을 것이다. 작은 나라들은 이 최강소국이 되기를 소망한다. 자존심과 자존감을 지키면서 강대국에 휘둘리지 않고, 할 말을 하는 외교, 즉 '주장 있는 외교assertive diplomacy'를 하는 것이다.

하지만 그러지 못하는 약소국이 많다. 생존, 번영은 어느 정도 확보했는데, 명성을 얻으려는 노력을 게을리 하는 나라가 많다. 쉬운 길을 가면서 좋은 게 좋다는 식의 외교를 계속하는 나라들이다. 최고 정책 결정자나 정부의 엘리트들이 그 길에서 이익을 많이 확보하고 있을 때 이런 외교는 계속된다. '지대 추구 외교rent-seeking diplomacy'로 이름 붙일 수 있겠다. 지대 추구는 이미 확보하고 있는 이익을 지속적으로 추구하면서 더 이상의 혁신을 시도하지 않는 모습이다. 경제에서의 이러한 행위를 그대로 외교에 옮겨놓은 것이니 '지대 추구 외교'라 할 수 있겠다.

'지대 추구 외교'가 지속되는 나라에는 미래가 없다. 큰 나라도 그렇고, 작은 나라는 더 그렇다. 이 책은 그런 길과 반대로 가는 나라들을 모았다. 최강소국의 자격을 갖췄거나 그 길로 가려 하는 나라들이다. 1부에서는 약소국과 약소국의 외교에 대해 다뤘다. 2부에서 소개하는 싱가포르, 코스타리카, 쿠바는 인구도 국토도 작지만 강대국 못지않은 스케일 큰 외교를 하는 나라들이다. 3부에 나오는 베트남, 리투아니아, 네덜란드는 무엇보다 자주와 자존심, 소신을 중심에 두고 외교를 펼치는 국가들이다.

4부는 작지만 큰 배짱으로 결기 외교를 해온 아이슬란드와 북한의 외교 양태를 설명한다. 5부는 처음부터 끝까지 자국의 실리에 우선순위를 두고 외교를 해 나가는 튀르키예와 지부티를 소개한다. 6부는 중립 외교를 펼치고 있는 3국을 분석한다. 고슴도치처럼 웅크리고 있으면서 필요할 때 국제사회로 나아가는 스위스, 강대국 못지않은 자주국방과 자립 경제 체제를 갖추고 있는 스웨덴, 국제사회의 주요 이슈에 적극 목소리를 내면서도 중립을 지키는 오스트리아의 특색 있는 외교를 설명한다.

일반 사회인이나 학생이 읽어도 좋겠지만 외교관 지망생이나 현직 외교관이 이 책을 읽어준다면 더 좋겠다. 읽으면서 가끔씩 책에서 눈을 떼고 먼 산을 보면서 '우리는 어디로 가야 되지?' 이런 질문을 할 수 있다면 더 이상 좋을 수가 없겠다.

2025년 2월

안문석

CONTENS

약소국의 외교

Chapter 1

외교란 무엇인가?

외교는 우리 일상생활과 직접 관계는 없는 듯하고 특별한 사람들이 하는 것처럼 보여, 보통 사람들이 별로 신경 쓰지 않는 분야이다. 하지만 외교는 우리 생활에 직접적인 영향을 주고, 그래서 우리가 늘 관심을 가져야 하는 부문이다. 우리가 미국과 협상을 잘하면 우리나라 자동차 수출을 늘릴 수 있다. 그러면 우리의 일자리가 늘어나고, 그만큼 우리 삶이 나아진다. 반대로 북한과 대화를 안 하고 대결 일변도로 가면, 한반도의 안보지수는 낮아지고 우리 경제는 나빠지기 십상이다.

이렇게 외국과 협상을 해서 자국의 안보나 경제, 문화 등에 유리한 국제환경을 만들어 나가는 것이 외교이다. 유명한 학자들이 외교에 대해 정의했는데, 그중 영국의 외교관이며 학자인 해럴드 니컬슨Harold Nicolson이 제시한 견해가 가장 잘 알려져 있다. 니컬슨은 자신의 책『외교론Diplomacy』에서 외교를 '한 인간의 집단이 그들과는 이질적인 집단과의 관계를 질서 있게 처리하는 것'이라고 정의했다.

이러한 논의들을 참고해 외교를 정의한다면, '나라와 나라 사이뿐만 아니라 사람들이 이루고 있는 집단이 다른 집단과 일정한 관계를 형성하고 운영하기 위해 행하는 대화와 협의, 협상 등의 과정'이라고 할 수 있다.

개념적으로는 외교를 이렇게 넓은 의미로 정의하는 것이 옳겠지만, 일상에서 쓰이는 외교라는 용어는 좁은 의미로 쓰이는 경우가 많다. 좁은 의미의 외교는 '나라와 나라 사이의 대화, 협상, 협력 등을 통해 서로 자신의 국가 이익을 실현해 나가는 과정'을 뜻한다. 정부와 정부 사이의 관계가 전통적으로 가장 중요한 위치를 차지하고 있지만, 정부와 상대국의 공공기관이나 기업, 민간단체 등과의 관계도 외교의 주요 영역에 들어와 있다.

역사가 진행되면서 외교는 그 영역이나 행위자 측면에서 지속적으로 확대되는 길을 걷고 있고, 전문성도 강화해오고 있다. 최근에는 정부와 상대국 일반 국민 사이의 외교를 의미하는 공공 외교public diplomacy가 점점 더 중요해지고 있다. 이는 근대 외교의 특징 중 하나인 여론 중시 현상과 연결돼 있다. 근대에 들어오면서 외교 정책을 정하고 외교를 실행하는 데에 일반 국민들의 의견을 중시하게 되었는데, 이런 현상이 상대국 여론 중시 현상으로 이어져 공공 외교도 중요한 외교의 부문이 됐다.

예컨대, 우리나라 외교부 장관이 미국의 하버드대학을 방문해 학생들과 간담회를 하면서 한국과 미국이 왜 친해져야 하는지, 한국과 미국이 왜 공동으로 나서서 북한의 비핵화를 설득해야 하는지 등을 설명하고 학생들의 의견을 듣는 기회를 갖는 것은 공공 외교의 좋은 사례가 될 것이다. 실제로 한 나라의 고위 외교관은 상대국을 방문하면 이런 식으로 일반인을 만나고 방송에도 출연해 시민들을 상대로 자국의 정책을 설명하기도 한다. 이런 것이 공공 외교이다. 공공외교는 외교의 영역이 확대되고 있는 모습을 잘 보여준다. 국민의 여론이 외교에 미치는 힘이 점점 더 커지는 만큼 공공 외교의 무게는 더욱더 증대될 수밖에 없을 것이다.

외교는 그 영역뿐만 아니라 행위자도 확대해 나가고 있다. 이전에는 정부의 외교관이 외교를 주로 실행했지만, 지금은 국제관계에서 기업이나 시민단체, 유명한 인물 등의 역할이 확대되고 있어 이들의 외교적 역할과 영향력도 점점 커지고 있다. 특히 분쟁 당사국 사이에서는 정부 대 정부의 외교보다는 기업과 같은 민간 부문이 더 큰 역할을 하고 있다. 정부 사이에 대화는 하지 않아도 기업들의 거래는 계속하는 경우가 많다. 예로부터 전쟁 중에도 무역은 이루어졌다. 그런 현상은 지금도 계속되고 있고, 오히려 확대되고 있다.

그런가 하면 정부의 외교관은 전문 영역들을 가지고 전문성을 강화하면서 특정 분야의 협상에 집중하는 경향을 보인다. 통상이나 군축, 문화 등 이슈별 전문가도 많고, 미국이나 중국, 일본, 유럽 등 지역별 전문가도 많아지는 추세이다. 세계가 다변화되고 다양한 이슈가 생기면서 외교 협상은 그만큼 디테일이 중요해진 것이다.

사실 외교는 석기 시대부터 존재했다. 물론 그때의 외교에서는 한 사람의 전령이 이런저런 이슈들을 모두 다뤘다. 부족장은 기억력 좋은 전령을 보내 우렁찬 목소리로 자신의 생각을 전하도록 했다. 그리스 시대에는 웅변을 잘하는 사람이 외교관 역할을 했다. 다른 도시 국가의 민회에 참석해 자기 나라의 생각을 전하고, 민회가 자기 나라에 유리한 결정을 하도록 설득하는 것이 중요했다. 기원전 432년 코린토스의 사절이 스파르타의 민회에 참석해 아테네와 전쟁을 하자고 설득했고, 그것이 상당한 역할을 하면서 스파르타는 아테네를 공격해 펠로폰네소스 전쟁이 발발했다.

중세 이탈리아에서는 정치가형 외교관이 많았다. 도시국가의 군주와 가까운 정치인들이 다른 도시국가에 외교관으로 종종 파견되었다. 니콜로 마키아벨리Niccolo Machiavelli가 대표적이다. 『신곡』을 지은 단테 알리기에리Dante Alighieri, 『데카메론』을 쓴 조반니 보카치오Giovanni Boccaccio도 그런 인물이었다.

이러한 시대를 지나 외교관이 전문 직업으로 자리 잡게 된 시기는 나폴레옹 전쟁을 정리하는 빈 회의가 종료되는 1815년 무렵부터이다. 당시 유럽 국가 대부분이 참석하는 대규모 회의가 1년 가까이 진행되었다. 회의 끝에 최종 의정서를 만들어내 유럽의 운영을 위한 규범에 합의하면서 외교가 국가 운영의 중요한 부문으로 자리 잡았다.

이러한 바탕 위에서 오늘날 외교는 모든 국가에서 매우 중시하는 분야로 발전했다. 강대국은 자신의 권력을 강화하기 위해서, 약소국은 강대국 중심의 세계정치 속에서 자국의 생존을 안정적으로 확보하기 위해서 외교와 외교관을 더욱 중요하게 여기게 되었다. 국가와 국가 사이의 경쟁과 분쟁은 끊임없이 이어지고, 이는 인류가 존재하는 한 계속된다. 그렇기에 세계 각국이 외교에 부여하는 가치는 앞으로 더욱 증대할 수밖에 없다. 외교에 직간접적으로 관계되어 있는 사람들뿐만 아니라 일반 시민들도 외교에 더 관심을 가져야 하는 이유가 여기에 있다.

외국과의 직접 교섭을 통해 국가 이익을 실현하는 역할을 담당하는 직업 외교관은 당연히 그에 합당하는 높은 자질을 갖추어야 한다. 이와 관련해 니컬슨은 진실성과 정확성, 침착성, 인내심, 관용성, 겸양, 충성심을 직업 외교관이 갖추어야 할 일곱 가지 필수 조건으로 제시했다. 그 내용을 구체적으로 보면 다음과 같다.

진실성은 늘 사실만을 말하고 거짓과 가식을 멀리하는 것을 뜻한다. 정확성은 본국과 상대국의 의사를 정밀하게 파악하고 있는 그대로를 말하는 것을 이른다. 침착성은 자기 성과에 도취되지 않고 평정심을 잃지 않는 것을 의미한다. 인내심은 상대국과의 교섭에서 서두르지 않으면서 꾸준히 일을 추진해 나가는 것을 말한다. 관용성은 상대국의 실수나 과실도 본국의 국익을 크게 침해하지 않는 한 너그럽게 봐주는 것을 뜻한다. 겸양은 허세를 부리거나 자신의 성과를 화려하게 포장하지 않음을 말한다. 충성심은 자기 정부의 지침에 충실하고, 특히 본국의 국가 이익에 철저히 봉사하는 마음을 의미한다.

이러한 자질을 두루 갖춘 외교관이 있을까? 찾기 쉽지 않을 것 같다. 대학에서 외교사를 가르치는 나로서는 이런 고담준론을 들으면 우선 나쁜 사례들부터 떠오른다.

1992년 9월의 일이다. 평양에서 남북 고위급 회담이 열렸다. 정원식 총리를 수석으로 하는 우리 대표단은 사전 회의를 통해 협상 전략을 정리했다. 비전향 장기수 리인모 송환이라는 북한의 요구를 들어준다, 대신 이산가족 상봉은 반드시 받아내고, 이와 함께 판문점

이산가족 면회소 설치와 동진호 선원 12명(1987년 1월 납북) 송환 중 하나를 얻어낸다는 것이었다. "이산가족 상봉이 꼭 이뤄질 수 있게 하라"는 노태우 대통령의 지침에 따른 전략이었다.

1992년 9월 16일 남북 대표단이 만나 협상을 벌였다. 리인모를 송환하는 대신 이산가족을 상봉하도록 하고 면회소도 설치하자는 데 합의가 거의 이루어졌다. 그런데 다음 날인 17일 아침 서울발 훈령이 도착했다. 내용은 이산가족 상봉과 면회소 설치, 동진호 선원 송환이 모두 이뤄지지 않으면 합의하지 말라는 것이었다. 북한이 동진호 선원 송환을 거부하면서 협상은 결렬되었다.

그런데 17일 아침 서울에서 내려온 훈령은 가짜였다. 평양에 협상 대표단의 일원으로 가 있던 국가안전기획부장 특보 이동복이 안기부 통신망으로 안기부 기조실장 엄삼탁에게 요청해 그런 가짜 훈령이 내려지도록 했다. 남북 관계사에서, 우리 외교사에서 있을 수 없는 일이 발생한 것이다. 극우적 의식을 가진 이동복은 회담을 깨려고 그런 훈령 조작 사건을 만들었는데, 이후 정부의 조사로 사실 관계가 명확히 밝혀졌는데도 그는 안기부장 특보 자리에서만 물러났을 뿐 어떤 처벌도 받지 않았다. 이 또한 있을 수 없는 일이다.

이 사건은 당시 정부와 여당인 민주자유당의 대선 전략에 따른 것이었다. 여당의 대통령 후보 김영삼이 당선되기 위해서는 남북 화해 분위기보다는 긴장 분위기가 낫다는 판단이 작용한 것이다. 이동복은 남북 회담을 결렬시켜 남북 화해 분위기를 저지함으로써 보수 후보 김영삼의 당선에 유리한 상황을 만들어줬다. 그렇기에 훈령 조작이라는 큰 범죄를 저지르고도 처벌을 받지 않은 것이다.

이동복 같은 사람이 지금은 없을까? 모를 일이다. 어쨌든 이런 외교관은 니컬슨이 말하는 외교관으로서의 자질을 전혀 갖추지 못했다. 특히 진실성, 정확성, 충성심(특히 국가 이익에 대한 충성심)은 제로에 가깝다고 해야 할 것이다. 이런 인물들을 사전에 걸러내는 것이 외교관 채용과 교육 과정의 주요 과제이다.

니컬슨이 외교관의 자질을 잘 제시해주었지만, 나는 여기에 세 가지를 더하고 싶다. 국가 미래에 대한 분명한 가치관과 비전, 상황에 대한 합리적 판단력, 대화와 협력을 효과적으로 진행해 나갈 수 있는 전략적 마인드가 그것이다.

국가가 지향해야 할 바에 대한 분명한 인식은 외교관의 기본 소양이다. 외교 현장은 긴박하고 복잡한 상황에 맞닥뜨리는 일이 많은데, 이럴 때 이성적이고 합리적인 판단을 신속히 내리는 능력 또한 유능한 외교관이 꼭 갖추어야 하는 자질이다. 어려운 협상에 임하면서 상대국의 입장에 대해 면밀히 조사하고 협상의 단계별 목표를 세우면서, 이를 이루기 위한 구체적 실행 계획까지 마련하는 고도의 책략적 마인드도 직업 외교관이 꼭 확보해야 할 역량이다. 이러한 능력을 모두 지니는 것이 결코 쉬운 일은 아니다. 하지만 국익 확보의 최전선을 담당하는 만큼 이러한 능력을 갖추는 것은 필수 조건이다.

Chapter 2

약소국 외교란?

약소국이라는 말을 우리는 많이 쓴다. 약소국은 쉽게 설명하자면 말 그대로 힘이 약한 작은 나라이다. 그런데 약하고 작다는 것이 개념적으로 무엇을 뜻하는지에 대해서는 여러 의견이 있다. 실제로 국제정치학계에서도 약소국의 의미를 두고 많은 논의를 해왔다. 이를 정리해보면 네 가지로 추려진다.

첫째, 약소국이라 함은 물리적 힘이 약한 나라를 의미한다. 인구, 국토, 경제력, 군사력에서 약한 위치를 갖고 있는 나라를 말하는 것이다. 이러한 물리적 힘은 나라의 강약을 논의할 때 빠질 수 없는 주요 요소이다. 인구가 1000만 명 정도인 나라가 강대국이 되기는 어렵다. 국토도 스위스나 오스트리아처럼 작아서는 강한 나라의 지위를 갖기가 쉽지 않다. 경제력과 군사력도 높은 수준을 갖추어야 약소국을 벗어나 강대국이 될 수 있다.

그런데 과연 어느 정도를 갖추어야 강대국이고, 어느 수준에 머물러야 약소국인지는 시대에 따라 국제적 환경에 따라 달라질 수밖에 없다. 영국은 제국을 이루고 있던 19세기 후반에 인구가 2500만 명 정도였다. 지금 우리나라 인구의 절반 정도에 지나지 않는다. 이런 인구 규모를 가지고 오늘날 강대국 대열에 끼기는 어렵다. 국토 면적도 러시아(세계 1위, 약 1709만 8000제곱킬로미터), 미국(세계 3위. 약 983만 제곱킬로미터), 중국(세계 4위. 약 960만 제곱킬로미터) 정도는 돼야 강대국이라 할 수 있다. 10만 제곱킬로미터 조금 넘는 국토를 가진 우리나라(세계 109위)가 강대국 지위를 확보하기는 여간 어려운 일이 아니다.

경제력도 약소국, 강대국을 구별하는 데 중요한 요소이다. 1인당 국민소득이 5000달러 정도밖에 안 되는 나라를 강대국이라 부르기는 어렵다. 지금 수준에서 1인당 국민소득이 5만 달러 정도는 되어야 비로소 강대국 요건을 갖추게 되지 않을까 생각한다.

군사력은 국가의 존망과 직결된 문제여서 역시 주요 이슈가 되고 있다. 병력 규모도 중요하지만 군사력의 질도 중요하다. 미국의 군사력 평가 전문 기관 글로벌 파이어파워Global Firepower가 2023년 발표한 자료에 따르면 병력 규모는 중국이 200만 명, 인도 145만 명, 미국 139만 명, 북한 120만 명, 러시아 83만 명, 파키스탄 65만 명, 이란 57만 5000명, 한국 55만 5000명 순이다. 대체로 인구가 많은 나라가 병력도 많다.

하지만 병력 규모 그대로 군사력의 순위를 삼기는 어렵다. 병력 자체도 교육, 훈련의 수준이 낮거나 처우가 열악하거나 사기가 떨어져 있는 상태라면 강한 군대라고 볼 수 없다. 게다가 무기의 질, 무기의 운용 능력, 작전 수행 능력 등 다양한 요소가 군사력 평가에서 중요한 위치를 차지한다. 그런 면에서 보면 종합적인 군사력은 미국이 최고이고 프랑스, 영국, 독일, 일본 등이 그 다음이라고 할 수 있을 것이다.

둘째, 대외적 행위 양식에서 약소국은 세계 문제에 되도록 참여하지 않으면서, 국제적 이슈의 해결 방법으로 국제법에 호소하려는 경향이 있다. 또한 약소국은 국제기구 활동에 적극적이고 도덕적 규범적 문제 제기에도 열성적이며, 무력 사용은 되도록 피하려 한다. 이러한 경향은 힘이 약한 것과 직접 연결되어 있다. 힘이 부족하기 때문에 힘을 통한 문제 해결의 장에 참여하기를 꺼려하고 무력 사용도 피하면서, 주로 국제법을 활용해 원칙적인 문제를 제기하는 일이 많은 것이다.

약소국은 국제협상에서도 양자 협상보다 다자 협상을 선호한다. 강한 나라와 일대일로 협상을 하면 힘에 밀려 불리한 결과에 이를 가능성이 많다. 반면에 다자 협상에서는 여러 관련국 중 한 국가가 되어 강대국과 비슷한 권한과 비중으로 협상에 참여해 유리한 결과를 얻을 가능성이 높기 때문이다.

셋째, 약소국은 국제체제에 대한 영향력이 적은 나라들이다. 나라들 사이의 관계, 국제사회의 성격을 구성하는 데 약소국은 별로 영향을 미칠 수 없다. 세계가 양국 체제일지 다국 체제일지, 세력 균형적 관계일지 불균형적·분쟁적 관계 일지 등을 결정하는 것은 강대국이고, 결코 약소국은 아니라는 얘기다.

국제정치학자 로버트 코헤인Robert Keohane은 국가들을 체제결정적인system-determining 국가, 체제영향적인system-influencing 국가, 체

제작용적인system-affecting 국가, 체제무영향적인system-ineffectual 국가
로 구분했다. 각각 초강대국, 강대국, 중견국, 약소국이 여기에 해당
한다고 할 수 있다. 즉, 약소국은 국제체제의 특성을 만들어내는 데
거의 역할을 하지 못하고 있는 것이다.

코헤인은 국가를 4등급으로 구분했지만, 일반적으로는 강대국
과 약소국을 활용한다. 이 양분법에 따른다면, 체제결정적인 국가와
체제영향적인 국가는 강대국, 체제작용적인 국가와 체제무영형향적
인 국가는 약소국에 들어간다고 할 수 있다.

넷째, 약소국은 스스로 안보에 책임을 지지 못하는 나라들이
다. 이는 로버트 로스스테인Robert Rothstein의 약소국 정의인데, 약소
국의 논리적개념적 정의로 가장 많이 쓰인다. 강대국은 스스로 안보
를 책임질 수 있는 나라를 말하고, 반대로 약소국은 자국의 안보를
위해 다른 나라나 국제기구 등에 의존해야 하는 국가를 이른다는 것
이다.

로스스테인의 의견은 안보 불안을 느끼며 다른 나라나 동맹 체
제에 안보를 의존하고 싶어 하는 나라를 약소국으로 규정한다는 측
면에서 심리적정서적 정의라고 할 수 있다. 하지만 이는 물리적 측
면까지도 반영한 개념이다. 병력이 모자라고 무기가 없어 스스로 안
보를 책임질 수 없는 나라는 이웃 나라나 동맹국, 국제기구나 조약
에 안보를 맡길 수밖에 없으니 약소국으로 볼 수밖에 없다는 의미도
들어가 있다.

이러한 논의들을 종합하면, 약소국은 '힘이 약해 세계 문제에
관심이 적고, 국제체제에 영향을 미치지 못하며, 스스로 안보를 책임

지기 어려운 국가'라고 할 수 있겠다. 이후 서술은 이러한 약소국 개념을 바탕으로 전개해 나갈 것이다.

그렇다면 이처럼 힘없고 안보 불안에 시달리는 약소국의 외교는 어떤 특성을 가지고 있을까? 국가가 다른 나라를 상대로 하는 행위에는 외교diplomacy와 공작covert action, 전쟁war이 있다. 각 행위들에 대해 좀 더 자세히 살펴보자.

외교는 어떤 문제가 발생했을 때 상대국과 대화, 협상을 통해 문제를 풀어가는 것이다. 대체로 국가들은 외교를 먼저 실행한다. 무턱대고 전쟁을 벌이면 국민의 지지를 얻기도 힘들고, 그렇게 시작한 전쟁은 이기기도 어렵다. 대화와 협상을 위한 노력을 충분히 한 뒤다른 행동을 해야 그에 대한 지지를 얻고 효과도 볼 수 있다.

공작은 정보기관의 비밀 작전을 말한다. 한 국가가 당면 문제를 해결하기 위해, 또는 스스로 정해놓은 목표를 달성하기 위해 상대국에 행하는 비밀스런 행위를 이르는 것이다. 주요 인물에 대한 회유, 매수, 미인계 등 다양한 행위가 여기에 속한다. 심지어 상대국의 핵심 인사에 대한 암살도 공작의 범주에 들어간다.

외교를 펼치고 공작을 했는데도 문제가 해결되지 않으면 전쟁으로 갈 수 있다. 전쟁은 말 그대로 군사적인 공격을 의미한다. 이유없는 전쟁은 없다. 어떤 국가가 원하는 게 있고, 이를 실현하는 방법으로 여러 가지를 시도했지만 뜻대로 되지 않을 때 전쟁을 일으킨다. 전쟁은 그 자체가 사람의 목숨을 앗아가는 것이고, 서로가 서로의 목숨을 겨냥한다는 측면에서 인간의 본성을 말살하는 것이어서, 어떤 경우든 바람직하지 않다.

하지만 전쟁의 한 측면을 관찰해 전쟁의 긍정적인 요소를 강조하는 학자들도 존재한다. 그리스의 철학자 헤라클레이토스Heraclitus는 "전쟁은 모두의 아버지이며 왕"이라고 역설했다. 전쟁을 통해 인류는 관료 제도와 세금 제도 등 제도의 발전을 이루어왔고, 무기 개발과 도로 건설 등 기술의 발전을 실현해왔다는 의미이다. 헤들리 불Hedley Bull은 전쟁을 국제질서를 유지하는 하나의 수단으로 본다. 국제법, 외교, 세력 균형, 강대국의 역할과 함께 전쟁을 혼돈의 상태를 질서의 상태로 바꾸어 국제질서를 보전해 나가는 방안이 될 수 있다고 강조한 것이다.

이처럼 전쟁의 긍정적인 측면을 강조하는 이들이 있지만, 인간성 부정과 인간성 마비라는 부정적인 측면이 워낙 커서 전쟁은 되도록 피하고 자제해야 하는 것으로 인정되고 있다. 아이러니한 것은 그럼에도 인류는 전쟁을 아주 오래전부터 계속해왔고 지금도 진행 중이라는 것이다. 인류에 비극일 수밖에 없는 전쟁을 미리 막기 위해서는 외교를 잘해야 함은 물론이다.

강대국은 외교가 쉽다. 힘이 뒤에서 받쳐주기 때문이다. 경제력, 군사력을 갖춘 강대국에는 다른 나라들이 숙이고 들어오기 마련이니 외교가 상대적으로 수월할 수밖에 없다. 반면 약소국의 외교는 험로가 되기 쉽다. 뒤에서 받쳐주는 힘이 없고, 이를 알고 있는 상대국은 뻣뻣하기 마련이다.

그렇다면 약소국이 강대국을 상대로 전개할 수 있는 외교의 길은 구체적으로 어떤 것들이 있을까? 특히 강대국들이 치열한 경쟁을 하는 상황에서(인류 역사 대부분의 기간이 그런 상황이었다) 약소국은 어떤 외교를 펼 수 있을까?

첫째는 편승이다. 강대국의 입장에 동의해주면서 거기에서 얻을 수 있는 이익을 확보하는 것이다. 쉬운 길이고 우선 이익을 많이 확보할 수 있는 길이다. 하지만 그만한 대가를 치러야 한다. 마음에 안 들어도 강대국의 정책에 동의해주고 협력해야 하며, 때로는 강대국을 도와야 한다.

둘째는 균형이다. 강대국과 강대국이 경쟁하고 있을 때 힘이 좀 약한 쪽을 도와 두 강대국이 균형을 이루도록 하는 것이다. 둘 중 힘이 강한 강대국 입장에서 보면, 약소국이 자신에게 대든 모양새가 된다. 그래서 균형이라기보다는 저지, 제어의 의미가 강하다. 더 강한 강대국이 마음대로 하지 못하도록 좀 약한 강대국 쪽에 서서 제지시키는 행위인데, 약소국 입장에서는 위험부담이 큰 방책이다. 상대적으로 더 강한 강대국의 원한을 사 추후 보복을 당할 수 있기 때문이다. 그런 만큼 균형 외교를 취하는 약소국은 아주 드물다.

셋째는 중립 지위 유지이다. 두 강대국이 경쟁하는 상황에서 중간 위치를 견지하는 외교이다. 어느 쪽에도 치우치지 않은 채, 자신의 국가 이익에 따라 처신하면서 얻어낼 수 있는 것을 최대한 얻어내는 방법이다. 중립 지위 유지 전략과 유사하면서도 좀 다른 것이 '주관 있는 외교assertive diplomacy'이다. 어느 강대국과도 깊숙한 관계를 회피한 채, 강대국과 국제사회에 자신의 의견과 주장을 분명하게 제시하면서 국익을 확보해가는 외교이다. 쉽게 말하면 작은 나라의 '당찬 외교'이다.

약소국 입장에서는 어느 쪽이 가장 좋을까? 이건 누구도 모를 일이다. 시대에 따라 국제환경에 따라 유리한 외교는 다르다. 그때그때 상황에 맞게 외교 전략을 짜서 긴밀하게 대응해 나가야 하는 것이 약소국의 운명이기도 하다. 하지만 기본적인 원칙과 지향점은 세워놓는 것이 바람직하다. 그 지향점은 편승, 균형보다는 생존에 유리하면서도 국가 자율성을 지켜갈 수 있는 길이어야 한다. '당찬 외교'가 비교적 그 길에 가깝다고 하겠다. 약소국이지만 생존과 자존심을 동시에 견지하면서, 국제사회에 영향력을 지속적으로 신장시켜 나가려면 '당찬 외교'를 꾸준히 추구해야 한다.

다음 장부터는 이러한 지향점을 가지고, 작지만 당차고 당당한 외교를 펼쳐 나가는 나라들의 사례를 하나하나 살펴보려 한다. 강대국과의 관계에서 불리한 위치에 있음에도 고도의 전략을 전개하면서 스스로 국익을 챙기고, 강대국과의 관계도 불편하지 않게 관리해 가는 나라는 결코 적지 않다. 그런 나라들을 차근차근 뜯어보자.

Part 2

소국의 큰 외교

Chapter 3

새우의 고래 외교, 싱가포르

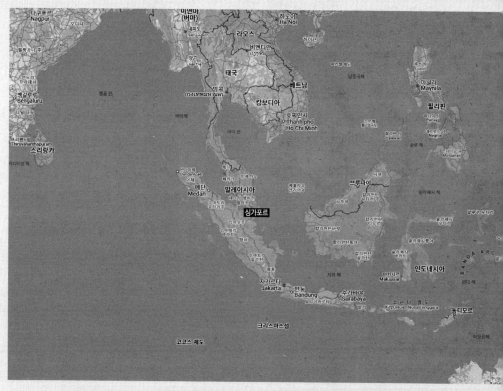

싱가포르 위치

© google.co.kr

65년 역사에
총리는 네 명뿐

싱가포르 역사 65년에 총리는 단 네 명이다. 리콴유李光耀가 31년 (1959~1990), 고촉통吳作棟이 14년(1990~2004), 리셴룽李顯龍이 20년(2004~2024) 동안 총리를 지냈고, 2024년 5월 15일부터는 지금의 총리 로런스 웡Lawrence Wong, 黃循財이 싱가포르를 통치하고 있다. 더욱이 리셴룽은 리콴유의 아들이다.

현 총리 로런스 웡은 미국 위스콘신대학 경제학과를 나와 미시간대학에서 경제학 석사를 받은 경제통이다. 리셴룽의 아들 리훙이李鴻毅가 총리 자리를 이을 것이라는 얘기도 있었지만, 중산층 가정에서 태어나 자수성가한 로런스 웡이 리셴룽의 후계자가 되었다. 고위직이 되기 전 그는 1997년 무역부에서 연구원 생활을 했고, 재무부와 보건부에서 일했다. 2005년부터 3년간 리셴룽의 비서관으로 일했는데, 이때부터 리셴룽의 신임을 얻었다.

로런스 웡은 2011년 의회의원으로 선출되면서 정치인이 되었고, 국가발전부 장관, 교육부 장관, 재무부 장관, 부총리 직을 차례로 맡았다. 2020년 코로나 상황에서 싱가포르 정부의 팬데믹 태스크포스의 공동의장이 되어 탁월한 리더십을 발휘해 리셴룽의 후계자로 지명되었다. 싱가포르 총리는 선출 절차 없이 여당 지도부가 논의해 지정한다. 2022년에는 로런스 웡이 리셴룽의 후계자임을 공식화해 이후 총리 수업을 충분히 받은 뒤 총리에 취임했다.

이렇게 싱가포르의 역사는 심플한 것 같지만, 깊이 보면 어느 나라 못지않게 오랫동안 많은 풍상을 겪었다. 싱가포르 지역에 사람들이 정착해 살기 시작한 시기는 13세기부터이다. 17세기부터 19세기 초까지는 네덜란드의 영향권 아래 있었다. 말레이 반도 남단의 섬인 싱가포르는 믈라카해협에 연해 있어 네덜란드가 동서무역의 거점으로 활용한 것이다. 18세기 말 나폴레옹의 침략을 받은 네덜란드 왕가는 영국으로 망명했다. 네덜란드는 왕가가 영국의 보호를 받기로 하고, 대신 네덜란드의 아시아 지역 식민지에 대한 관할권을 영국에 넘겼다. 그 바람에 영국은 싱가포르를 차지하게 되었다.

1819년 영국의 식민지 담당 고위 관료 토머스 스탬퍼드 래플스Thomas Stamford Raffles가 말레이반도 남쪽을 맡아 관리하던 조호르바루 왕국과 조약을 맺고 싱가포르를 개발하기 시작했다. 싱가포르는 이때부터 실제로 영국의 식민지가 되었다. 영국은 당시 남아시아의 인도와 동북아의 중국이 중요하지만, 그에 못지않게 그 중간에 위치한 싱가포르도 중요한 무역기지로 성장시킬 수 있을 것이라고 생각했다. 지중해의 몰타와 같은 역할을 기대한 것이다.

개발을 시작하자 중국, 인도 등에서 많은 사람이 몰려왔고, 싱가포르는 경제적정치적으로도 성장하기 시작했다. 그래서 이즈음부터 싱가포르라는 국가의 공식 역사가 시작된 것으로 본다. 이 당시 특히 중국인이 많이 들어와 싱가포르는 중국인 중심의 사회가 되어갔다. 래플스는 지식인형 관료였다. 그는 현지 문화에 대한 이해를 바탕으로 싱가포르의 문화와 전통을 보존하면서 싱가포르를 발전시켜 나갔다. 그래서 지금도 싱가포르인들은 영국을 싫어하지 않는다.

싱가포르가 크게 발전한 계기는 1869년 수에즈운하의 개통이다. 아프리카 남단을 돌아 인도와 동남아, 중국으로 향하던 유럽의 무역선들이 수에즈운하를 거쳐 믈라카해협을 통과한 뒤 동남아 각국과 중국으로 가게 된 것이다. 이들 무역선이 반드시 거치는 곳이 싱가포르가 되었다. 그러면서 항구가 더 개발되고 도로도 더 건설되었으며, 금융기관과 교육 시설, 숙박업소, 음식점, 생활용품점도 크게 늘어 무역항 싱가포르는 발전 일로에 놓였다.

19세기 후반 영국은 말레이 반도 전역을 지배하게 되었다. 그러면서 개별적으로 통치하던 세 곳의 식민도시 페낭, 말라카, 싱가포르와 말레이 공국을 통합해 1895년 말레이국 연방을 출범시켰다.

민족 간 갈등으로
말라야 연방에서 독립

영국의 식민지로 있던 말레이국 연방은 제2차 세계대전이 발발하면서 1942~1945년 동안에는 일본의 지배를 받았다. 전후에는 다시 영국 식민지로 돌아갔다. 제2차 세계대전 이후 세계적으로 민족자

결주의와 독립운동이 확산되었다. 이러한 국제정세 속에서 싱가포르도 영국과 협상해 자치권을 점점 확대해 나갔다. 1958년에는 영국 의회가 싱가포르 국가법The State of Singapore Act을 통과시켰다. 싱가포르를 국가로 독립시킨다는 내용이었다.

1959년 싱가포르는 국회의원 선거를 통해 국회를 구성했다. 자치정부를 설립한 것이다. 집권당은 이때부터 인민행동당PAP이었다. 국회의원 51석 중 43석을 차지했다. 인민행동당은 리콴유가 중심이 되어 1954년 창당할 당시만 해도 사회주의 성향의 정당이었다. 노동조합과 학생운동 세력이 당원으로 많이 가입했기 때문이다. 식민지 국가에서 독립운동 세력은 대부분 사회주의 계열을 중심으로 성장했는데, 1954년 싱가포르도 그런 모습이었다.

리콴유는 1923년 싱가포르에 정착한 중국인 가정에서 태어나 영국 케임브리지대학에서 법학을 전공해 변호사가 되었다. 1950년 싱가포르로 귀국해 노동자와 학생운동가 등을 위한 변호 활동에 주력했다. 그 자신은 반공주의자였지만 당시 싱가포르는 변화와 개혁, 그리고 독립이 우선 필요하다고 여기고, 이에 대한 열정을 가진 좌파 세력을 지원한 것이다.

인민행동당 창당 당시에는 이렇게 연결된 노동학생운동 세력이 많이 참여했다. 정치가 자유롭지 않고, 독립이라는 커다란 명분이 앞에 있는 상황에서는 먼저 여러 세력이 함께 모이는 정당을 만드는 것이 급선무이기도 했다. 그래서 인민행동당이 초기에는 사회주의 색채를 띠게 되었다. 리콴유는 인민행동당 창당 때부터 리더로 활동했고, 1959년 당이 총선에서 승리하면서 자치정부의 초대 총리가

리콴유.

되었다. 이후 당내의 정파 간 투쟁은 심화되었고, 1960년대 들어서
는 사회주의 세력이 약화되면서 인민행동당은 반공주의, 권위주의,
경제적 자유주의를 지향하는 정당이 되었다.

　　싱가포르가 여전히 영국의 식민지로 있는 가운데, 1957년 말
라야 연방(말레이 반도의 영국 직할 식민지였던 페낭, 말라카와 아홉 개
토호국이 통합해 1948년 건설한 연방국)이 독립했다. 영국과 협상해
독립을 성취한 것이다. 1961년 말라야 연방의 총리 압둘 라만Abdul
Raman이 말라야 연방과 싱가포르, 사라왁, 사바, 브루나이를 통합해
말레이시아 연방을 창설하자고 제안했다. 1963년 연방이 구성되었
고, 싱가포르도 이때 국민투표를 실시해 연방의 구성원이 되어 연방
내 하나의 주가 되었다(브루나이는 연방 구성에 참여하지 않았다). 싱가

포르가 영국으로부터 독립한 것은 이때이다.

하지만 말레이시아 연방의 주축은 말레이인들이었다. 싱가포르의 주축인 중국인들은 문화적, 정치적으로 말레이인들과 화합하지 못했다. 두 민족 간의 갈등이 커지자 결국 1965년 싱가포르는 연방을 탈퇴하고 완전히 독립했다.

잘사는 북한

이후 싱가포르는 리콴유의 리더십 아래 경제발전에 매진했다. 외자를 적극 유치해 경제적 파이를 확대하고 일자리 창출하는 데 주력했다. 세계 유수의 금융기관들을 유치해 아시아의 금융 허브로 성장시키고, 물류 기업들을 키워 아시아 물류의 중심이 되었다. 국민의 교육에 투자를 많이 해 고급 인력을 양성하고, 공공 주택을 대규모로 건설해 국민의 삶의 질을 크게 높였다. 1965년 1인당 국내총생산 GDP이 400달러였는데, 2023년에는 8만 7000달러에 달했다.

초대 총리 리콴유의 유산은 경제성장이라는 긍정, 독재라는 부정 양측에 다 있다. 싱가포르를 성장의 길로 이끌었지만 국민의 정치적 자유는 억압되었다. 권위주의적인 통제로 31년을 통치했고 그 유산은 여전히 남아 있다. 다양하고 다원적인 목소리가 정치에 반영되는 시스템은 발전하지 못했다. 엉덩이를 때리는 태형이 아직 존재하고, 일정 정도의 마약을 밀매하면 사형에 처한다. 잘살지만 자유롭지 않은 국가를 여전히 유지하고 있는 것이다. 그래서 붙은 별명이

'잘사는 북한'이다.

　정치는 독재지만 외교를 하는 시야는 넓다. 넓은 시야를 가지고 독자 외교를 편다. 싱가포르는 인구 590만의 작은 나라지만 강대국 못지않은 큰 외교를 한다. 눈치 보지 않고 미국에도 중국에도 치우지지 않은 나름의 외교를 하면서 국익을 최대화하고 있다.

미국에 할 말은
하면서 안보협력

싱가포르는 우선 미국과 친하게 지낸다. 안보 우려 때문이다. 독립 직후인 1966년 미국과 수교한 뒤 줄곧 안보협력을 긴밀하게 하고 있다. 싱가포르는 주변국과 사이가 별로 좋지 않다. 말레이시아와 1965년 민족 문제로 갈라선 이후 그다지 좋은 관계가 아니다. 인도네시아와도 친하지 않다.

　싱가포르는 작지만 잘살고 인도네시아는 크지만 못산다. 종종 발생하는 인도네시아의 대형 산불이 싱가포르에서 대기오염을 유발한다. 산불은 자연적으로 일어나기도 하지만 사람들이 일부러 지르기도 한다. 개간을 위해서이다. 특히 일부러 지르는 산불이 싱가포르와 갈등 요인이 되고 있다. 싱가포르는 산불 방지를 요구하고, 인도네시아는 이에 적극 나서지 않기 때문이다. 주변국과 아옹다옹하는 관계이므로 싱가포르의 안보 우려는 매우 크고, 이 때문에 미국과 안보협력을 긴밀하게 하고 있는 것이다.

싱가포르는 작은 도시국가이지만 미군이 주둔하고 있다. 1960년대 베트남전쟁 당시 미군에게 휴양소를 제공한 이후 군사협력을 강화해왔다. 1969년에는 미국 해군천문대USNO 설치를 허용하고, 미 해군이 싱가포르 해군기지를 이용할 수 있도록 했다. 1990년에는 미 해군 병력이 주둔하기 시작해 이후 조금씩 주둔 미군은 늘어났다. 지금은 창이 공군기지와 파야레바 공군기지에 미국 공군이 있고, 창이 해군기지, 셈바왕 해군기지에 미국 해군과 해병대가 상주하고 있다.

2010년대 이후 중국이 남중국해에서 자신의 영해를 확대하려는 전략을 추진하자 싱가포르와 미국의 군사협력은 더 강화되었다. 미국의 함정이 수시로 싱가포르 해군기지에 기항하고 있고, 매년 연합 훈련도 실시한다. 남중국해와 동남아에 대한 중국의 지정학적 야심이 이 지역에서 지속적인 분쟁을 야기할 것으로 싱가포르는 보고 있다. 이 때문에 싱가포르는 미국의 관여가 더 필요하다고 여기며, 미국과의 안보협력을 지속적으로 강화해 나가고 있다.

싱가포르는 미국 내 괌, 애리조나주, 아이다호주 등에 해외 파견부대도 운영하고 있다. 작은 영토가 선제공격을 받을 경우에 대비해서 미국의 군사기지를 임대해 사용하고 있는 것이다(프랑스, 호주, 브루나이, 뉴질랜드, 타이완에도 싱가포르의 해외 파견부대가 있다). 이들 부대에 공군기 등을 배치해 미국과 함께 훈련하기도 하고, 교육 과정에 교차로 참여하기도 한다. 이밖에도 싱가포르는 미국과 군 인력 교류, 상호 전력 배치, 국방 기술 공유 등을 계속하며 국방 관련 대부분의 분야에서 협력을 확대하고 있다.

싱가포르는 미국과 안보협력뿐만 아니라 경제협력도 강화해 왔다. 미국의 투자를 적극 유치하고 미국 기업들의 싱가포르 진출도 적극 추진해왔다. 이를 통해 산업 인프라를 확대하고 첨단 기술을 도입했다. 금융 서비스 산업과 중계무역도 적극 발전시켰다.

그렇게 안보 경제협력을 강화하면서도 필요할 때는 미국과 다른 길을 간다. 미국이 반대하고 말려도 뚜벅뚜벅 그 길을 가고 있는 것이다. 1993년 마이클 페이 사건이라는 게 있었다. 마이클 페이는 싱가포르 주재 미국 대사관 직원의 아들이었다. 당시 나이는 열여덟 살로 불량스런 학생이었던지 교통 표지판의 표시를 지우고, 남의 자동차에 페인트칠을 하다가 경찰에 적발됐다. 싱가포르 법원은 금고 4개월, 벌금 2200달러, 태형 여섯 대를 선고했다.

미국에서 난리가 났다. 세계 최강대국 미국 시민에게 어떻게 태형을 선고하느냐는 것이었다. 싱가포르의 태형은 조선시대 곤장과 비슷하다. 실제로 엉덩이를 다 드러내고 등나무 회초리로 친다. 세계적인 논란거리이기도 하지만 싱가포르는 범죄의 확산 방지와 예방에 효과가 있다는 판단이다. 육체적인 고통을 직접 주는 것이 효과를 높여준다는 생각이다. 이에 미국 등 서방에서는 형벌에도 최소한의 인권은 보장되어야 하고, 육체에 직접 고통을 가하는 태형은 전근대적인 인권 침해 형벌이라며 폐지를 요구하고 있다.

페이는 미국 시민, 그것도 어린 미국 시민이어서 그에게 태형을 적용하려는 것을 두고 미국은 정부 차원에서 강력 대응했다. 당시 빌 클린턴Bill Clinton 미국 대통령은 친서까지 보내 태형 집행 반대 의사를 전했다. 미국은 '미국인들의 관광을 중단시킬 수 있다', '미국 기업을 철수할 수도 있다' 등의 협박도 했다. 『뉴욕타임스』 등 미국 언론들도 나서서 '야만적 형벌 반대' '인권 존중' 등을 주장하며 싱가포르를 압박했다.

하지만 싱가포르는 태형 집행을 망설이지 않았다. 자신들의 고유한 법체계를 미국의 간섭으로 무너뜨릴 수 없다는 입장이었다. 그러면서도 미국의 입장을 일부 고려했다. 태형을 여섯 대에서 네 대로 감형했다. 미국 대통령이 친서까지 보냈기 때문에 대통령 옹텡청王鼎昌이 관용을 베풀어 감형한다고 했다. 싱가포르의 대통령은 실권은 많지 않고 상징적인 존재이지만, 형벌에 대한 감형권을 갖고 있다. 그렇게 해서 싱가포르는 내정간섭의 압력을 물리치고 미국과의 관계도 큰 무리 없이 관리해낼 수 있었다.

2014년 중국이 아시아인프라투자은행AIIB을 추진할 당시 중국과 미국의 갈등은 심했다. 미국은 국제통화기금IMF을 대신할 기관을 만드는 것이라며 노골적으로 반대했다. 한국, 영국, 독일, 이탈리아 등 미국과 우호 관계에 있는 국가들은 미국의 반대 때문에 선불리 가입을 결정하지 못했다(한국, 영국, 독일, 이탈리아 등은 뒤늦게 2015년 3월 가입했다). 싱가포르는 미국과 긴밀한 안보경제 협력국이면서도 독자적으로 판단했다. 2014년 7월 창설 멤버로 참여했다. 미국 재무부가 직접 나서 만류하기도 했지만, 아시아 내 인프라에 대한 투자는 꼭 필요한 것이고, 자신들의 국익도 AIIB에 가입해 그 활동에 참여하는 쪽에 있다는 생각으로 조기에 가입한 것이다.

중국에도 할 말
다 하면서 경제협력

싱가포르는 독립 이후 1970년대 후반까지 중국과 교류가 활발하지 않았다. 그러다가 1978년 중국이 개혁개방을 추구하면서 교류가 조금씩 활성화되었고, 1980년대에는 '제2의 경제 날개'를 중국으로 상정하고 중국과의 교류를 확대했다. 1990년 수교 이후에는 경제협력이 더욱 확대되어 갔다.

싱가포르는 중국과 상품 교역뿐만 아니라 푸젠성, 광둥성, 장쑤성, 저장성 등에 위치한 기업에 많은 자본을 투자해 중국 측과 네트워크를 강화하면서 많은 경제적인 이익도 확보해 나갔다. 2000년대 이후에는 기술을 서로 이전하고, 정치행정관리 영역에서 협력도 강화했다. 싱가포르는 중국의 주요 도시에 싱가포르식 개발 전략을 수출하고, 중국은 정치는 권위주의적이면서도 경제는 급성장해온 싱가포르의 발전 전략을 각 도시는 물론 국가 차원에서 배우려 했다. 그러면서 경제적 협력 관계는 더욱 돈독해졌다.

중국이 경제 영토를 동남아시아와 아프리카, 중앙아시아, 유럽으로 확장하기 위해 2013년부터 추진하고 있는 일대일로一帶一路, One Belt One Road 전략을 싱가포르는 적극 지지한다. 2014년에는 중국이 주도한 아시아인프라투자은행 창설에도 참여했다. 양국의 협력 분야는 이제 첨단 정보통신, 금융, 항공, 물류, 항만 관리, 선박 수리, 수자원 관리, 친환경 도시 재생 등으로 확대되어 다차원적으로 협력해가고 있다.

현재 싱가포르에는 중국 기업 4000여 개가 지점을 설치했고, 중국 기업 150여 개가 싱가포르 증권시장에 상장되어 있다. 여전히 중국은 싱가포르의 최대 무역국이고, 싱가포르는 중국의 최대 투자국이다. 양국의 상호 의존이 큰 만큼 이런 관계는 계속 이어질 공산이 크다.

안보와 관련해 싱가포르는 미국과의 협력을 우선시하면서도, 중국과의 안보협력도 꾸준히 강화하고 있다. 2000년 이후에는 그런 현상이 더욱 두드러지는 양상이다. 2008년에는 중국과 '국방 교류 안보협력 협정'을 체결해 양국의 군사안보협력을 공식화하고, 더 깊은 협력을 위한 제도를 마련했다. 이후 양국은 합동 훈련, 항만 기항, 함정 방문, 군 인사 교류 등 군사적 교류와 협력이 지속적으로 증가하고 있다.

2019년 10월에는 중국과의 '국방 교류 안보협력 협정'을 개정했다. 협력을 더 강화하기 위해 양국 국방장관 회담을 정례적으로 진행하고, 육해공군의 합동 훈련도 제도화하며, 상호 병참 지원도 긴밀화한다는 내용이었다. 놀라운 사실은 중국과의 협정 개정이, 싱가포르가 미국과 해공군기지의 접근을 용이하게 하고 미군의 항공기와 함정에 물류 지원을 강화한다는 내용으로 양국 협정을 개정한 지 불과 몇 주 만에 완료되었다는 점이다.

미국과 안보협력을 깊이 하면서, 미국이 견제하는 중국과도 안보협력을 강화하는 싱가포르는 매우 특이한 나라이다. 미국과 긴밀한 안보협력 관계에 있는 우리가 중국과 군사 교류를 강화한다고 가정해보자. 미국이 가만있지 않을 것이다. 국내에서도 보수 세력의 반대가 이만저만 아닐 것이다. 우리보다 훨씬 작은 나라 싱가포르는 이 어려운 일을 해내고 있다. 지속적으로 미국과 중국 어느 쪽에도 치우치지 않는 외교를 해왔고, 그런 일관성이 양측으로부터 신뢰를 얻고 있다.

이러한 경제적 상호의존과 안보협력 관계에도 불구하고, 중국에 할 말은 다 하고 스스로 판단에 기반한 외교를 전개한다. 싱가포르는 1975년부터 타이완에서 군사훈련을 실시해오고 있다. 타이완의 군사기지에 헬기와 경전차 등을 파견해놓고 매년 그곳에서 훈련을 하고 있는 것이다. 중국과 수교한 국가 가운데 타이완과 정례적으로 군사훈련을 하는 나라는 싱가포르뿐이다. 인도네시아, 말레이시아 등 주변국과의 관계가 우호적이지 않은 만큼 군사훈련은 필요하고, 유사한 안보 우려를 가진 타이완과 안보적 협력도 강화하기 위한 방안이다.

두 나라의 안보협력은 중국으로서는 도저히 용인할 수 없는 일이기도 하다. 중국은 '하나의 중국' 원칙에 따라 타이완을 자신들의 영토로 간주한다. 그런데 거기에서 타이완의 협력 아래 군사훈련을 하고 있으니 이에 반대하지 않을 수 없는 것이다. 실제로 중국은 이를 강력 비판해왔다. 외교 관계를 단절하겠다고 협박한 적도 있다. 싱가포르 항구를 이용하는 중국 선박들을 태국의 크라 항구로 돌리겠다는 위협을 가하기도 했다. 경제협력 중단이라는 카드를 꺼내기까지 했다.

2016년에는 타이완에서 훈련을 마친 뒤 장갑차 아홉 대를 싣고 홍콩을 경유해 귀국하는 싱가포르 선박을 억류하기도 했다. 싱가포르는 이러한 중국의 조치에 조용한 협상으로 해결했다. 크게 소리를 내지 않으면서 중국과 이면으로 대화하고 자신들의 입장을 충분히 설명해 문제를 해결해온 것이다.

싱가포르는 중국이 중시하는 남중국해 문제에도 원칙적인 입장을 견지하고 있다. '항해의 자유'를 인정하고, 미국과 중국이 안정적인 세력 균형을 유지해야 한다는 입장이다. 2012년 중국이 남중국해의 스카버러 암초를 점거한 뒤 주변에 인공 섬 일곱 개를 만들었다. 이듬해 필리핀은 이를 상설중재재판소PCA에 제소했다. PCA는 2016년 이 사건의 판결을 내렸는데, 중국이 조성한 인공 섬은 국제법상 섬으로 볼 수 없고, 중국의 권리도 인정할 수 없다는 내용이었다.

싱가포르는 이 판결을 적극 지지했다. 리셴룽 총리는 미국 방문 중 의회에서 한 연설에서 "헤이그의 중재재판소가 각국의 주권에 대해 강력한 정의를 내렸다. 각국은 국제법을 존중하고 중재 결과를 받아들여야 할 것이다"라고 분명하게 말했다. 물론 중국은 이에 강력 반발했다. 싱가포르는 이렇게 경제 관계가 어느 나라보다 돈독한 중국이 중시하는 문제라도 스스로의 원칙과 규범에 입각해 판단하고 말한다.

미국과 중국 사이
동태적 균형

싱가포르는 미국중국과 안보경제협력을 역동적으로 해오면서 동시에 미국중국 가운데 어느 쪽으로도 치우치지 않는 균형 외교를 펼치고 있다. 리셴룽 총리는 2020년 7월 미국 외교협회가 발행하는 『포린 어페어스Foreign Affairs』에 기고한 글에서 "역내 국가들은 미중 간 선택을 강요받지 않고, 미중이 협력하는 가운데 안정적이고 평화로운 국제질서가 유지되길 희망한다"라고 밝혔다. 싱가포르의 스탠스를 분명히 확인할 수 있는 글이다. 미국과 중국은 싸우지 말고 약소국들에게 선택을 강요하지 말라는 얘기다.

2021년 11월 워싱턴에서 개최된 아스펜 안보포럼에서 응엥헨黃永宏 싱가포르 국방부 장관은 "타이완을 놓고 실제 물리적 대립이 발생하면 승리가 있다는 시나리오는 생각나지 않는다. 미국은 타이완을 놓고 중국과 물리적으로 대치하는 것을 매우 멀리해야 한다. 싱가포르는 미국과 중국 중 선택을 원하지 않는다"라며 리셴룽의 균형 외교 방침을 재차 밝혔다. 워싱턴에서 미국을 향해 타이완을 지나치게 두둔해 중국과 충돌하는 사태를 만들지 말라고 충고하면서 말이다.

이러한 싱가포르의 대미대중 외교는 '동태적 균형 외교'라 할 수 있다. 양국 사이에서 가만히 숨죽이고 있는 것이 아니라, 이렇게 해 달라 저렇게 해 달라 요구하거나 이를 위한 실제적 방침을 제시하기도 하는 것이다. 다른 각도에서 보면 '더블 헤징 전략double hedging strategy'이기도 하다. 미국과 협력 관계를 강화하면서 그로 인해 생길 수 있는 중국과의 관계 악화를 사전에 예방하고, 중국과 관계를 돈독하게 해 나가면서도 그로 인해 발생할 수 있는 미국과의 소원한 관계도 예방하고 있는 것이다.

이런 전략은 양측을 부지런히 오가며 자국의 입장을 설명하고, 필요한 사항을 주장하기도 하면서 실행할 수밖에 없다. 싱가포르는 실제 미국과 중국 사이를 분주하게 오가며 설명, 협의, 예방 조치를 하고 때로는 자신의 주장을 내세우기도 하고 있는 것이다.

싱가포르는 이런 입장으로 미국과 중국을 직접 상대하면서, 동시에 동남아 국가들을 묶어 미국과 중국에 대한 영향력을 강화하려는 노력도 하고 있다. 미국의 인도태평양전략FOIP과 중국의 일대일로전략OBOR이 동남아 국가들의 이해와 관련되어 있기 때문에 이들 전략에 동남아 국가들이 발언권을 높여야 한다고 주장한다. "양자택일 강요하지 말고, 우리 동남아 국가들의 얘기를 더 들으면서 정책을 추진하라"고 요구하고 있는 것이다. 이러한 능동적동태적 태도와 주장은 국가와 지역의 미래 비전에 대한 끊임없는 고민과 연구 속에서 나오는 것이라 할 수 있겠다.

고래 외교는
어떻게 가능할까

그렇다면 작은 나라 싱가포르의 이러한 큰 외교는 어떤 기반과 바탕 속에서 나오는 것일까?

첫째, 국가 지도자의 분명한 외교 인식이다. 리콴유 초대 총리
는 "싱가포르는 작고 자유무역을 지향하기 때문에 외교 문제에 민감
하지 않으면 작은 문제에도 국가 경제에 큰 타격을 받을 수 있다"며
국가의 정책 가운데 외교 정책을 매우 중시했다.

초대 외무부 장관 시나탐비 라자라트남Sinnathamby Rajaratnam의
인식도 리콴유와 같았다. 리콴유와 함께 독립운동을 하고 함께 인민
행동당을 창당해 싱가포르의 독립을 이끌고 싱가포르의 발전을 추
진한 라자라트남은 1965년부터 1980년까지 외무부 장관을 맡아
싱가포르의 자주 외교 전통을 정립하는 데 크게 기여했다. 리콴유와
라자라트남이 세운 이러한 외교 전통과 외교 문화는 이후 고촉통,
리셴룽, 로런스 웡으로 이어졌다.

로런스 웡 총리는 취임 직전인 2024년 5월 8일 영국 『이코노
미스트』와의 인터뷰에서 "급변하는 국제정세 속에서 미중 간 밸런
스를 잘 잡는 게 핵심이라 생각한다"고 밝혔다. "싱가포르는 친미도
친중도 아닌 친싱가포르"라며 "우리의 국익을 철저히 우선시할 것"
이라고도 했다. 명료한 국제정세 인식을 말했고, 싱가포르의 스탠스
를 분명하게 언급한 것이다.

로런스 웡의 말은 '우리는 중간에서 어느 쪽에도 치우치지 않
은 채 우리의 생각과 인식으로 미국, 중국과의 관계를 만들어 가겠
다'는 의미로 들렸다. 미국에 기울어 있으면서, 늘 미국의 심기를 건
드리지 않을까 노심초사하는 우리의 외교 정책 결정자들과는 매우
비교되는 모습이 아닐 수 없다.

둘째, '내정 절대 불간섭'이 외교의 근저에 깔려 있는 것이다. 1993년 마이클 페이 사건뿐만 아니라 싱가포르의 '내정 절대 불간섭' 입장을 확인할 수 있는 사례는 많다. 1988년 핸드릭슨E. M. Hendrickson 사건이 발생했다. 핸드릭슨은 싱가포르 주재 미국 대사관의 1등서기관이었다. 당시 싱가포

로런스 웡.

르에서는 대통령 선거가 진행되고 있었다. 1991년 개헌 전까지는 대통령을 국회에서 간선제로 뽑았다. 의원내각제를 채택하고 있는 데다 간선으로 뽑히는 대통령은 별 권한이 없었지만, 국가원수로서 상징적인 의미는 있는 자리여서 야당 후보도 출마했다.

야당의 후보는 프랜시스 서Francis Seow였다. 싱가포르 변호사협회 회장을 맡고 있는 인물이었다. 미국은 핸드릭슨을 통해 서에게 정치자금을 전달했다. 독재국가 싱가포르에 민주주의를 심어보겠다는 공작이었다. 하지만 싱가포르 당국이 이를 적발했다. 서는 구속되었고, 핸드릭슨은 추방되었다. 국내 정치에 개입했다는 이유로 추방된 것이다. 싱가포르는 안보적으로 미국과 긴밀한 관계를 유지해왔다. 미국 외교관을 직접 추방하는 조치는 미국과 껄끄러운 관계를

낳을 것임이 분명했다. 그런데도 자신들의 법규와 원칙에 따라 단호한 조치를 취했다.

싱가포르의 이러한 원칙은 역사가 꽤 오래되었다. 1964년에는 인도네시아 해군 특수부대 요원 두 명이 싱가포르의 홍콩상하이은행HSBC에 들이닥쳐 세 명을 살해했다. 싱가포르 법원은 이들에게 사형을 선고했다. 인도네시아의 반응은 격렬했다. 대통령 수카르노Sukarno가 싱가포르를 비난했고, 인도네시아군도 무력공격까지 경고하고 나섰다. 하지만 싱가포르는 굴하지 않았다. 결국 그들을 사형시켰다. 이 역시 국내법 질서는 외부의 간섭 없이 나름의 체제에 따라 유지되어야 한다는 생각 때문이었다.

셋째, 원칙과 규범 중시이다. 남중국해에서 중국이 영유권을 확대하려는 시도에 대해 상설중재재판소가 판결한 내용을 적극 지지한 것은 원칙과 규범을 중시하는 싱가포르 외교의 지향점을 잘 드러내준 사례이다. 가만있어도 문제될 것이 없었다. 싱가포르는 남중국해에 직접적인 이해가 걸린 나라도 아니다. 하지만 이것이 옳고 저것은 그렇지 않다는 생각을 정리해 밝힌 것이다. 스스로의 가치와 세계관이 정립되어 있지 않고서는, 또 강대국의 눈치를 보아서는 절대 할 수 없는 외교이다.

싱가포르는 세계 환경 문제에도 꾸준히 문제를 제기하면서 유엔 내 FOSSForum of Small States라는 그룹까지 만들어 활발하게 활동하고 있다. 또 3GGlobal Governance Group라는 또 다른 유엔 내 그룹의 설립에 주도적으로 참여해 G20 중심의 세계 운영에 적극적으로 문제를 제기하고 있다. 선진국, 강대국이 싫어하는 일들을 싱가포르는 스스로의 원칙 아래 하는 것이다. 이런 게 새우의 고래 외교 아니 겠는가?

넷째, 국익 중심의 독자적 판단이다. 누구의 눈치를 보기보다 는 스스로 국익을 중심으로 판단한다는 것이다. 아시아인프라투자 은행AIIB 가입이 이를 잘 보여주었다. 당시 미국은 가까운 국가들에 직접 전화도 하고, 고위관료를 파견하기도 하면서 AIIB에 가입하지 말 것을 촉구했다.

그런데도 싱가포르는 최초로 동참을 선언한 21개국 중 하나가 되었다. 뒤늦게 참여를 결정한 우리와는 비교된다. 우리는 늦게 참 여하는 바람에 중국으로부터는 "왜 우리 요청을 빨리 안 들어주었느 냐"는 원망을, 미국으로부터는 "가입하지 말라는데도 가입했느냐" 는 불만의 목소리를 들어야 했다. 싱가포르가 타이완과 군사적 관계 를 강화하는 것도 마찬가지로 국익이 거기 있기 때문에 중국의 강한 불만에도 지속하고 있는 것이다.

다섯째, 자신들의 전략적 자산에 대한 엄밀한 평가와 이의 적 극 활용이다. 싱가포르가 가진 핵심 자산은 지정학적 위치이다. 말레 이반도 남단에 위치한 섬나라 싱가포르는 남쪽으로 인도네시아 리 아우제도와의 사이에 싱가포르해협을 두고 있다. 서쪽의 믈라카해 협과 동쪽의 남중국해를 잇는 해협이다. 중국이 수입하는 원유의 80 퍼센트가 여기를 통과한다. 미얀마와 중국을 연결하는 송유관을 만 들어 원유를 수송하고 있긴 하지만 여전히 배를 통해 믈라카-싱가 포르해협으로 수송하는 원유가 많은 것이다.

이러한 요충지를 가진 싱가포르는 자신들이 가진 전략적 자산의 가치를 정확히 파악하고 있다. 싱가포르는 중국이 자신들과 관계가 악화되면 원유 수송에 어려움을 겪을 것이고, 이를 인식하고 있는 중국이 자신들에게 강하게 나오기 어렵다는 사실을 잘 안다. 실제로 중국이 강하게 나오면 싱가포르는 미국 쪽으로 기울 수 있다. 중국은 이를 염려한다. 중국은 그런 싱가포르를 적으로 돌려세우지 않기 위해 애를 써야 한다. 싱가포르는 이런 계산을 머릿속으로 하기 때문에 중국에 할 말을 할 수 있는 것이다.

중국과 가까우면서 동남아시아 국가들의 협력 기구인 아세안ASEAN과 중국 사이에서 중재 역할을 해온 싱가포르는 미국에도 중요한 자산이 아닐 수 없다. 더욱이 미국에 군사기지를 제공하면서 군사협력을 강화하고 있는 싱가포르는 미국에도 동남아시아를 관리하는 데 꼭 필요한 전략적 가치가 있다. 싱가포르는 중국과 미국 사이에서 자국의 가치를 냉철하게 인식하며, 이를 활용해 동태적 균형 외교를 하고 있다.

이런 싱가포르의 모습이 우리와는 사뭇 다르다. 한국은, 특히 보수 정부들은 그런 것을 못한다. 우리의 지정학적 가치는 매우 높다. 미중 전략 경쟁이 심화하는 상황은 우리의 전략적 가치를 더욱 높여주고 있다. 미국은 미군을 한국에 꼭 배치해야 한다. 전략적 경쟁자이면서 사실상 적국인 중국의 바로 턱밑에 군을 배치해놓아야 중국의 움직임을 더 면밀히 파악할 수 있고, 만약 중국과의 관계가 악화돼 중국이 미사일이라도 발사한다면 이를 조기에 포착할 수 있다. 그러기 위해서는 한국의 군사기지가 꼭 필요하다. 이를 제대로 인식하고 대미 외교에서 잘 활용해야 한다.

하지만 현실은 그렇지 못하다. 역대 보수 정부들은 미국이 혹시 한미 동맹을 약화시키면 어떡하나 하는 걱정을 앞세워왔다. 방기 abandonment를 염려했다. 동맹국들은 서로 방기와 연루entrapment를 우려하면서 동맹을 유지한다. 혹시 동맹국이 우리를 버리면 어쩌나, 동맹국의 일에 지나치게 얽히면 어쩌나 하고 염려하는 것이다. 안타깝게도 한국의 보수 정부들은 방기에 대한 걱정이 너무 많다. 그래서 미국의 심기를 살피는 데 주력한다. 그러니 우리 할 말은 못하면서 미국이 원하는 것은 잘 들어주는 외교를 전개해온 것이다.

여섯째, 스스로 이루어온 성과에 대한 자긍심과 자신감이다. 싱가포르의 국내 정치는 수준이 높지 않다. 인민행동당PAP의 일당 독재가 독립 이후 계속되어왔다. 정치적 자유는 제한되어 있고, 언론과 출판도 철저히 통제받고 있다. 법률도 지나치게 엄격하다. 마약 범죄와 살인, 강간 등은 반드시 사형을 구형하고, 길에 쓰레기를 버리면 우리 돈으로 27만 원을 내야 한다. 금연 치료 등 특별한 경우 아니면 껌도 살 수 없다.

초대 총리 리콴유는 31년 동안 독재 정권을 유지했고, 그 정부는 잠시 고촉통을 거쳐 리콴유의 아들 리셴룽으로 넘어갔다. 지금은 리셴룽이 지명한 로런스 웡이 총리를 맡고 있다. 언젠가는 정권이 다시 리셴룽의 아들로 넘어갈 것이라는 얘기도 나온다. 개인의 자유와 여러 정당의 경쟁을 통한 민주주의는 제한되고, 지배 엘리트가 중심이 되어 국가를 이끌어가는 권위주의적 국가자본주의 authoritarian state-capitalism 체제가 계속되고 있다.

하지만 물류 기지로 최적인 지정학적 입지를 활용해서 경제발전 전략을 매우 효과적으로 추진해 경제 선진국을 이뤘다. 싱가포르는 스스로 얻어낸 경제적 성과에 자부심이 대단하다. 이는 외교적인 적극성assertiveness으로 연결된다. 이 적극성을 바탕으로 자신들의 목소리를 내고 있다. 독자적 외교를 하다 보면 미국이나 중국의 의사에 반하는 행위를 하게 마련인데, 그런 경우는 사람을 파견해 자세히 설명한다. 자국의 입장을 논리적으로 설명해 상대가 이해하게 만든다. 그렇게 후유증을 최소화한다. 이런 것도 자신감의 소산이 아닐 수 없다.

우리도 이승만 정권 당시의 대미 종속적 관계dependencey relations는 벌써 넘었다. 김대중, 노무현, 문재인 정부에서는 미국과 '보다 균형적인 관계more balanced relations'를 추구하기도 했다. 하지만 이명박, 박근혜, 윤석열 정부는 다시 미국에 끌려가는 관계로 되돌아가고 말았다. 한국의 경제적인 성과도 싱가포르 못지않다. 싱가포르, 타이완과 함께 제2차 세계대전 이후 독립한 나라 가운데 가장 성공적으로 경제발전을 이룩한 나라로 칭송받고 있다. 하지만 이를 외교의 영역으로 확장하지는 못하고 있다. 경제적 성과를 기반 삼아 넓은 시야로 국제정세를 읽고 강대국의 지도자들과 어깨를 나란히 하면서 대화하고 토론할 수 있는 능력을 갖춘 지도자가 지속적으로 나오지 못했기 때문이다.

사명감과 식견을 고루 갖추고 우리의 국익을 십분 확보하는 데 진력하는 정열 있는 외교관을 양성하지 못한 것도 경제력에 맞는 외교를 보여주지 못하는 원인이다. 싱가포르는 외교관을 포함한 공무원을 시험으로 뽑지 않는다. 공무원 후보자를 일찍부터 발굴해 육성

한다. 실력과 함께 인성 교육도 오랫동안 진행한다. 단계마다 철저한 검증을 실시한다. 그 과정에서 중요한 것은 각급 학교 교사의 평가이다. 교사들이 후보자들을 면밀히 관찰해 평가하고 제대로 국가를 위해 봉사할 사람만 살아남도록 하는 것이다.

그런 과정을 거쳐 외교관이 된 사람들은 일종의 특권을 누린다. 많은 연봉과 복지 혜택을 받는다. 장관에 오르면 연봉이 우리 돈 9억 원 정도 된다. 총리는 그 두 배이다. 미국 대통령 연봉의 다섯 배나 된다. 조건은 절대 깨끗해야 하고 국가를 위해 봉사해야 한다. 그런 사람들이 외교관으로 일하고 있기 때문에 고도의 전략이 가능하고 자신 있는 외교도 가능한 것이다.

일곱째, '자신감 속의 유연성'이다. 마이클 페이 사건 당시에도, AIIB 가입 때에도 싱가포르는 미국에 자신들의 입장을 충분히 설명했다. 마이클 페이 사건 당시에는 "나라마다 관습과 전통, 법률이 다르니 상대성을 인정해야 한다"고 미국에 설명했다. AIIB 가입과 관련해서는 "IMF도 이미 아시아의 인프라 확충을 위한 투자를 적극 제안한 적이 있다, 그러니 아시아인프라투자은행의 필요성은 이미 세계적으로 인정되어 있다"라고 미국을 설득했다.

싱가포르는 '우리는 이렇게 하기로 했다. 그러니 알아서 해라' 식으로 불쑥 던지는 것이 아니라 사전에 충분히 커뮤니케이션을 한다. 이를 통해 상대국에 자신을 이해시킨다. 여유 있게 상대에게 자신을 충분히 설명하는 것은 고도의 유연성이다.

그러면서 융통성 있게 상대의 의사를 받아들이기도 한다. 전부는 아닐지라도 일부를 수용하면서 상대의 공세를 누그러뜨린다. 마이클 페이 사건에서 대통령의 관용을 내세워 약간이나마 감형하는 모습을 보여주었다. 원칙을 훼손하지 않는 선에서 융통성을 보인 것이다. 대만 훈련기지 문제로 중국과 갈등을 겪을 때도 싱가포르는 중국에 자신들의 입장을 충분히 설명하면서, 중국이 그렇게 중시하는 '하나의 중국 원칙'은 수용했다. 중국이 가장 중시하는 원칙은 수용하고, 대만과의 훈련 문제는 중국이 이해하도록 한 것이다.

싱가포르는 이러한 분명한 인식과 원칙을 가지고 고래 외교를 오랫동안 해오고 있다. 그러면서 국제사회의 신뢰를 얻어왔다. 이제 싱가포르는 그 신뢰를 바탕으로, 미국 전략 경쟁, 중국-아세안 관계 등을 효율적으로 조율하는 '정직한 중재자honest broker'를 지향하고 있다. 동남아의 소국 싱가포르가 그런 역할을 제대로 해내면서 고래 중에서도 대왕고래가 될 수 있을지 새삼 궁금해진다.

Chapter 4

군대도 없이 큰 평화 외교, 코스타리카

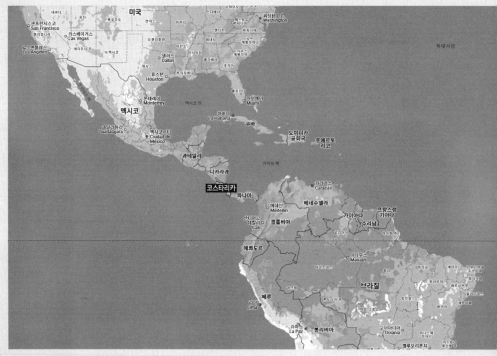

코스타리카 위치

© google.co.kr

중미의 우등생

코스타리카는 '중미의 스위스'로 불린다. 니카라과와 파나마 사이에
위치한 코스타리카는 스위스처럼 영세중립국이면서 치안도 상당히
안정되어 있고, 교육과 문화 수준도 높기 때문이다. 게다가 국제평화
와 분쟁 해결을 위해 고군분투하는 모습도 스위스와 닮았다. 분쟁이
많고 내부적 갈등도 많은 중남미 국가들 가운데 군계일학이다. 그래
서 '중남미의 우등생'이라는 별칭으로 불리기도 한다.

국호 코스타리카costa rica는 '부유한 해안rich coast'을 의미한다. 그 말
그대로 부유하지는 않지만(1인당 국내총생산이 1만 3000달러 정도로
세계 57위이니 못사는 편은 아니다), 비교적 안정되고 평온한 상황을
유지하는 나라이다. 이 나라 국민의 삶을 표현하는 용어로 '프라 비
다pura vida'라는 게 있다. '순수한 인생pure life'이라는 뜻이다. 지나치
게 욕심 부리지 않고, 긍정과 만족의 삶을 즐기는 태도를 말한다. 다
시 말해 '즐겁고 행복한 인생', '안분지족의 삶'이다. 그만큼 착하고
순수하며 과욕을 부리지 않는 삶을 코스타리카 사람들은 즐기고 있
다는 말이다.

'중미의 스위스'로 불리며 행복지수가 높은 코스타리카이지만, 스위스와는 다른 점이 있다. 비무장이라는 것이다. 헌법에 군대를 못 가지게 해놓고, 비무장 상태로 영세중립국 지위를 유지하고 있다. 현역 14만 명과 강력한 예비군을 가진 스위스와는 크게 다르다. 코스타리카가 비무장 중립을 하게 된 데에는 나름의 역사적인 연원이 있다. 이를 알기 위해서는 먼저 코스타리카의 긴 역사를 알아야 할 것 같다.

스페인 식민지
300년

코스타리카 지역에 사람이 살기 시작한 시기는 1만 1000년 전부터이다. 이때부터 사람들이 이 지역에서 수렵이나 채집으로 생활을 했다. 1만 년 전부터는 농사를 짓기 시작했다. 기원전 1000년쯤에는 마을을 만들어 공동생활을 하기 시작했다.

기원후에 들어설 무렵에는 옥수수를 많이 기르기 시작했고, 500년경에는 비교적 기온이 서늘한 중앙의 고원지대를 중심으로 부족장 사회가 형성되었다. 부족의 대표가 있어 부족 소유의 공동 경작지에서 공동으로 생산한 농작물을 분배하는 역할을 했다. 옥수수와 고구마, 콩, 유카 등이 주요 작물이었다. 부족 간에 서로 필요한 물건을 교환하는 물물교환의 경제를 영위했다.

1502년 콜럼버스의 탐험대가 코스타리카 연안을 탐험하면서 스페인은 코스타리카 꾸준히 관심을 가졌다. 당시 콜럼버스가 스페인 왕에게 탐험 결과를 보고하면서 "자연미가 매우 뛰어나고, 이전에 볼 수 없었던 해변과 금이 아주 풍부한 땅"이라고 말해 이때부터 '코스타리카(풍요로운 해변)'라고 불리게 되었다고 한다. 금이 풍부하다는 것은 잘못된 정보였지만, 자연미가 뛰어다는 것은 맞는 얘기였다.

1519년에는 에르난 폰세 데 레온Hernán Ponce de León이 태평양 연안인 니코야 만과 니카라과 지역을 탐험했다. 1524년에는 프란시스코 에르난데스 데 코르도바Francisco Hernández de Córdoba가 태평양 연안에 정착촌을 건설했다. 하지만 탐험대의 내분과 원주민의 공격으로 정착촌은 오래가지 못했다. 이 해(1524년)에 콜럼버스가 코스타리카를 신스페인New Spain. Nueva Espana(북중미와 아시아태평양의 스페인 영토)에 포함시키고, 과테말라에 있던 부왕청(신스페인을 다스리던 관청. 스페인 왕을 대리하는 부왕이 청장이 되었다)에서 통치하도록 했다. 이때부터 300년 동안 코스타리카는 스페인의 식민지였다.

식민지배를 시작한 스페인이었지만 자원과 인구가 많지 않은 코스타리카에 크게 주목하지는 않았다. 중앙 고원지역 정도를 지배하고 있었을 뿐 나머지 지역은 느슨하게 통치했다. 중앙 고원과 다른 지역을 연결하는 교통로가 발달하지 않았고 원주민들의 식민지배에 대한 저항도 거세, 중앙 고원 중심의 유화적인 통치를 했던 것이다.

그런 식민지배는 1821년 끝났다. 해방되었지만 곧 내전이 시작됐다. 1823년 중앙아메리카연방을 건설하자는 정파와 멕시코에 편입하자는 정파가 무력 충돌한 것이다. 결과는 중앙아메리카 연방파가 승리해 과테말라, 온두라스, 니카라과와 함께 중앙아메리카연방을 구성했다. 1838년에는 중앙아메리카연방에서 탈퇴해 완전 독립했다.

이후 비교적 평온하게 지내던 코스타리카에 1948년 다시 내전이 발발했다. 여당이 선거에 패배하고도 정권 이양을 거부하자 이를 보다 못한 대농장주 호세 피게레스 페레르José Figueres Ferrer가 의용군을 결성해 정부군을 물리치고 집권했다. 내전에서 교훈을 얻은 그는 곧 군대 폐지를 선언했다. 이후 코스타리카는 커피 농업 발전, 사회간접자본 건설 등을 추진해 경제를 비교적 안정적으로 발전했다. 정치도 비교적 안정된 가운데 나름의 주장이 있는 외교를 전개해왔다.

군대 폐지

인류가 생긴 이래 전쟁은 계속되었다. 물론 그 속에서 협상과 외교도 계속해왔다. 전쟁이 왜 일어나는지에 대한 논의가 많은데, 대표적인 것이 현실주의자들의 논리이다. 국가는 생겨나는 순간부터 끝없이 힘을 추구하고, 추구하는 힘의 양도 끝이 없기 때문에 이웃 국가를 점령하려 하고, 그렇기 때문에 전쟁은 계속 일어난다는 것이다. 신현실주의는 현실주의와는 조금 다르게 국가는 끝없이 힘을 추구하는 것이 아니라 끝없이 안보를 우려한다고 주장한다. 안보 우려 때문에 군대도 확장하려 하고, 그러다 보면 상대국의 안보 우려를 자극해 전쟁이 일어난다고 주장한다.

국가가 생래적으로 무한 권력을 추구하기 때문인지 아니면 늘 안보 우려를 하기 때문인지 모르겠지만, 동서고금을 막론하고 전쟁은 늘 인류와 함께했다. 그러니 군대도 점점 커지고, 무기도 더욱더 첨단화될 수밖에 없다. 그런 와중에서도 코스타리카는 군대 없이 국가를 운영한다. 매우 신기하지 않을 수 없다.

앞에서 잠깐 얘기한 대로 코스타리카가 군대를 폐지한 것은 1948년이다. 같은 해인 1948년 2월 2일 대통령 선거가 있었다. 여당 후보는 라파엘 앙헬 칼데론 과르디아Rafael Ángel Calderón Guardia였다. 1940~1944년까지 대통령을 지냈는데, 1948년 다시 여당의 후보가 되어 대선에 나섰다. 야당 연합의 후보는 언론인 출신 정치인 오틸리오 울라테 블랑코Otilio Ulate Blanco였다.

선거 결과 칼데론 과르디아가 1만 표 차이로 졌다. 하지만 칼데론 과르디아 지지자들이 많은 의회가 그의 당선을 의결했다. 이에 피게레스 페레르가 의용군을 이끌고 정부에 대항하면서 내전이 발발했다. 1947년 구성돼 중앙아메리카와 카리브해 지역의 독재 국가 타도를 추진하고 있던 '카리브군단Legion del Caribe'이 피게레스 페레르를 도왔다. 내전은 1948년 3월 10일 시작돼 6주간 계속됐다. 사망자도 2000명이나 나왔다. 결과는 피게레스 페레르의 승리였다.

내전에서 승리한 피게레스 페레르는 5월 8일 과도정부 평의회를 구성해 의장이 되었다. 사실상 대통령이 된 것이다. 야당 연합의 대선 후보였던 울라테 블랑코와는 불편한 관계였다. 대선 결과는 울라테 블랑코의 승리였는데, 피게레스 페레르가 의용군을 모아 정권을 잡았으니 두 사람의 관계가 좋을 리 없었다. 하지만 이들은 여러 차례 만나 협의한 끝에 일정한 합의에 이르렀다. 피게레스 페레르는 18개월 동안만 집권하고, 이후 울라테 블랑코에게 정권을 이양하기로 한 것이다.

협의 과정에서 피게레스 페레르가 "병영을 박물관으로 바꾸자"고 제안해 군대 폐지도 합의했다. 그에 따라 1948년 12월 1일 코스타리카는 군대 포기를 선언했다. 이듬해 11월 7일에는 군대 폐기를 명기한 헌법이 만들어져 비무장을 공식화했다.

군을 없애고 비무장 국가로 만든 것은 피게레스 페레르의 신념과 열정 덕분이라고 할 수 있다. 그는 1906년 코스타리카 중서부의 도시 산라몬에서 태어났다. 아버지는 스페인에서 이주해온 의사였고, 어머니는 교사였다. 피게레스 페레르는 초중등 교육을 코스타리카에서 마치고 미국의 메사추세츠공과대학MIT으로 진학해 수력공학을 전공했다. 대학 졸업 후에는 코스타리카로 귀국해 커피 농장을 경영했다. 그는 농장을 경영하면서 노동자들에게 집과 의료 서비스 등 복지를 제공했고, 농장 안에 야채 농원과 우유 생산 시설을 갖춰 노동자들이 무료로 이용하게 했다.

피게레스 페레르는 정치적인 목소리도 냈다. 1942년 정부를 비판하다가 멕시코로 추방당했다. 2년 만에 귀국한 그는 정당을 만들어 본격적인 정치 활동을 전개했다. 1948년에는 대선 패배를 인정하지 않는 정부에 맞서 민병대를 모아 정부군과 싸웠다. 이 내전에서 정부군을 물리쳐 집권했다. 집권 후에는 군대 폐지뿐 아니라 많은 개혁 조치를 단행했다. 여성들의 투표권 보장, 전 국민 공교육 시행, 은행 국유화 등의 획기적인 조치를 실행한 것이다.

내전 방지 위해
비무장

그렇다면 코스타리카에서 비무장이 가능했던 요인은 어떤 것들일까? 피게레스 페레르가 군대를 폐지한 이유를 살펴보자.

첫째, 내전과 쿠데타를 방지하기 위해서였다. 스스로 내전을 일으킨 장본인이 내전의 재발을 우려한 것이다. 게다가 자신이 집권한 후 쿠데타 음모도 발견돼 군대 폐지를 선언에 그치지 않고 헌법에 명시하게 되었다. 군을 확실히 없애 내전이나 쿠데타의 근원을 제거하자는 생각이었다.

둘째, 피게레스 페레르의 신념이다. 그는 MIT 재학 시절 영국 작가 허버트 조지 웰스Herbert George Wells의 작품을 좋아했다. 특히 『세계사의 대계The Outline of History』라는 책을 감명 깊게 읽었다. 지구의 기원부터 제1차 세계대전까지 인류의 역사를 서술한 저서인데, 인종주의와 문명적 우월성을 비판하는 대목에 피게레스 페레르는 깊이 공감한 것으로 보인다. 이런 책들을 읽으면서 인종과 문명의 구분 없이 인류가 서로 협력하면서 평화로운 세상을 만들어야 한다는 생각을 정립한 듯하다. 그는 코스타리카로 귀국해 자신의 생각을 커피 농장에서 실현하려 노력했고, 집권 이후에는 국가 정책으로 실행하려 했다. 자신의 뜻을 현실화하는 데 중요한 부분이 평화를 해치는 존재인 군대를 없애는 것이었다.

셋째는 미국의 요구이다. 미국은 피게레스 페레르가 카리브군단의 도움을 받아 내전에서 승리한 것을 불안한 시각으로 보고 있었다. 카리브군단의 목표는 중앙아메리카(중미)에서 독재 국가들을 타도하고 민주 국가로 변화시키는 것이었다. 피게레스 페레르의 코스타리카가 중미 혁명의 거점이 돼 미국과 가까운 나라에 대항하는 것을 미국은 꺼리고 있었던 것이다. 이러한 미국의 우려를 불식시키고, 미국과의 경제적 협력 관계를 더욱 확대하기 위해 아예 군을 없애는 조치를 취한 것이다.

영세중립 선언

비무장을 공식화한 코스타리카는 여기에 더해 영세중립을 선언했다. 1983년 11월의 일이다. 당시 대통령 루이스 알베르토 몽헤Luis Alberto Monge가 군이 없는 코스타리카에 대한 외세의 침략을 방지하기 위한 조치로 영세중립을 선언한 것이다. 몽헤는 1925년 코스타리카 중서부의 팔라레스에서 태어났다. 코스타리카대학을 졸업하고 일찌감치 정치에 나섰다. 사회민주주의자로 진보 정당에서 활동했다. 23세에 당시 최연소로 하원의원에 당선되었다.

몽헤는 1950년대 초 국제 노동기구의 임원으로 활동하면서 스위스 제네바에 머물렀다. 이때 스위스의 영세중립 정책을 깊이 관

루이스 알베르토 몽헤.

찰하면서 영세중립에 대한 신념을 갖게 되었다. 1962년에는 논문 「비동맹국의 집단」을 발표해 민주주의와 중립 정책의 필요성을 주장했다. 특히 스위스의 반나치 투쟁을 언급하면서 중립 정책을 견지하면서 서구와 긴밀하게 협력하는 것은 정당하다고 역설했다. 친서구친미적인 비무장 영세중립을 주창한 것이다. 논문을 발표한 해에 코스타리카의 초대 이스라엘 주재 대사가 되어 국제적인 경험도 쌓았다. 1982년 대선에 출마해서 당선돼 코스타리카의 39대 대통령이 되었다.

몽헤가 영세중립을 선언하기까지는 여러 가지 요인이 작용했다. 우선은 코스타리카의 미래에 대한 그의 신념이 작용했지만, 당시 코스타리카가 처한 정치경제외교적 상황이 직접적인 요인으로 역할을 했다.

첫 번째 요인은 니카라과 내전의 지속이었다. 1980년대 초부터 니카라과에서는 좌익인 산디니스타 정권과 이에 반대하는 우익 반정부 조직 콘트라가 내전을 벌이고 있었다. 콘트라는 코스타리카 영토까지 들어와 활동했다. 좌익 니카라과 정부는 콘트라 퇴치를 위해 코스타리카 영토까지 군사작전 영역을 확대하기도 했다. 그래서 코스타리카와 니카라과의 관계는 악화되었다.

미국의 로널드 레이건Ronald Reagan 행정부는 콘트라를 지원했다. 비밀리에 이란에 무기를 팔고 그 돈을 콘트라 지원에 써 큰 정치적 사건으로 번지기도 했다. 1982년 10월 당시 코스타리카 외교부 장관 페르난도 볼리오 히메네스Fernando Volio Jiménez가 주도해 '평화와 민주주의를 위한 포럼FPD'을 결성했다. 니카라과와 엘살바도르, 과테말라 등에서 진행되는 분쟁을 미국과의 협력 속에서 해결해 나가기 위한 기구였다.

FPD에 니카라과의 산디니스타 정부가 참여하는 것이 중요한 문제였다. 좌익이면서 반미 성향인 니카라과 정부는 참여를 거부했다. 미국이 개입한다는 것이 거부 이유였다. 이후 니카라과는 콘타도라 그룹Contadora Group 쪽으로 기울었다. 콘타도라 그룹은 미국의 개입 없이 중미 분쟁을 해결하겠다는 취지로 멕시코와 파나마, 콜롬비아, 베네수엘라가 구성한 조직이다. 파나마의 섬 콘타도라에서 외교부 장관들이 모여 조직을 만들어 그런 이름이 붙었다. 그렇게 코스타리카는 니카라과 내전을 중단시키기 위해 노력했지만 실패했다. 몽헤는 이런 상황에서 '비무장 영세중립permanent & unarmed neutrality'을 선언하는 것이 외세의 침략을 막고, 이웃 국가의 분쟁에 연루되는 것을 방지하는 길이라고 생각했다.

두 번째 요인은 미국의 간섭이었다. 니카라과의 우익 반군 콘트라를 지원하던 미국은 콘트라가 코스타리카 영토를 이용할 수 있도록 코스타리카 정부에 압력을 가했다. 몽헤는 이를 저지하려 했다. 영토 이용을 양해하면 더 큰 주권적 양보로 이어질 수 있고, 영토를 침공당할 수도 있다는 생각이었다. 영세중립을 선언하면 그런 간섭을 상당 부분 막아낼 수 있다고 몽헤는 생각한 것이다.

세 번째 요인은 경제적 어려움이었다. 1979년 2차 오일쇼크의 영향은 세계적이었다. 코스타리카도 예외는 아니었다. 1980년대 초까지도 그 영향이 계속됐다. 특히 세계경제의 불황으로 주요 산업인 커피 가격이 급락해 코스타리카 경제는 최악의 상황이었다. 1981년 GDP 성장률은 -2.4퍼센트, 1982년에는 -7.3퍼센트를 기록했다. 실업률도 1981년 9퍼센트에 이르렀다. 기업들도 어려워져 임금을 지불하지 못하는 회사도 부지기수였다. 이러한 위기 상황에서 미국의 원조와 IMF의 지원이 절실했다.

이를 위해 몽헤는 레이건의 반공주의에 부응하는 조치를 취해야 했다. 그렇다고 '우리는 레이건의 반공주의를 지지하며 니카라과의 좌익 정권과 싸우겠다'고 선언할 수는 없었다. 그 자신이 사회민주주의자였을 뿐만 아니라 이웃 국가와 싸우는 일은 안정된 국가 운영에 치명타가 될 수 있었다. 그래서 몽헤는 중립을 선언해 적어도 코스타리카가 니카라과 좌익 정권을 지지하는 일은 없을 것이라는 메시지를 던진 것이다. 미군의 영토 내 활동도 묵인해주어 친미적인 색채를 숨기지도 않았다. 좌익 정권 지지 거부, 반공주의와 합세, 미군의 영토 내 활동 묵인 등이 포함된 코스타리카식 중립 선언이었다. 이는 미국의 경제적 지원을 겨냥한 것이기도 했다.

나라는 작아도
외교는 크게

코스타리카는 영세중립을 표방하지만 미국, 서방과 친밀한 편이다. 이를 통해 경제적 이익을 확보하기 위해서이다. 특히 미국으로부터는 경제적 원조를 많이 받아왔다. 경제적 난관을 겪고 있던 1983년에는 코스타리카 GDP의 10퍼센트 정도인 2억 400만 달러를 미국에서 원조로 받았다. 덕분에 이듬해부터 경제 상황이 크게 개선되었다.

그런 가운데에서도 코스타리카는 영세중립을 위한 나름의 원칙을 지켜가고 있다. 원칙을 지키기 위해서는 미국의 정책에 반대하는 목소리를 내기도 한다. 1983년 미국이 사회주의 정권을 붕괴시키기 위해 그라나다를 침공했을 당시에는 이를 반대했다. 중미 국가들의 군사훈련에도 참여하지 않고 있다. 군사적인 행동에는 명백하게 반대 의사를 표명하는 것이다.

명분 있는 외교, 국제분쟁 해결과 국제평화를 위한 활동에는 매우 적극적이다. 군대가 없기 때문에 외교를 더욱 강화해야 하는 입장이기도 하다. 이러한 큰 외교는 몽헤의 뒤를 이어 1986년 대통령이 된 오스카르 아리아스Óscar Arias가 특히 적극적으로 추진했다.

아리아스는 1940년 커피 농장을 경영하는 부유한 집안에서 태어났지만, 코스타리카 사회는 좀 더 평등해져야 하고 중미의 내전은 조기에 해결되어야 한다는 생각을 가진 사회민주주의자였다. 코스타리카대학에서 경제학을 전공하고 영국 에식스대학에서 정치학

오스카르 아리아스.

박사학위를 받는 과정에서 정립된 사고였다. 영국에서 귀국해 코스
타리카대학의 정치학 교수를 하다가 1970년 경제 정책 장관이 되
었고, 이후 정치 활동을 계속하다 1986년 민족해방당PLN의 대선
후보로 나서 대통령으로 선출되었다.

　　1987년 2월 아리아스는 중미의 분쟁을 해결하기 위해 엘살바
도르와 콰테말라, 온두라스의 대통령을 초대해 회담을 열었다. 이 자
리에서 평화 달성을 위한 로드맵을 구체적으로 준비해 제시했다. 구
체적으로 즉각 휴전과 무장 해제, 반군과의 회담, 반란군에 외부 지
지 금지, 60일 이내 사면, 60일 이내 언론 자유 회복, 각국 헌법 절차
에 따른 자유선거 등을 제시한 것이다. 그의 제안은 수용됐고, 중미
는 조금씩 평화의 길로 나아갔다.

1987년 8월에는 니카라과까지 포함해 5개국이 과테말라협정을 체결했다. 내전 중지를 위한 노력, 반군에 외부의 원조 금지, 계엄령 해제, 인권 존중, 자유 총선거 등을 추진한다는 내용이었다. 이는 내전으로 시달리던 중미 지역에 안정과 평화를 가져오는 중요한 계기가 되었다. 아리아스의 노력이 평가를 받아 1987년 노벨 평화상을 받았다. 이후 중미 국가들의 내전은 차츰 잦아들어 1990년대에는 내전의 질곡에 빠져 있던 국가들이 차츰 평화와 안정을 이루게 되었다.

아리아스의 큰 외교는 미국과 상당한 갈등 속에 이루어졌다. 우선 그는 미국이 콘트라를 지원하기 위해 코스타리카 영토를 사용하는 것을 금지시켰다. 중미 평화를 위한 회담에도 미국을 참여시키지 않았다. 외세의 개입은 문제 해결에 도움이 되지 않는다는 생각이었다. 아리아스는 평화 플랜을 추진하면서 두 가지 원칙을 견지했다. 하나는 민주화, 다른 하나는 내정 간섭 금지였다. 민주화는 미국이 환영하는 것이었다. 하지만 내정 간섭 불가는 아니었다.

미국은 좌파 정권들을 무너뜨리고 싶어 했다. 그래서 니카라과의 우익 반군 콘트라도 지원한 것이다. 내정 간섭 불가 원칙은 미국과 알력을 유발하지 않을 수 없었다. 아리아스는 이러한 불편한 관계를 직접 풀기 위해 미국을 방문하기도 했다. 미국 의회 연설을 통해 이러한 원칙의 당위성을 설명하고, 대통령과 정부 고위 관계자들을 만나 설득했다. 그렇게 미국의 입장도 고려하면서 원칙 있는 평화 협상을 진행해 나갔다.

코스타리카는 평화 지향의 큰 외교를 전개하며 일찍이 1965

유엔평화대학. 1980년 코스타리카의 수도 산호세 남서쪽에 설립된 유엔평화대학은 인권, 평화와 관련한 교육에 주력하고 있다.

년에는 유엔총회에서 유엔인권고등판무관 창설을 제안해 성사시켰다. 1979년에는 미주인권재판소를 유치했으며, 1980년에는 유엔평화대학을 유치했다. 중미의 분쟁국에서 밀려오는 난민들도 적극 수용했다. 니카라과 등에서 온 난민이 인구의 10퍼센트에 이를 정도이다.

큰 외교의 기반

코스타리카가 이렇게 비무장 중립을 지키면서 큰 외교를 하게 된 데에는 몇 가지 기반이 존재한다.

첫째는 소농 중심의 사회구조이다. 중남미 국가 대부분은 식민 시절 대농장 중심의 경제구조를 갖고 있었다. 대농장은 노동환경이 억압적이었고, 그 속에서 지배와 피지배 세력의 갈등은 커졌다. 그 영향으로 독립 이후에도 갈등적 사회구조는 지속되었다. 반면에 코스타리카는 소농, 자영농 중심의 사회를 이루고 있었다. 스페인 식민 지배 세력은 토지가 좁은 데다 비옥하지 않고 금은 같은 자원도 없으며 인구도 적은 코스타리카에 그다지 관심을 두지 않았다. 이는 코스타리카가 전통적인 자영농 중심의 사회를 유지하는 데 도움이 되었다.

코스타리카는 독립 이후 중앙의 고원지대 주변 황무지와 산지를 개간해서 개인들에게 매각해 소규모 자작농을 더 확산시켰다. 자작 소농 중심의 사회가 식민지 시기뿐 아니라 해방 이후에도 코스타리카의 사회 체제로 자리 잡은 것이다. '공평한 가난', '농촌 평등주의' 등으로 표현되는 이러한 사회구조는 코스타리카가 갈등적 상황을 상대적으로 적게 겪고 안정과 평화를 지향하는 국가가 되도록 했다.

둘째는 코스타리카 사회에 깊이 자리 잡은 평등 의식이다. 인구가 적고 노동력이 부족한 코스타리카에서는 식민 시대 당시에도 식민지 관료(코스타리카인 엘리트들) 대부분이 농민들과 함께 노동을 했다. 농지도 자원도 부족한 나라여서 노동과 근검이 바람직한 덕목으로 자리 잡고 있었던 것이다. 함께 노동해야 하는 사회적 조건은 덜 계급적이고 좀 더 평등한 사회를 형성하는 기초가 되었다.

이러한 사회적 분위기는 독립 이후에도 이어져 상하층 자녀들이 같은 학교에서 차별 없이 교육받는 사회를 만들었다. 노동자, 농민 가정에서 의사나 변호사 등의 전문직을 배출하는 경우도 많고, 계층 간 교류와 결혼도 자연스러운 사회가 형성된 것이다. 평등 의식과 비교적 평등한 사회 양식이 코스타리카를 안정적인 국가, 평화를 선호하는 국가로 자리매김하게 했다. 이러한 바탕 위에서 비전 있는 외교도 나오고 있는 것이다.

셋째는 정치 엘리트의 리더십이다. 피게레스 페레르는 인종과 문명의 구분 없이 평화로운 세상을 건설하는 것을 이상으로 여겨 군대를 폐지하는 결단을 보였다. 몽헤는 스위스의 영세중립 정책을 본받아 국가의 미래 비전을 영세중립에 두고 영세중립을 선언했다. 아리아스는 비무장 중립 정책의 바탕 위에서 중미 국가들의 내전종식을 위한 회담을 성공적으로 이끌며 적극적인 중립 정책을 활기 넘치게 실행했다. 작은 나라의 리더이지만, 생각은 크고 원대해 이상적이라고 여기기 쉬운 일들을 성공적으로 이루어낸 것이다. 이러한 리더십이 중심 있는 외교, 비전 있는 외교를 가능하게 만드는 것이다.

넷째는 선진적인 정치교육이다. 코스타리카는 1948년 군대를 폐지한 후 국방비의 많은 부분을 교육으로 돌렸다. 전국의 군부대는 모두 학교로 바뀌었다. 모든 어린이를 초등학교에 가도록 했고, 상급학교에 가려는 학생은 갈 수 있도록 했다. 국민은 국가의 지원을 '평화 배당금peace dividend'으로 인식되었다. 평화를 지향하면서 생기는 이익으로 여겼다. 평화는 우리에게 직접 이익이 되고, 계속 지향해야 하는 가치임을 코스타리카 국민은 몸으로 느낀 것이다.

이러한 바탕 위에서 민주주의 시민교육도 강화했다. 정치와 선거에 적극 참여하도록 하는 의식 개혁 운동도 전개했다. 특히 선거 참여 교육에 관심을 두고 학교 시설을 아예 투표에도 적합하게 설계해 시공했다. 이러한 적극적인 민주주의 교육은 코스타리카인들의 시민의식을 고양했고, 이는 코스타리카가 바람직한 외교 정책을 수립하고 실행하는 기반이 되었다.

이러한 네 가지 요소가 잘 어우러져 중미의 작은 나라 코스타리카는 비교적 안정적인 국내 정치 기반 위에서 비무장 영세중립을 지켜가면서 국제평화와 분쟁 해결을 위한 큰 외교도 지속적으로 펼쳐가고 있는 것이다.

Chapter 5

피아 구분 없는 통 큰 의료 외교, 쿠바

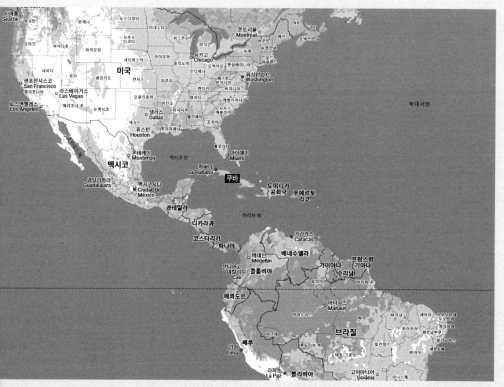

쿠바 위치

© google.co.kr

반스페인-반미의
역사

쿠바는 모순 참 모순적이다. 쿠바 하면 먼저 부에나 비스타 소셜 클럽의 낭만적인 선율이 떠오르는가 하면, 미국이 지원한 정권을 물리친 피델 카스트로Fidel Castro의 혁명도 생각난다. 왼손에는 시가를, 오른 손에는 럼주 잔을 든 여유로운 모습이 스치는가 하면, 좁은 골목에 다닥다닥 붙어 사는 아바나의 서민 동네도 그려진다. 세계시민의 자유롭고 평등한 삶을 외치는 카스트로의 외침이 들리는가 하면, 쿠바 시민의 해방을 주장하는 플로리다 쿠바 난민들의 목소리도 함께 들려온다. 이렇게 쿠바는 대척점에 있는 것들이 함께 존재한다. 그래서 묘한 나라이다.

1959년 쿠바 혁명이 성공하면서 우리와는 65년 동안 외교 관계가 단절됐었는데, 2024년 2월 14일 수교를 함으로써 관계가 회복되었다. 북한에는 강경 정책을 고수하는 윤석열 정부가 어떻게 북한과 가까운 사회주의 국가 쿠바와는 수교를 했는지 의아하기도 하다. 북한에는 외부의 정보를 집어넣어 주민들이 깨어나게 하고 사회주의가 붕괴되도록 하겠다는 정부가 여전히 사회주의 체제를 유지하는 쿠바와 외교 관계를 정상화하고 이를 홍보까지 하고 있으니 아이러니한 일이다.

그건 그렇고, 쿠바 얘기를 하려면 일단 역사를 좀 알아야 하니 간단히 보자. 쿠바 땅에는 수천 년 전부터 원주민들이 살고 있었다. 카리브족, 시보네족, 과나아타베이족 등이다. 인도를 찾아 나선 크리스토퍼 콜럼버스Christopher Columbus가 1492년 바하마제도에 이어 쿠바와 아이티에 상륙한 뒤 귀국했다. 이후 이 지역은 스페인의 식민지가 되었다. 16세기 스페인은 아프리카 흑인을 쿠바에 강제 이주시켜 금을 캐고 사탕수수와 담배를 재배하게 했다. 이는 스페인에 거대한 부를 가져다줬고, 그럴수록 흑인 노예들에 대한 착취는 심해졌다. 19세기 들어서는 참다못한 노예들이 대규모 반란을 일으켰다.

1868년에는 흑인뿐만 아니라 원주민까지 가세해 1차 독립전쟁을 일으켰다. 10년 동안 전쟁은 계속되었고, 스페인은 노예해방을 약속했다. 하지만 스페인은 약속을 안 지켰다. 그래서 1895년 2차 독립전쟁이 일어났다. 호세 마르티Jose Marti 등 지도자들의 활약으로 독립운동 세력의 기세는 만만치 않았다. 그 와중에 1898년 아바나에 정박 중이던 미 해군 군함 메인호가 원인 모를 폭발 사고로 침몰했다. 미국은 이를 스페인의 행위로 보고 스페인과 전쟁을 벌였다. '미국-스페인 전쟁'이다. 전쟁은 미국의 승리로 끝나 쿠바는 독립하게 되었다.

독립을 하긴 했지만 스페인 대신 미국의 간섭이 심했다. 초대 대통령 토마스 에스트라다 팔마Tomás Estrada Palma는 미국 자본에 이익을 챙겨주어야 했고, 그럴수록 쿠바 경제는 어려워졌다. 정권이 몇 차례 바뀌면서 정치적경제적 상황도 부침을 거듭했다. 1929년 미국 대공황의 여파는 쿠바 경제를 나락으로 떨어뜨렸다. 그 틈을 노려 1933년 쿠바군의 중사 풀헨시오 바티스타Fulgencio Batista가 쿠데타를 일으켜 정권을 잡았다. 미국을 등에 업은 바티스타는 철저한 독재를 실행하며 미국 의존 경제를 심화시켰다.

이러한 엄혹한 상황은 혁명의 토양이 되었다. 1956년 변호사였던 카스트로는 체 게바라(Che Guevara)와 손잡고 멕시코에서 세력을 규합해 쿠바로 잠입한 뒤 무장투쟁을 계속했다. 1958년 말에는 주요 도시들을 점령했다. 1959년 1월 1일 바티스타는 해외로 망명하고 혁명은 성공했다. 카스트로 혁명정권은 1959년 5월 토지개혁을 시행해 대규모 농지를 국유화하고, 외국인의 토지 소유도 금지했다. 외국계 기업도 국유화했다. 미국과는 적이 될 수밖에 없었다.

1961년 4월에는 미 중앙정보국CIA이 중심이 되어 미국에 망명한 쿠바인 1500여 명을 동원해 쿠바를 침공하기도 했다. 피그스만Bay of Pigs만 사건이다. 결과는 완전 실패였다. 1962년 2월 미국은 쿠바에 대해 금수禁輸 정책을 시작했다. 쿠바에는 수출도 하지 말고, 쿠바 것은 수입도 하지 말라는 경제제재를 가하기 시작한 것이다.

1962년 10월에는 소련이 핵미사일을 쿠바에 배치하려 했고, 이를 알게 된 미국과 전쟁 일보직전까지 갔다. 막후 협상을 통해 미국이 튀르키예에 배치한 미사일을 철수하는 대신, 소련도 쿠바에서 미사일을 빼기로 합의해 위기를 넘겼다. 이후에도 미국의 경제제재는 계속되었고, 쿠바는 어려운 상황을 벗어나지 못했다. 1991년 소런이 붕괴하면서 소련으로부터의 지원도 끊겨 더 어려워졌다.

쿠바 혁명을 성공시킨 피델 카스트로는 2008년 은퇴했다. 후임은 동생 라울 카스트로Raul Castro였다. 오바마 행정부 당시인 2015년 미국과의 외교 관계가 정상화되었다. 2016년에는 피델 카스트로가 향년 90세로 사망했다. 2021년에는 라울 카스트로도 권좌에서 물러났다. 이후에는 쿠바 공산당의 주요 직책과 고등교육상을 지낸 미겔 디아스카넬Miguel Diaz-Canel이 쿠바 대통령 겸 쿠바 공산당 제1서기를 맡아 쿠바를 통치하고 있다.

오랜 핍박 속
생존 외교

사회주의 국가 쿠바의 외교는 주로 사회주의권과의 교류를 중심으로 전개되었다. 소련과 긴밀한 관계를 유지하면서 경제적인 지원도 받았다. 중국, 베트남, 북한 등과도 정치경제문화적 교류를 지속해왔다. 계속되던 미국의 경제제재 속에서 살아남기 위해서는 그렇게 해야 했다. 미국과 소련의 냉전이 고조되었을 때는 그 회오리에 휘말리기도 했다. 1962년 쿠바 미사일 위기는 강대국의 전략 경쟁에 휘둘리는 약소국의 생존 위협을 잘 보여주는 사건이다.

제2차 세계대전 이후 미국은 유럽 살리기에 많은 자원을 투입했다. '마셜 계획'이라는 이름으로 유럽 국가들의 경제를 성장시키기 위해 막대한 달러를 들인 것이다. 북대서양조약기구NATO(나토)를 만들어 군사력 강화에도 힘썼다. 핵무기도 유럽에 배치했다. 소련은 위협을 느낄 수밖에 없었다. 그래서 생각한 것이 미국의 턱 밑에 핵탄도미사일을 배치하는 것이었다. 쿠바에 핵미사일을 배치하려던 계획은 미국에 알려졌고, 미국은 쿠바를 군사적으로 봉쇄해버렸다. 소련도 강하게 나오면서 핵전쟁 직전까지 갔다. 카리브해의 작은 섬나라 쿠바가 미국과 소련 핵전쟁의 장이 될 뻔했던 것이다.

긴박했던 순간이 이면 협상으로 극복돼 비극은 피할 수 있었다. 이후 쿠바의 대미 감정은 더 악화되었다. 1961년에는 직접 침공하더니 이듬해에는 핵으로 공격할 태세까지 취했으니 미국에 대한 감정이 좋을 리 없었다. 쿠바는 그렇게 바로 머리 위에 있는 국가 미국과 척지며 지냈다. 그냥 미국의 비위를 맞추면서 편하게 살면 좋을 텐데 왜 그렇게 어렵게 살아온 걸까.

탐욕스러운 미국 자본이 문제의 핵심이었다. 스페인을 물리친 미국의 군대를 따라 미국 자본이 쿠바에 들어갔다. 스페인이 하던 착취를 미국 자본이 대신했다. 정권도 좌지우지했다. 독재도 지원했다. 쿠바인들은 무능하고 부패한 정권보다 그 뒤에 있는 미국과 미국 자본을 더 미워했다. 카스트로가 집권한 뒤 미국 자본을 몰아내는 일을 감행한 것은 그런 이유에서였다.

그런 역사 위에 계속되는 핍박, 경제제재가 겹치니 쿠바는 미국과 관계 개선을 생각하기 어려웠다. 적어도 피델 카스트로 시절에는 그랬다. 더욱이 미국은 1950년대부터 2000년대까지 피델 카스트로 암살을 638번이나 시도했다고 하지 않던가. 그러니 피델 카스트로 시절 쿠바 외교의 첫 번째 과제는 미국과 맞서며 생존해 나가는 것이 될 수밖에 없었다.

세월이 흐르면 사람의 감정이 무뎌지듯 국가 간의 관계도 그런 것인지, 세계 반미주의의 상징과도 같았던 피델 카스트로가 물러나고 라울 카스트로가 통치를 맡으면서 조금씩 달라졌다. 미국의 행정부도 민주당 세력이었다. 민주당은 전통적으로 국제관계를 대화와 협의로 풀어가려는 국제주의를 지향해왔다. 쿠바에도 적용했다. 그 바람에 2015년 미국과 수교하게 되었고, 그 연장선에서 우리와도 수교할 수 있게 되었다.

꾸준하고 진정성
깊은 의료 외교

쿠바 외교의 제1 과제는 물론 미국의 압박에 대응하는 것이었다. 그런 와중에도 쿠바가 오랫동안 매진해온 부분이 있다. 바로 의료 외교medical diplomacy이다. 재난이나 분쟁의 현장에 의료진을 파견해 환자를 치료해주는 형태의 외교이다. 다른 나라의 의료 체계를 세워주거나 의학 교육을 맡아주는 것도 의료 외교의 주요 부분이 되고 있다. 쿠바 혁명이 성공한 지 1년밖에 안 된 시점인 1960년 칠레에서 대지진이 발생했다. 여기에 쿠바는 의사들을 파견했다. 이때부터 의료 외교에 진심이었다. 1962년에는 알제리가 오랜 투쟁 끝에 프랑스로부터 독립했는데, 이때 알제리의 의료 체계를 세우는 일도 쿠바 의사들이 했다.

2005년 파키스탄에서, 그리고 2006년 인도네시아에서 지진이 일어났을 때 쿠바 의사들이 활약했다. 2010년 아이티에서 대지진이 일어났을 때, 2014년 서아프리카에서 에볼라 바이러스가 창궐할 때도 쿠바 의사들이 현장에 있었다. 2020년 코로나19가 지구촌을 덮쳤을 때도 마찬가지였다. 5개 대륙 40개국에서 쿠바 의료진은 코로나19와 싸웠다. 심지어는 선진국인 이탈리아조차 급증하는 환자를 감당하지 못해 쿠바 의사들의 도움을 받았다. 최근에는 2023년 튀르키예와 시리아에서 대지진이 일어났을 때도 어김없이 쿠바 의사들은 현장으로 달려갔다.

쿠바는 이렇게 1960년부터 60여 년 동안 세계 164개국에 40만여 번에 걸쳐 의사를 파견했다. 지금도 엘살바도르, 온두라스, 말리, 동티모르 등 100여 개 의료 빈국에서 5만여 명의 쿠바 의사들이 환자를 돌보고 있다.

외국 학생들에게 의학교육도 실시해왔다. 주로 제3세계 학생들을 받아 '라틴아메리카 의과대학ELAM. Escuela Latinoamericana de Medicina. Latin American School of Medicine'에서 6년 무료 교육을 실시해온 것이다.

이 학교의 학비는 쿠바 정부가 무료로 지원해주고, 기숙사비와 책값 등은 미국계 NGO인 MECCMedical Education Cooperation with Cuba가 지원한다. 무료로 교육하는 대신 졸업 후에는 자국에 돌아가 의료 공백 지역에서 활동하도록 하고 있다. 엘살바도르, 온두라스, 아이티 등 남미와 아프리카의 빈국에서 오는 학생들이 대부분이지만, 미국 학생들도 지금까지 100여 명 교육받았다. 지금까지 여기에

아이티 지진 현장에서 환자를 돌보는 쿠바의 의료진.

서 교육받고 의사가 된 사람이 수만 명에 이른다.

2006년부터 2017년까지 세계보건기구(WHO)의 사무총장을 지낸 마가렛 챈Margaret Chan은 재임 당시 "세상의 어느 의대도 ELAM처럼 소외 계층에 우선적으로 입학권을 주는 곳은 없다"면서 ELAM의 교육 지향점을 높게 평가했다. 어려운 학생들에게 무료 의료교육을 실시해 봉사정신이 투철한 의사로 길러내면 세계의 보건환경은 점점 나아지리라고 생각한다는 것이다. 실제 대부분의 ELAM 출신 의사들은 의료 서비스가 부족한 의료 빈국의 여기저기에서 나름의 역할들을 하는 것으로 조사되고 있다.

하지만 세계의 언론들은 쿠바의 헌신적인 의료 활동과 의료 외교에 주목하지 않는다. 특히 세계 언론을 주도하고 있는 미국의 언론들은 쿠바의 재난구조 활동과 의료 빈국에서의 봉사 활동을 짐짓 외면한다. 2010년 아이티 대지진 당시 『워싱턴포스트』와 『뉴욕타임스』는 750건의 관련 기사를 쏟아냈다. 하지만 쿠바를 얘기한 기사는 하나도 없었다. 지진 직후 1200명의 쿠바 의료진이 350개 팀을 구성해 지진 현장 곳곳에서 치료하고 있었는데도 말이다.

더욱이 지진 발생 두 달 후 대부분의 서방 구호 팀이 떠난 뒤에도 쿠바 팀들은 현장을 지키면서 콜레라와 싸우고 있었다. 그나마 CNN은 601건의 기사 가운데 18건의 기사에서 쿠바의 지원 활동을 언급했다. 도널드 트럼프Donald Trump와 싸우는 언론이 좀 다르긴 다르다. 그런데 트럼프는 그런 CNN을 가짜 뉴스를 만드는 언론으로 지목하고 있으니 묘한 일이 아닐 수 없다.

2014년 서아프리카에 에볼라 바이러스가 확산되어 피해자가 속출할 때 쿠바 의사들은 이 바이러스와 사투를 벌였다. 이때는 미국 언론도 숙연해졌다. 특히 진보 성향의 『뉴욕타임스』는 나름 죄의식과 부채의식을 가지고 있었던 것인지, 장문의 사설로 쿠바의 헌신을 조명했다. 제목 자체가 「에볼라 바이러스에 대한 쿠바의 인상적인 역할Cuba's Impressive Role on Ebola」로 쿠바를 띄워주는 것이었다. 미국은 돈을 내는 데 그쳤지만, 쿠바는 현장에서 가장 필요로 하는 의료진을 파견하는데 서슴지 않았다면서 쿠바의 의료 활동을 상찬했다. 보수화된 미국 사회, 특히 오랫동안 미국과 맞서온 쿠바에 대한 미국 내의 반감을 고려하면 매우 이례적인 일이다.

명분뿐만 아니라
실리도

의료 외교는 의료 서비스를 제공해 질병을 치료하거나 생명을 구하는 것이어서 대의명분이 넘치는 행위이다. 의료 외교를 통해 쿠바는 실제로 지구촌의 보건환경 개선에 중요한 역할을 하고 있을 뿐만 아니라 '쿠바는 인간의 생명을 그 무엇보다 중시하는 국가구나' 하는 인상을 세계인에게 심어주고 있다. 이는 쿠바의 국제적인 입지를 강화하는 데 기여하고 있다. 즉, 쿠바로서는 의료 외교를 통해 '상징자본symbolic capital(인정recognition이나 지식knowledge을 통해 얻을 수 있는 명예나 명성, 위신)'을 충분히 얻고 있는 것이다.

게다가 혁명 이후 진행된 보건 시스템 개혁 덕분에 쿠바는 대규모 의료 외교가 가능하게 되었다. 의료 외교의 지속적인 전개는 쿠바의 정치적 자본을 확대하는 길이 되어 오기도 했다. 의료 외교가 쿠바의 정치 체제에 대한 간접 선전 효과를 내온 것이다.

1962년 미국이 쿠바에 경제제재를 시작했고 이로 인해 쿠바가 오랫동안 고통을 받자, 유엔총회는 1992년부터 경제제재 해제를 촉구하는 결의안을 매년 채택하고 있다. 그때마다 압도적인 찬성으로 통과된다. 2023년 11월 3일에도 서른한 번째로 해제 결의안이 통과되었다. 193개 회원국 중 187개국이 찬성했다. 물론 미국은 반대했다. 쿠바가 이렇게 세계적 지지를 받는 데에는 의료 외교도 한몫했다고 보아야 할 것이다. 그런데 수교까지 한 미국은 언제쯤 경제제재를 전면 해제할지 알 수 없는 노릇이다.

인도적 지원이라는 높은 가치를 담은 의료 외교는 실제 쿠바의 대외 관계 개선에 구체적으로 기여해왔다. 1998년에는 과테말라, 2002년에는 온두라스, 2005년에는 파나마와 단절됐던 외교 관계를 정상화했는데, 여기에 의료 외교가 중요한 촉매제로 작용했다. 파나마의 경우를 보자.

2004년 쿠바는 파나마와 외교 관계를 단절했다. 피델 카스트로 쿠바 국가평의회 의장 암살 기도 혐의로 체포되었던 피의자를 파나마 정부가 석방했기 때문이다. 이렇게 급격히 악화된 양국 관계는 2005년 급선회했다. 쿠바가 '기적의 수술 정책'이라는 이름으로 외국의 안과 질환 환자를 초청해 무료로 치료해주는 정책을 시작했는데, 파나마도 환자를 보내겠다고 제의했고 이를 쿠바가 수용했다. 의료 서비스는 피아를 구분하지 않고 제공한다는 쿠바의 의료 외교 대원칙을 그대로 적용한 것이다.

의료 외교 덕분에 쿠바와 파나마 양국 관계는 의외로 쉽게 복원되었다. '기적의 수술 정책'이 '기적의 외교 정책'이 된 것이다. '기적의 수술 정책'은 이후에도 계속돼 34개국 260만 명이 혜택을 입었다. 체 게바라를 사살한 볼리비아의 군인 마리오 테란Mario Teran도 그중 한 명이었다.

의료 외교는 쿠바에 '인도주의 실천국'이라는 명분과 명예를 가져다줄 뿐만 아니라 경제적 이익도 준다. 상징 자본에 더해 물질 자본material capital까지 확보하게 해주는 것이다. 2012년 쿠바는 베네수엘라에 의사를 비롯한 의료 인력 3만 명을 파견했다. 우고 차베스Hugo Chávez가 사회주의 정책을 추진하면서 공공 서비스를 확대하려고 할 때 모자라는 인력을 쿠바에서 파견했다. 대신 쿠바는 자신들이 필요로 하는 석유를 받았다. '의사-석유 교환 약정'에 따른 것이다. 하루에 석유 9만 2000배럴을 베네수엘라로부터 공급받아 에너지난을 해결한 것이다.

2013년에는 브라질에 의사 4000명을 파견했다. 브라질이 공공 부문 서비스가 약해 국민들의 불만을 사고 있었고, 그에 대한 대응책으로 쿠바 의사들의 파견을 받은 것이다. 그 대가로 쿠바는 연간 2억 5000만 달러를 받았다. 뿐만 아니라 양국의 경제 교류가 확대돼 브라질 기업이 쿠바에 투자를 크게 늘렸다. 브라질 기업들은 쿠바의 항만 개발 공사를 맡아서 하기도 하고, 쌀과 콩 등 농산물을 쿠바로 수출하기도 했다. 이는 미국의 경제제재를 받고 있던 쿠바의 경제에는 큰 활로가 되었다. 쿠바는 이렇게 의료 외교를 통해 명분과 실리를 동시에 얻어왔다.

**바탕에는 앞서가는
의료 제도**

쿠바는 의료와 교육이 무료이다. '누구나 기본적인 권리는 평등하게 누리는 나라'를 지향하기 때문이다. 아플 때 치료받을 권리, 배울 권리를 인간의 기본권 가운데에서도 매우 중요한 부분으로 보기 때문이기도 하다. WHO 자료에 따르면, 2023년 기준 쿠바의 인구 1만 명 당 의사 수는 84.3명으로 세계에서 가장 많다. WHO는 25명이면 이상적이라고 제안하는데, 쿠바는 그보다 훨씬 많다. 그만큼 많은 수의 의사가 국민의 건강을 돌보고 있다는 얘기다. 그것도 무료로.

의료에 대한 접근 자체도 다른 나라들과 다르다. 지역의 의사들이 각 가정을 맡아 책임지는 '패밀리 닥터 제도'를 채택하고 있다. 지역 의사들은 치료도 치료이지만 질병 예방 활동에 주력하고 있다. 각 가정과 주민들의 상황을 잘 파악하면서 병이 생기기 전에 예방하도록 지도해주는 것이다. 북한도 같은 제도를 채택하고 있는데, 이런 제도를 통해 큰 질병의 발생을 줄여 국민 건강의 증진을 도모하는 것이다. 쿠바는 혁명 이후 농촌부터 이 제도를 도입해 지금은 전국적으로 시행하고 있다.

이 제도는 코로나19 창궐 당시 진가를 발휘했다. 쿠바 의사들은 담당 가정을 매일 방문해 감염 여부를 확인하고, 확진자가 발생하면 바로 격리했다. 그 결과 세계의 어느 나라보다 효과적으로 코로나19에 대응할 수 있었다.

의사가 많다는 것은 의료교육이 발달했다는 것이고, 많이 배출되는 의료 인력은 의료 현장뿐 아니라 연구 분야로도 진출해 제약 산업의 발전을 이끌고 있다. 덕분에 쿠바는 항콜레스테롤제, B형간염 백신, 수막염 백신 등을 개발해냈다.

높은 수준의 의술을 갖추었는데 의료 수가는 싸서 의료 관광 수입도 많이 올리고 있다. 매년 2만여 명이 쿠바로 의료 관광을 간다. 그 수입이 연간 수백억 원이다. 축구 신동 디에고 마라도나도 코카인 중독에 빠진 뒤 쿠바에서 심장 질환 치료를 받았다. 그는 재활에 성공해 스무 살짜리 쿠바 여성과 결혼했고, 피델 카스트로의 얼굴을 왼쪽 다리에 문신으로 새길 정도로 열성팬이 되었다.

"건강은 인간의
기본적 인권"

쿠바의 의료 외교는 약소국도 소프트파워 외교로 얼마든지 국제적 위신을 높일 수 있음을 잘 보여준다. 파견 현장 의료 체계와의 충돌, 파견 의사들의 망명, 쿠바 내의 의료 공백 등을 이유로 쿠바의 의료 외교를 비판하는 이들도 있다. 하지만 이는 긍정 측면에 어떤 영향을 줄 만큼 의미 있는 규모는 전혀 아니다.

　　미국도 쿠바의 의료 외교에 흠을 내기 위해 애를 썼다. 2006년에는 '쿠바 의료인 임시 입국 허가 프로그램'을 시행했다. 해외에 파견된 쿠바 의사들에게 긴급 망명권을 인정해 미국 입국을 보장하는 조치였다. 하지만 실제 해외에서 일하는 쿠바 의사들 가운데 망명이나 이주를 시도한 이는 전체의 2퍼센트 정도였고, 이는 쿠바의 의료 외교에 영향을 주지 못했다. WHO도 쿠바의 의료 외교는 세계인의 보건환경 개선에 기여하는 것으로 높이 평가하고 있다.

　　그렇다면 쿠바의 의료 외교가 그렇게 오랫동안 지속되도록 해준 구체적인 요인은 무엇일까?

　　첫째는 건강과 보건을 인간의 기본적인 인권으로 간주하는 쿠바 정부의 철학이다. 카스트로를 리더로 한 혁명 세력은 게릴라 활동을 하고 있던 1956년부터 농민들을 무상으로 치료해주면서 농민

속으로 들어갔다. 여기에는 체 게바라의 생각이 많은 영향을 미쳤다. 스스로가 의사였던 체 게바라는 의술은 공공을 위해 봉사할 때 그 의미가 더 커진다면서 의사들이 사회적 봉사를 지속적으로 하라고 강조했다.

혁명 성공 직후 쿠바는 경제적으로 정치적으로 어려운 상황이었다. 미국의 경제제재로 경제는 더 어려워졌다. 사회주의를 피해 많은 의사가 외국으로 망명했다. 혁명 당시 아바나의과대학에 교수가 250여 명이었는데, 1963년에는 12명만 남아 있었다. 1965년까지 쿠바의 내과 의사 절반 이상이 외국으로 떠났다. 이러한 환경에서도 쿠바는 의료 외교를 시작했고, 그에 필요한 인력을 양성해 나갔다. 인간에게는 건강하게 살 기본적인 권리가 있고 이는 국가가 보장해 줘야 한다, 의료 서비스는 피아도 없고 국적도 없고 빈부도 없다, 이러한 인식이 쿠바에는 일찍부터 존재해온 것이다.

둘째는 사회주의 체제 선전에 대한 욕구도 의료 외교의 활성화에 기여했다고 할 수 있다. 동서 체제 경쟁 시대에는 세계를 향해 자신들 체제의 우수성을 과시하려는 시도를 다양하게 했다. 쿠바는 1959년 혁명에 성공해 곧 미국과의 알력 관계에 돌입하면서 자본주의 체제와의 경쟁 구도 한복판에 들게 됐다. 그 속에서 쿠바는 의료 외교를 통해 사회주의 보건 체제의 우월성을 보여주면서, 결국은 사회주의 이념의 우수성을 과시하려는 의도를 가졌던 것으로 여겨진다. 실제로 제3세계에서는 이러한 쿠바의 의도가 상당히 효과를 발휘했다고 본다.

셋째는 체계화된 쿠바의 의료 인력 양성 과정이다. 쿠바의 의

대는 공익 정신이 투철한 의사 양성에 초점이 맞추어져 있다. 지역별로 25개 의대가 있는데 커리큘럼은 같다. 의학교육뿐 아니라 사회과학 교육도 아주 중시한다. 무료로 교육받는 대신 졸업 후에는 빈민 지역에서 의료 봉사 활동을 하도록 한다. 그런 과정을 통해 단순한 의료 기술자가 아니라 단단한 의식을 가진 의료 봉사자를 길러내려는 것이다.

이러한 요인들이 어우러져 오랜 의료 외교가 가능했고, 앞으로도 쿠바는 이를 바탕으로 남미와 아프리카를 중심으로 의료 외교를 계속해 나가려 하고 있다. 인구 1100만, 1인당 GDP 1만 2000달러 정도에 불과한 작은 나라 쿠바의 통 큰 외교가 추후 어떻게 진화할지 궁금해진다. 호기심 가득한 눈으로 주목해보자.

소신의 자주 외교

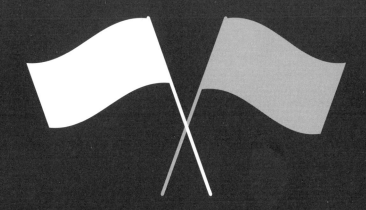

Chapter 6

휘어지되 꺾이지 않는 대나무 외교, 베트남

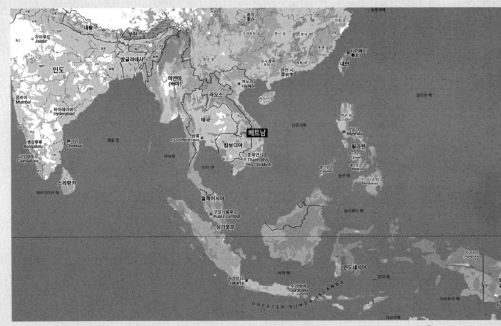

베트남 위치

© google.co.kr

쿨한 베트남

민족

베트남은 동남아 국가 중에서도 아주 특이한 나라이다. 베트남은 기원전 100년대부터 기원후 900년대까지 1000년에 걸쳐 중국의 지배를 받았다. 이후에도 프랑스, 일본, 다시 프랑스의 지배를 받았지만 독립전쟁을 거쳐 완전한 독립을 이루어내고, 남북 베트남의 통일에까지 이른 강하고 근성 있는 나라이다.

그래서 이 나라가 궁금했는데, 2022년 4월 기회가 생겨 처음 가봤다. 역동적인 모습이 인상적이었다. 아침 일찍 호찌민 시내에서 본 거대한 오토바이 물결, 해외 대학과 연계해 선진화를 추가하는 대학들, 미국 등 선진 기업들의 투자를 적극 유치하는 정부. 이들 모두 베트남의 활기를 날것으로 보여주었다.

베트남은 우리와도 깊은 관계가 있다. 1960~1970년대 베트남전쟁 당시 우리가 미국 측으로 파병해 북베트남군과 싸웠다. 이런 악연을 극복하고 1992년 수교를 했다. 수교 직전 우리 외교부는 신경을 많이 썼다. 베트남전 당시 맞붙어 싸웠고, 한국군과 베트남 여성 사이에서 태어난 라이따이한 문제가 상존하고 있어 우리 측에서는 베트남이 어떤 태도로 나올지 염려를 많이 했다. 우리 정부는 수교 전에 우호 관계를 조성하기 위해 원조(병원, 학교 등 건설)도 준비했다.

우리 외교부와 협상을 시작한 베트남은 쿨했다. "병원, 학교 등 건설해줄 수 있는 것은 해주시오. 수교도 합시다." 이렇게 시원하게 나온 것이다. 당시 협상에 참여한 외교관을 만난 적이 있다. 2000년 대 초반 KBS 기자로 외교부를 출입할 때였다. 그는 "베트남 사람들이 체구는 작은데 배짱은 엄청 큰 사람들이에요"라며 베트남인들을 높이 평가했다. 프랑스, 미국과의 전쟁을 승리로 마무리한 베트남인들은 왜소한 체구와 달리 배포가 크고 담대하다는 얘기였다.

비교적 최근의 일로 베트남 하면 생각나는 것이 2019년 2월 김정은 북한 국무위원장과 트럼프 미국 대통령의 하노이 핵 담판이다. 결렬되긴 했지만 당시 한반도의 눈이 거기에 쏠렸다. 그래서 더 가보고 싶었다. 베트남 하노이가 김정은, 트럼프 정상회담 장소로 선택되었던 것은 양국에 모두 좋은 인상을 주었기 때문이다.

북한에 베트남은 여전히 사회주의 동지 국가라는 입지를 갖고 있다. 베트남전 당시 북한은 북베트남을 지원하기 위해 공군을 파병하기도 했다. 미국과는 과거 전쟁을 했지만 1995년 수교 이후로는 경제안보협력을 꾸준히 확대해오고 있다. 미국의 대(對) 동남아 외교의 핵심 국가로 떠올라 있다. 그래서 북한도 미국도 거부감 없고, 오히려 긍정적인 인상을 갖고 있는 나라로 베트남이 선택된 것이다.

2023년 초에는 베트남 국내 정치 관련 큰 뉴스들이 국내에 전해지기도 했다. 1월 초 부수상 부득담(Vu Duc Dam)과 외교부 장관 팜빙밍Pham Binh Minh이 경질됐다. 대형 부정부패 사건에 연루되었기 때문이다. 코로나19 당시 관료 수십 명이 진단키트 업체로부터 뇌물을 받았고, 부득남은 이에 대한 책임을 지고 사퇴했다.

코로나19로 귀국길이 막힌 해외 거주민들을 위해 베트남은 800여 편의 특별 수송기를 운영했는데, 특별기를 운영한 여행사들로부터 외교부 관료들이 뇌물을 받았고, 여행사들은 비싼 항공요금을 받아 챙겼다. 이런 것이 드러나자 팜빙밍도 물러난 것이다. 이어 1월 중순에는 국가주석 응우엔쑤언푹(阮春福)이 사임했다. 위의 두 사건에 대한 책임을 지고 물러나는 것처럼 보였지만, 실제로는 주석의 부인과 처남 등이 진단키트 비리에 연루되었던 것으로 알려졌다.

이러한 대형 부패 사건이 드러난 것은 베트남 공산당이 추진하는 '당 건설정돈 사업' 덕분이었다. 당 차원에서 실행하고 있는 반부패 투쟁이다. 경제적으로 더 성장하려면 베트남 사회가 더 깨끗하고 투명해져야 한다는 모토로 추진되고 있는 것이다. 국가주석이면 당 총비서 다음의 서열 2위 자리인데, 2023년 초의 부정부패 스캔들은 2인자까지 사임하게 하는 강도 높은 개혁이 베트남에서 진행되고 있음을 여실히 보여주었다. 베트남에도 부정부패가 많구나 하는 생각과 함께, 이런 식으로 개혁해 나가면 최근 잘나가는 베트남이 앞으로 더 잘 될 것 같다는 느낌이 들게도 해줬다.

프랑스, 일본, 미국
차례로 물리쳐

베트남은 동남아시아 국가 가운데 크고 강한 나라다. 지금과 달리 베트남의 오랜 역사는 강대국의 침략의 역사라고 해도 과언이 아닐 정도로 외세의 침략과 간섭을 많이 받았다. 기원전 111년 중국의 한(漢)나라는 지금 베트남의 북부를 점령해 일곱 개 군郡을 설치했다. 이때부터 시작된 중국의 지배는 1000년 동안 계속되었다. 그 과정에서 중국의 언어와 종교 등이 베트남에 이식되었다. 특히 당唐나라는 베트남 지역에 안남도호부를 설치해 지배력을 강화하고 교육제도와 종교 등을 적극 전했다.

하지만 베트남인들은 만만치가 않았다. 중국이 이식한다고 해서 그대로 수용하지는 않았다. 중국 것을 현지의 토착 문화와 어울리게 변용해서 활용했다. 그래서 지금도 유교적 색채가 상당한 사회지만 중국과 언어도 다르고 문화도 많이 다르다. 중국에 지배당한 오랜 세월 동안 저항도 긴 세월만큼 많이 했다. 1세기에는 쯩짝微側 쯩니微貳 자매, 3세기에는 찌에우다趙佗, 6세기에는 리비李賁, 8세기에는 마이학데梅黑帝와 풍흥馮興이 중국에 저항해 투쟁했다.

중국 지배에서 벗어난 것은 900년대 들어서이다. 939년 당나라 말기 혼란을 틈타 응오꾸엔鳴權이 응오鳴 왕조를 개창하면서 중국에서 독립했다. 1009년에는 리꽁우언李公蘊이 응오 왕조에 뒤이어 리李 왕조(1009~1225)를 세워 200년 정도 지속했다. 리 왕조는 국호를 다이비엣大越으로 하고, 수도를 하노이로 정했다. 남쪽으로 영토를 확대해 지금의 베트남 영토를 확보하는 데 중요한 역할을 했다. 리 왕조가 쇠한 뒤에는 쩐陳 왕조(1225~1400)가 베트남을 통치했다. 이 당시 몽골이 강성해 세 차례나 베트남을 침공했지만, 쩐 왕조는 이를 모두 물리쳤다.

쩐 왕조는 우리의 이두와 유사한 쯔놈字喃을 창안해 보급했다. 한자의 소리와 뜻을 조합해 베트남 말을 표기하는 것이었다. 그때까지는 한자를 그대로 썼는데, 상류층만이 한자를 쓸 수 있는 정도였다. 이에 쩐 왕조가 나서 일반인도 쓸 수 있는 글자를 만들었다(그런데 이것도 복잡해 일반에 잘 보급이 되지 않았다. 이후 16세기경 포르투갈 선교사가 라틴 문자로 베트남 말을 표기하는 방식을 개발해내고, 17세기 프랑스 선교사가 이를 더 발전시켜 오늘날 베트남어 표기 방식이 되었다).

쩐 왕조에 이어 레黎 왕조(1428~1789)가 들어서고 초기에는 안정적인 정권을 유지했다. 16세기 들어서 쩐 왕조가 쇠약해지자 북부는 찐鄭, 남부는 응우엔阮 가문이 지배하는 상황이 되었다. 그러다가 19세기 초에는 응우엔 가문이 집권해 응우엔 왕조(1802~1945)를 세웠다. 이때부터 국호가 비엣남越南으로 정해졌다.

응우엔 왕조는 초기에는 안정적이었다. 하지만 곧 정국은 불안정해졌다. 캄보디아와 전쟁을 하면서 농민들이 어려워졌고, 소수민족에게 베트남 언어와 복장 등을 강요하는 정책을 추진해 반발을 샀다. 특히 기독교를 박해해 프랑스가 침략할 단서를 제공했다. 1858년 프랑스는 중부 지방을 시작으로 베트남을 지배하기 시작했고, 1883년부터는 베트남 전체를 식민지화했다.

베트남은 독립투쟁을 계속했다. 제2차 세계대전 당시에는 프랑스가 독일에 항복하면서 힘을 잃자 일본이 들어와 베트남을 지배했다. 일제가 망한 뒤 1945년 9월 베트남은 독립을 선언했다. 그런데 일본이 물러가자 프랑스가 다시 들어와 프랑스를 상대로 독립전쟁을 벌였다. 1954년 5월 디엔비엔푸 전투에서 프랑스군을 격파해 결국 완전한 독립을 얻어냈다.

독립전쟁을 이끈 핵심 지도자는 베트남 공산주의 세력의 리더 호찌민이었다. 호찌민은 프랑스와 전쟁하면서 베트남의 중북부 지역을 장악하고 있었다. 프랑스와의 전쟁에서 승리했지만, 그 직후 열린 제네바회의에서 베트남은 북위 17도선을 경계로 남북이 분단됐다. 미국과 영국, 프랑스, 소련, 중국 등 열강들이 그렇게 결정한 것이다. 주로 미국의 의사가 많이 작용했다.

당시 미국은 베트남 전체가 공산화될까 봐 걱정했다. 호찌민의 공산주의 세력이 남쪽까지 완전히 장악하지 않을까 염려한 것이다. 베트남이 공산화되면 인도차이나 반도에서 공산화 도미노 현상이 발생할 우려도 있었다. 그래서 베트남의 남북 분단을 추진했다. 남쪽이라도 친미 자유주의 국가로 유지하려고 한 나라를 두 개로 나눈 것이다.

북쪽에는 사회주의 국가

1946년 호찌민의 모습.

'베트남민주공화국'이 세워졌다. 남쪽에는 자본주의 체제인 '베트남공화국'이 수립되었다. 베트남공화국 정부는 부패했고 시민들의 지지를 받지 못했다. 그 바람에 남베트남 내에서 '남베트남 민족해방전선'(흔히 '베트콩'이라고 부른다)이 결성되어 정부와 투쟁했다. 북에는 사회주의 국가가 버티고 있고, 남쪽에는 '베트콩'이 세력을 확장해가자 미국은 북베트남을 상대로 1964년부터 본격적인 전쟁을 시작했다.

하지만 미국은 이 전쟁에서 이기지 못하고 1973년 파리평화협정을 체결한 뒤 물러났다. 미군이 물러나자 남북베트남 사이에 다시 전쟁이 벌어져 1975년에야 끝났다. 북쪽의 사회주의 세력이 승리하고, 사회주의 국가가 되었다. 베트남은 결국 프랑스도 몰아냈고, 일본도 물러나게 했으며, 미국과의 전쟁에서도 이겼다. 덩치는 작지만 진정 강한 민족이 아닐 수 없다.

중국과 경제협력
심화

독립과 통일 이후에도 베트남과 중국의 관계는 소원했다. 베트남전쟁 당시 소련에 비하면 지원에 소극적이었고, 이후에도 남사군도와 서사군도 영유권 문제, 육지와 해상의 국경 문제, 베트남 내 화교 처우 문제 등을 두고 대립했다. 1979년에는 중국이 침공해 전쟁까지 치렀다. 이후 중국이 개혁개방 정책을 추진하고, 베트남에서도

1986년부터 유사한 정책이 실행되면서 협력하는 분위기가 조성되어 1991년 두 나라 사이에 수교가 이루어졌다. 1999년에는 육상의 국경을 두고 합의했고, 2000년에는 해상의 국경에도 합의해 양국의 협력이 본격화되어 지금까지 이어지고 있다.

베트남은 지금 경제성장에 주력하고 있다. 커피, 쌀, 목재 등 1차 산업 제품 수출, 그리고 석유와 천연가스, 석탄, 희토류 등 자원 수출에 힘을 쏟으면서 제조업은 물론이고 첨단 산업도 동시에 성장시켜 나가고 있다. 외자 유치에도 적극적이다. 그러면서 높은 경제성장률을 보인다. 코로나19 시기를 제외하면 최근 몇 년간 7퍼센트 대의 높은 성장률을 나타낸다. 2018년에는 7.2퍼센트 성장했고, 2019년 7.2퍼센트, 2020년 2.9퍼센트, 2021년 2.1퍼센트, 2022년 8퍼센트, 2023년 5.05퍼센트 성장을 기록했다.

아시아개발은행ADB는 베트남 경제의 지속 성장을 전망하면서 2024년에는 6퍼센트, 2025년에는 6.2퍼센트 성장할 것으로 예측했다. 베트남은 대외 교역을 많이 하면서도 인구 1억의 내수 시장도 갖고 있어 성장 잠재력이 매우 높은 편이다. 게다가 합계 출산율이 1.96에 달해 인구 증가도 예상된다.

이러한 성장 동력에 박차를 가하기 위해 베트남은 중국과의 경제 관계를 더욱 강화하고 있다. 중국과 수출입을 늘려가면서 중국의 자본을 유치하고, 중국과 무역 관련 협정도 체결하면서 경제 교류를 확대, 심화하고 있다. 이제 베트남의 제1교역국은 중국이다. 2위 미국은 교역 규모에서 좀 뒤지고, 한국은 더 큰 차이로 베트남의 3위 교역국이다.

2023년 12월 중국-베트남 정상회담.

베트남은 중국과 경제 관계를 매우 긴밀하게 하지만, 중국에게 호락호락한 존재가 결코 아니다. 남사군도와 서사군도에서 섬들의 영유권을 놓고는 한 치의 양보도 없이 중국과 맞서고 있다. 이들 섬 주변에는 원유와 천연가스 등 자원이 많이 매장되어 있을 뿐만 아니라 영토 문제는 안보, 국가 자율성, 국가의 자존심과 직결되는 문제여서 양보 없는 대치가 계속되는 것이다.

중국에 할 얘기가 있으면 하고, 거부할 것은 거부한다. 2023년 12월 시진핑習近平 중국 국가주석이 6년 만에 베트남을 방문했다. 정상회담도 하고 경제협력을 위한 협의도 했다. 당시 중국은 양국 관계를 '포괄적 전략 동반자comprehensive strategic partnership'에서 '운명 공동체common destiny'로 높이려 했다. 베트남에 그렇게 요청했다. 하지만 베트남은 이를 거부했다. 대신 공동성명에 '미래 공유shared future'라는 용어를 넣었다. 하나의 운명체로 일심동체처럼 움직이는 관계는 곤란하고, 대신 미래에도 경제적안보적 협력을 계속해 나가는 정도로 정리하는 게 좋겠다는 것이 베트남의 생각이었다.

이웃 나라인 미얀마와 라오스는 중국과 '운명 공동체' 관계를 맺었다. 중국과의 경제협력을 한층 강화하면서 살아갈 수밖에 없다는 판단에서 그런 결정을 했다. 베트남의 판단은 이 두 나라와 사뭇 다르다. 베트남은 중국과의 경제 관계가 중요하지만 중국에 지나치게 기울면 곤란하다고 인식했고, 그런 인식 아래 주체적으로 판단하고 이를 중국에 직접 얘기한 것이다.

미국과는
안보협력 강화

베트남은 중국과의 경제협력을 강화하면서 미국과의 경제협력도 심화하고 있다. 특히 미국의 첨단 기업을 유치하는 일에 힘을 쏟는다. 미국의 반도체 패키징 업체 앰코테크놀로지가 베트남 박닌성에 공장을 지었고, 마벨테크놀로지와 시놉시스는 호찌민시에 반도체 설계 및 인큐베이션 센터를 지을 계획이다. 구글, 인텔, 엔비디아 등 미국의 빅테크 기업들도 베트남에 대한 투자와 기술 이전, 인재 육성 등을 계획하고 있다.

미국과는 경제협력뿐만 아니라 안보협력도 강화하고 있다. 미국은 남중국해에서 중국의 영향력을 약화하기 위해 동남아 국가들

앰코테크놀로지 베트남 박닌성 공장.

과 안보협력을 확대하고 있다. 미국이 남중국해에 지대한 관심을 갖는 이유는 세 가지이다.

첫째, 미국의 아시아태평양 지역에 대한 자유로운 무역로 확보를 지향한다. 미국 입장에서 아태 지역은 유럽보다 더 중요한 무역 상대가 되었고, 발전 속도도 빠르다. 그래서 이 지역을 자유롭게 드나드는 항로의 확보는 미국 국익에 매우 중요하다.

둘째, 일본과 한국, 타이완 등 미국과 긴밀한 협력 관계에 있는 국가들에 원유를 공급하는 매우 중요한 항로를 보장해주려 한다. 원유가 나지 않는 이들 국가에는 남중국해가 어느 곳보다 중요한 지역이기에 미국은 이곳을 중시하는 것이다.

셋째, 중국의 남중국해 지배를 막으려는 것이다. 만약 이 지역에서 미국이 손을 뗀다면 중국 지배력은 훨씬 커질 것이다. 그렇게 되면 베트남, 인도네시아, 브루나이 등 남중국해에 이해관계가 있는 국가들의 입지가 매우 약해진다. 상황에 따라 동북아 국가들의 원유 수송에도 차질이 생길 수 있다.

베트남은 이러한 미국의 입장에 동조하면서 남중국해와 관련한 협력을 계속하고 있다. 베트남은 특히 중국과 서사군도, 남사군도의 섬들을 두고 영유권 분쟁을 하고 있기에 미국의 힘이 필요한 실정이다. 그래서 2010년부터는 미국과 합동 군사훈련까지 실시하는 등 군사적인 협력을 심화하고 있다. 미국과의 이러한 안보협력을 바탕으로 베트남은 일본, 호주, 한국, 싱가포르, 러시아, 인도, 인도네시아 등과도 최고 수준의 협력 관계를 구축해 점증하는 중국의 위협에 대처하려는 전략을 취하고 있다.

원칙 플러스 실용

베트남은 원칙을 굳건히 붙들고 있으면서 동시에 실용을 늘 추구한다. 중국, 미국과의 관계도 그렇게 운영하고, 식민 지배국이었던 프랑스와도 관계를 강화해 나가고 있다. 사실 자신을 침략했던 식민주의 세력에 마음을 열고 관계를 심화하기는 쉽지 않다. 아니 너무 어려운 일이다. 우리와 일본, 아일랜드와 영국 등을 보면 쉽게 확인된다. 그런데 베트남은 그 어려운 일을 한다.

2024년 5월 베트남 디엔비엔푸에서 '디엔비엔푸 전투 승리 70주년 기념식'이 열렸다. 1954년 베트남이 프랑스와의 전투에서 크게 이긴 것을 기념하는 자리였다. '우리가 70년 전에 거대 제국 프랑스와 싸워 이겼지. 그날을 되새기며 새롭게 우리의 결의를 다져 보자'는 정도로 이런 행사를 기획하고 진행하는 것이 보통이다. 그런데 베트남은 여기에 프랑스의 장관들을 초청했다. '과거는 털고 미래로 나아가자'는 취지였다.

프랑스도 장단을 맞췄다. 베트남의 요청에 국방부 장관과 보훈부 장관을 기념식에 참석시켰다. 경제협력을 염두에 둔 행보였다. 잘나가는 동남아시아의 리더 국가 베트남과 경제 교류를 강화해 발전을 추구하기 위한 발걸음이었다. 국제적인 영향력 회복을 위한 행로이기도 하다. 미국이 주도하는 서방의 안보 협력체들은 대부분 프랑스를 제외하고 있다. '쿼드안보대화Quadrilateral Security Dialogue, QSD(미국, 일본, 호주, 인도), 오커스AUKUS(미국, 영국, 호주), 파이브아이스Five Eyes,FVEY(미국, 캐나다, 영국, 호주, 뉴질랜드) 등이 이를 잘 보여준다. 이런 상황에서 프랑스는 동남아의 신흥 강국 베트남과 연대를 강화하려는 것이다.

기념식에 참석한 베트남과 프랑스의 고위 관료들은 과거에 얽매이지 말고 미래 지향적인 협력을 다짐했다. 디엔비엔푸 전투에 참가했던 프랑스의 노병들도 기념식에 참석하고, 실제 전투를 치른 격전지도 둘러보았다. 노병들이 현장을 돌아볼 때 베트남의 청년 병사들이 거동이 힘든 노병을 부축하기도 했는데, 양국의 실용적인 협력을 상징적으로 보여주는 장면이다. 양국은 격전지의 전사자 유골 발굴에도 협력하기로 해 앞으로 다방면에 걸쳐 협력을 더욱 확대해 나갈 것으로 보인다. 이렇게 베트남은 중국, 미국과의 협력에 더해 프랑스, 유럽연합EU과의 협력 관계도 더욱 확대함으로써 외교의 지평을 확장해 나가고 있다.

실용의 범위는 아주 넓고, 누구의 눈치를 보지 않는다. 러시아는 우크라이나 전쟁 이후 미국의 제재 대상이 되었다. 미국은 러시아와의 경제 거래를 심하게 제한하면서 국제사회의 동참도 요청하고 있다. 하지만 베트남은 러시아에서 무기를 구매하는 등 스스로 필요하다고 판단하는 일은 서슴없이 한다. '미국의 생각이 따로 있고, 우리 생각도 따로 존재한다'는 철저한 자주 의식을 여실히 보여준다.

남북한을 대하는 태도에서도 베트남은 실용적이다. 한국과 경제 교류를 확대해 지금은 베트남이 한국의 3대 교역국이 됐다(한국의 교역국 가운데 교역 규모 1위는 중국, 2위는 미국이다). 한국도 베트남의 3대 교역국이다(베트남의 교역국 중 교역 규모 1위는 역시 중국, 2위는 미국이다). 이렇게 한국과 경제 교류를 활발하게 하면서 북한과도 우호적인 관계를 꾸준히 유지하고 있다. 그런 우호적인 관계가 바탕이 되어 2019년 2차 북미 정상회담이 하노이에서 열린 것이다.

대나무 외교

이렇게 원칙과 실용을 함께 확보한 바탕 위에서 전개하는 베트남의 외교는 '대나무 외교'로 일컬어진다. 쉽게 부러지지 않는 대나무의 속성은 원칙에, 그러면서도 좌우로 잘 휘어지는 또 다른 대나무의 특성은 실용에 비유된다. 다시 말하면 외유내강의 외교인 것이다.

2016년 응우옌푸쫑(阮富仲) 베트남 공산당 서기장이 외교 정책 관련 회의에서 "국가 주권을 수호하기 위해서는 세계 지도자들과의 관계를 철저히 파악해야 한다. 호찌민 주석이 좋아했던 대나무처럼 굳건하고 유연한 외교 방식을 취해 나가야 한다"고 말한 이후 '대나무 외교'는 베트남 외교의 특성을 잘 보여주는 키워드가 되었다.

대나무 외교의 내용대로 베트남이 중국, 미국 어느 쪽에도 기울지 않고 원칙을 지키면서 실용을 추구하다 보니, 중국도 미국도 베트남에 러브콜을 보내고 있는 상황이다. 중심을 잡고 양측과 협력을 추구하는 베트남을 중국도 미국도 자신의 편으로 끌어들이려는 것이다. 동시에 중국과 미국은 베트남이 상대편으로 기울면 어떡하나 걱정도 하고 있다. 2023년 9월 조 바이든(Joe Biden) 미국 대통령이 베트남을 방문해 '전략적 동반자' 관계를 형성하자, 3개월 후인 12월 시진핑 중국 국가주석이 베트남을 찾아가 '운명 공동체' 구축을 요청했다. 이는 미국과 중국의 베트남을 향한 구애를 잘 보여준다.

한쪽에 경도되지 않고 어느 쪽과 동맹도 맺지 않으면서 실용을 추구하다 보니 베트남의 외교 영역은 더욱 확대되고 있다. 2008년 중국과 동맹 다음으로 높은 수준의 관계인 포괄적전략적 파트너십 CSP을 구축했고, 2012년에는 러시아, 2016년에는 인도와 CSP 관계를 맺었다. 이어 2022년에는 한국, 2023년에는 미국, 일본과도 CSP 관계를 만들었다. 글로벌 패권 경쟁에서 양 진영을 구성하는 국가들과 고루 최고 수준의 외교 관계를 형성한 것이다. 약소국들이 한쪽으로 줄서기를 강요당하는 최근의 국제정세에서 특이한 경우가 아닐 수 없다.

호찌민의 유산

대나무 외교가 베트남 외교의 키워드로 작용하는 것은 호찌민의 유산이 베트남 국정에 여전히 강하게 영향을 미치고 있음을 확인해준다. 실제로 베트남인들에게 호찌민은 영원한 영웅으로 남아 있다. 모든 것을 베트남의 독립과 통일에 바친 그의 영웅적인 활동을 기린다. 누구나 국부로 숭앙한다. 게다가 결혼도 하지 않은 채 낡은 구두와 옷 몇 벌만을 남기고 사망한 호찌민, '호 아저씨'로 불릴 만큼 민중 곁으로 다가간 호찌민을 현대의 베트남 사람들은 존경하고 사랑한다.

국부가 누구인지, 대한민국의 뿌리를 31 만세운동으로 할 것인지 1948년 정부 수립으로 할 것인지 여전히 논란 중인 우리로서는 부러운 일이 아닐 수 없다. 왜 우리는 우리의 정통성 찾기마저도 논란의 단계를 벗어나지 못하는가, 우리에게는 분열의 DNA가 있는 것인가, 그렇다면 남북통일은 요원한 것인가 등의 의문을 새삼 되새기게 된다.

호찌민은 젊은 시절부터 미국과 영국, 프랑스, 소련 등에서 노동과 사회주의 운동을 실행하며 현장에서 많은 것을 배웠다. 그는 분주한 가운데서도 사상 학습을 멈추지 않았다. 카를 마르크스의 사상뿐만 아니라 유교, 도교, 불교, 기독교 등의 종교와 쑨원(孫文)의 정치철학, 그리고 『손자병법』 등의 병서까지 다방면에 걸쳐 학습을 계속해 나름의 사고 체계를 갖추고 있었다. 갇혀 있는 공산주의자가 아니라 열린 현장 사상가적인 모습이었다. 그가 생각하는 인류의 가장 숭고한 가치는 자유였다. 베트남이라는 국가 입장에서는 독립이 자유였다. 그래서 독립을 위해 목숨을 바쳤다.

호찌민은 자유와 독립을 성취하고 유지하기 위한 외교 전략도 제시했다. 세 가지이다.

첫째, 국익을 최우선시 하고, 이를 위해서는 친구와 적을 따로 구분하지 말아야 한다는 것이다. 외교에서 가장 중요한 것은 국익을 확보하기 위해서는 가까운 나라든 먼 나라든 협력의 대상으로 삼아야 한다는 얘기다. 실제로 호찌민은 베트남을 침략했던 프랑스, 일본, 미국과도 필요하면 협력해야 한다고 강조했다. 아무리 적대국이라도 공통의 영역은 있고, 이를 찾아 협력하면 서로에게 이익이 될 수 있다는 것이 호찌민의 생각이었다.

둘째, 외부 세력과의 연대이다. 작은 나라가 독립을 성취하고 영토를 보전하기 위해서는 외부 세력의 지지를 효율적으로 확보해야 한다는 것이다. 특히 주변 강대국의 움직임을 예의 관찰하고 이를 활용해야 한다는 말이다.

셋째, 이웃과 우호 관계 유지이다. 국가가 안정을 유지하기 위해서는 바로 곁에 있는 나라와 선린 관계를 유지하지 않으면 안 된다는 생각이었다. 중국, 캄보디아, 라오스 등과 긴장 관계를 경험해 온 베트남의 입장에서는 매우 절실한 문제가 아닐 수 없었다. 다른 나라와 외교 관계를 맺을 때도 이웃 국가의 불만을 사는 것은 아닌

지까지 살펴야 한다는 것이 호찌민의 지침이었다.

베트남은 지금도 이러한 호찌민의 유산을 외교에 직접 적용하고 있다. 국익 최우선 지침은 실용 외교로 실행하고 있다. 중국, 미국에 할 얘기는 하면서도 베트남에 이익이 되는 방향으로 협력을 강화한다. 외부 세력과의 연대는 중국, 미국뿐 아니라 과거의 지배국 프랑스와의 관계 강화 등으로 실천하고 있다. 이웃과의 우호 관계 지침은 중국, 캄보디아, 라오스와 되도록 호혜적인 관계를 유지해 나가려는 노력으로 이행하고 있다.

호찌민의 유산은 베트남의 정치와 경제 영역뿐 아니라 이렇게 외교의 영역에서도 힘을 발휘하고 있다. 호찌민이라는 우산이 워낙 커 이후에도 다방면에 걸쳐 그 그늘은 유지될 것이다. 특히 외교 영역에서 호찌민의 지침은 분명한 원칙을 제시할뿐더러 현대 외교에서도 유용성이 충분히 있는 것들이어서, 앞으로도 베트남 외교의 근간으로 계속 기능할 것으로 본다.

신념 외교, 리투아니아

리투아니아 위치

© google.co.kr

슬픈 역사

리투아니아는 유럽에서도 아주 작은 나라이다. 인구가 270만 명밖에 안 된다. 국토 면적은 6만 5000제곱킬로미터로 우리나라(22만 제곱킬로미터)의 3분의 1도 안 된다. 그런데 외교는 만만치 않다. 바로 이웃 국가 러시아에도, 세계와 유럽의 경제에도 강력한 영향력을 가진 중국에도 당당하게 맞선다.

리투아니아는 권위주의 체제에 맞서면서 자유와 민주, 인권의 보장을 주장하고 있다. 스스로 생각해 중요한 가치를 설정하고 이를 지키기 위한 외교를 전개하는 것이다. 가치 외교, 신념 외교라고 할 수 있겠다. 이러한 외교를 펼치는 리투아니아를 세계 언론들은 '21세기의 골리앗'으로 부른다. 이러한 결기는 리투아니아의 슬픈 역사와 관련이 깊다.

리투아니아 지역에는 기원전 1000년경부터 발트족(리투아니아인과 라트비아인)인 리투아니아인들이 살기 시작했다. 기원전 300년쯤에는 수렵과 함께 농경도 시작했다. 기원후 9세기 무렵에는 바이킹의 침략을 자주 받았다. 12세기 정도에는 리투아니아인들이 군사력을 갖추게 되어 바이킹의 침략을 막고 인근 지역을 침략해 슬라브인들을 노예로 삼기도 했다.

1253년에는 여러 부족들이 통합해 국가를 형성했다. 이후 국력이 점점 커져 동쪽으로 영토를 넓혀 나갔다. 15세기에는 지금의 폴란드, 벨라루스, 우크라이나와 러시아의 서쪽 지방까지 차지해 유럽에서 영토가 가장 큰 나라가 되기도 했다. 이후 러시아의 세력이 성장하자 리투아니아는 러시아의 위협에 대처하기 위해 1563년 폴란드와 연합해 폴란드-리투아니아 연합왕국을 만들었다.

연합왕국은 한동안 융성했다. 하지만 1700년부터 1721년까지 러시아와 스웨덴 사이에 대북방 전쟁이 나고, 이 전쟁이 리투아니아 영토에서도 전개돼 큰 피해를 입었다. 전쟁 동안 흑사병과 기아도 만연해 리투아니아 인구의 40퍼센트가 사망했다. 18세기에는 러시아, 프로이센, 오스트리아 등과 전쟁을 치르면서 국력이 쇠했다.

1795년에는 연합왕국이 해체되고 리투아니아는 러시아의 지배를 받게 되었다. 자존감과 자주성 강한 리투아니아인들은 저항했지만, 그때마다 러시아는 강경하게 무력으로 진압하고 강권 통치를 계속했다. 1865년에는 러시아가 문화 말살 정책을 시작해 리투아니아 말과 글을 못 쓰게 했다. 리투아니아인들은 동프로이센(리투아니아 바로 남쪽에 붙어 있던 프로이센 왕국의 영토. 지금은 소련의 역외 영토 칼리닌그라드)에 비밀 조직을 만들어 리투아니아어로 된 책과 신문을 인쇄해 몰래 들여와 보급했다. 처형을 당하고 시베리아 유배를 당하면서도 저항은 지속적으로 이어졌다.

제1차 세계대전이 시작된 뒤 1915년 리투아니아는 독일이 점령했다. 대전이 끝날 무렵인 1918년 2월 리투아니아는 독립을 선언하고 독일 점령에서 벗어났다. 제2차 세계대전 시작 전까지 경제는 발전하고 인구도 늘었다. 하지만 제2차 세계대전 시작과 함께 1940년 소련이 리투아니아를 점령했다. 1939년 독일과 소련이 불가침 조약을 맺었는데, 그 후속 조약의 내용에 리투아니아는 소련 몫으로 되어 있었다.

그런데 1941년 독일이 소련을 공격하면서 리투아니아는 다시 독일의 차지가 되었다. 대전의 끝 무렵인 1944년에는 다시 소련이 리투아니아를 점령했다. 소련의 지배에 리투아니아인들은 다시 저항했다. 1950년대에는 '숲속의 형제들Forest Brothers'이라는 게릴라군 조직이 러시아와 싸웠다. 그 과정에서 10만 명 이상의 리투아니아인들이 희생되었다.

1980년대 말 탈냉전의 상황에서 리투아니아는 다시 독립의 길을 찾았다. 발트3국이 협력해 저항운동을 전개했다. 1989년 8월에는 발트3국의 시민 200여만 명이 리투아니아의 수도 빌뉴스에서 라트비아의 수도 리가를 거쳐 에스토니아 수도 탈린까지 인간 띠를 만들어 연결했다. 그 길이가 600킬로미터였고, 발트3국 전체 국민의 3분의 1이 참여한 장엄한 퍼포먼스였다. 그해에 기네스북에 오를 정도였다. '발트의 길Baltic Way'이라는 이름의 이 행사는 세계적인 주목을 받았고, 소련을 압박하는 역할을 했다.

그 여파를 몰아 1990년 2월 리투아니아는 독립을 선언했고, 1991년 9월에는 소련 지배에서 벗어나 독립을 이루었다. 독립 직후 국제연합에 가입했고, 2004년에는 유럽연합(과 북대서양조약기구에 가입했다. 나토의 힘을 빌려 안보를 확보하기 위해 외국군의 주둔도 허용했다. 2018년에는 경제협력개발기구의 회원국이 되었다.

러시아에
할 말 한다

리투아니아의 외교 안보 전략은 2022년 2월에 만든 '국가 안보 위협 평가 보고서 2022'에 잘 나타나 있다. 이 보고서에 자국의 안보에 위협이 되는 국가로 러시아와 벨라루스, 중국을 명기했다. 꾸준히 서진을 추구하면서 리투아니아에 압박을 가하고 있는 러시아와 이에 적극 동조하는 벨라루스, 러시아와 경제, 안보 분야에서 친밀한 관계를 유지하는 중국을 위협 국가로 지목한 것이다. 특히 러시아는 우크라이나 다음으로 자신들을 공격할 수도 있는 국가로 여긴다. 실제적으로 위협을 가하는 국가들이라는 인식뿐만 아니라, 과거 식민 지배 시절의 억압에 기원한 권위주의 체제에 대한 반감이 작용한 정책 방향이라 할 수 있다.

리투아니아는 2010년대 들어 러시아에 대한 에너지 의존을 중단하는 작업을 실행했다. 우선 러시아에 천연가스 공급을 의존하는 상황을 벗어나고자 했다. 그래서 부유식 액화천연가스 저장재기화 설비LNG-FSRU를 설치했다. 천연가스를 액화 상태로 보관하다가 기화해 필요한 곳에 공급하는 대형 선박이다. 리투아니아는 2014년 우리나라의 현대중공업과 협력해 북해에 이 시설을 갖췄고, 러시아

외의 국가에서 천연가스를 수입해 여기에 보관했다가 공급한다. 이 대형 선박의 이름도 '인디펜던스Independence(독립)'라고 붙였다. 러시아로부터 에너지를 독립하겠다는 표현인 것이다.

전기도 아직까지는 소련연방의 전력망에 의존하고 있는데, EU 전력망으로 갈아타려 하고 있다. 리투아니아는 러시아, 벨라루스, 에스토니아, 라트비아와 함께 '브렐BRELL'이라는 통합 전력 시스템(공유 전력망)을 만들어 여기에서 전기를 공급받아 오고 있다. 러시아는 리투아니아와 갈등이 발생하면 브렐을 차단하겠다고 위협해왔다. 그래서 리투아니아는 EU 전력망과 연결된 폴란드의 전력망에 연결하는 사업을 추진하고 있다. 2023년 8월 발트3국 총리는 "2025년 초까지 러시아와 연결된 전력망을 끊겠다"는 공동성명을 발표했다. 실제로 이 작업은 EU로부터 약 2조 원을 지원받아 진행되고 있다.

러시아가 우크라이나를 침공한 이후 리투아니아는 러시아에 대한 반감을 노골적으로 드러내고 있다. 침공 두 달 후인 2022년 4월 러시아산 석유 수입을 중단했다. 러시아산 석유에 의존하는 많은 EU 국가 중 처음이었다. 러시아와 러시아의 역외 영토인 칼리닌그라드를 연결하는 유일한 육로가 리투아니아를 지나가는데, 2022년 6월에는 화물열차의 운행을 대폭 제한했다. 첨단 제품과 철강, 시멘트, 석탄, 건설 자재 등을 실은 열차는 제한하고, 칼리닌그라드 주민들의 생활에 꼭 필요한 식품과 농산물, 의약품을 실은 열차만 들여보낸 것이다.

이에 러시아는 군사적인 위협을 강화했다. 리투아니아와 국경

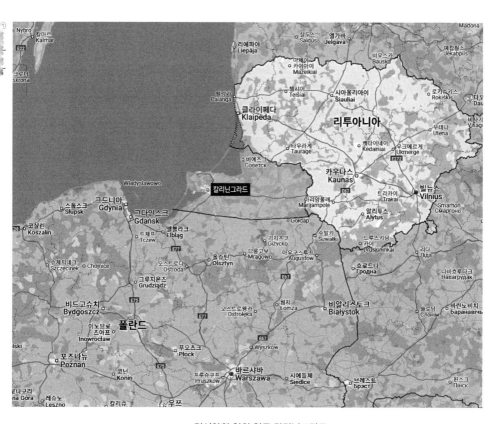

러시아의 역외 영토 칼리닌그라드.

을 맞대고 있는 벨라루스에 미사일을 제공하고, 전투기 개량도 도와 핵무기 탑재가 가능하도록 한 뒤 실제 핵무기를 전투기에 장착시켰다. 벨라루스와 합동 군사훈련도 강화했다. 리투아니아가 계속 반러시아 정책을 시행하면 언제든 군사 공격을 단행할 수 있다는 메시지를 계속 보내는 것이다.

러시아는 실제로 리투아니와 폴란드의 국경 지대인 수바우키 회랑을 차지하고 싶어 한다. 여기를 점령하면 러시아 본토와 칼리닌그라드를 직접 연결할 수 있기 때문이다. 벨라루스와의 합동 훈련을 하면서 탱크를 동원해 이 회랑을 점령하는 가상 작전을 연습하기도 했다. 러시아가 이 지역을 확보하면 칼리닌그라드와 직접 통하기도 하지만, 리투아니아의 영토 일부를 점령해 반러 정책에 보복할 수 있고, 또 리투아니아의 육로 통제권을 원천적으로 배제하게 된다. 그래서 러시아는 수바우키 점령 욕망을 키우고 있다.

리투아니아의 병력은 현역 3만 3000명, 예비군 7100명이 전부이다. 전투기도 없고 탱크도 없다. 그럼에도 현역 90만 명에 예비군 200만 명을 보유한 러시아에 대항하고 있다. 한 국가의 능력은 자세히 따져보면 물리적인 능력capability과 의지intention로 구성되어 있다. 물리적 능력은 강한데 의지가 약한 나라가 있고, 반대로 능력은 약한데 의지는 강한 나라가 있다. 리투아니아는 후자에 해당한다. 작은 능력이지만 강력한 의지를 보이면서 러시아와 맞서고 있는 것이다.

중국과 맞서다

최근 리투아니아는 중국과 대립하고 있다. 영토는 147배나 되고, 인구는 519배, GDP는 263배에 이르는 나라와 맞서고 있는 것이다. 소련의 지배에 저항하면서 형성된 권위주의에 대한 반감과 민주주의에 대한 열망이 외교에도 반영된 것이라 할 수 있다. 그런 열망을 숨기지 않고 표현하면서 외교로 실현하는 리투아니아는 작지만 용감한 나라가 아닐 수 없다. 중국과의 대립 과정을 살펴보면 리투아니아의 억압 배제와 민주화를 향한 열정을 확인할 수 있다. 그 과정은 러시아제국과 소련 지배에 대한 반감이 반영된 것이라는 측면에서 리투아니아의 슬픈 과거를 반추하게 해주기도 한다.

리투아니아는 2019년까지는 중국과 그럭저럭 나쁘지 않은 관계를 유지했다. 2017년에는 중국의 일대일로 프로젝트에 참여한다고 선언하기도 했다. 성장하는 중국 경제를 활용해 리투아니아의 발전을 추구하려는 계획이었다. 그런데 2019년 중국이 홍콩에서 범죄를 저지른 사람을 중국으로 송환하는 법률(범죄인 인도법) 제정을 추진했다. 홍콩 시민들이 반대 시위에 나섰다. 60킬로미터에 이르는 인간 띠를 만들어 저항의 의지를 강력 표현했다. 1989년 '발트의 길'을 모방한 것이었다.

이에 감격한 리투아니아 사람들은 홍콩 시민들을 지지하는 시위를 대규모로 열었다. 지원 문구를 적은 나무 십자가를 만들어 민족의 성지라고 할 수 있는 '십자가의 언덕'에 바치기도 했다. '십자가의 언덕'은 러시아제국과 소련 지배 당시 리투아니아 사람들이 저항의 의미로 십자가를 만들어 올려놓던 곳이다. 그래서 지금도 민족의 성지로 여겨지고 있다.

이 민족의 성지를 2019년 11월 어떤 중국인 관광객이 훼손했다. 나무 십자가에 "모든 바퀴벌레가 박멸되기를 바란다. 홍콩이 평화롭게 반환되기를 원한다"라고 쓴 것이다. 이걸 찍은 사진이 SNS를 통해 순식간에 퍼졌고, 리투아니아 시민들은 분노했다. 반중국 정서는 요원의 불길처럼 퍼졌다.

이후 리투아니아는 중국에 강경한 입장을 고수했다. 2021년 5월 리투아니아 국회는 중국의 신장위구르 자치구 탄압에 대해 '집단학살'로 규정하는 결의안을 통과시켰다. 비슷한 시기에 리투아니아는 중국과 중동, 유럽 국가들로 구성된 '17+1 경제협력체'에서 탈퇴했다. 그해 9월에는 리투아니아의 국방부 차관 마르기리스 아부케비시우스Margiris Abukevicius가 "중국 폰은 사지도 말고, 샀다면 최대한 빨리 버려라"라며 중국의 통제를 비난하면서 리투아니아 국민들의 중국에 대한 경계심을 확산시켰다.

11월에는 수도 빌뉴스에 대만 대표부를 설치하도록 했다. 공식 명칭을 '리투아니아 주재 대만 대표부Taiwanese Representative Office in Lithuania'로 했다. 다른 나라에서는 대만 대표부 이름을 '타이베이 대표부Taipei Representative Office 또는 Taipei Mission'로 쓴다. 서울에 있는 대만 대표부 명칭이 '주한타이베이 대표부Taipei Mission in Korea인 것처럼. 대만Taiwan이라는 국호를 쓰는 것을 중국이 싫어하기 때문에 각국이 대만의 수도 이름 타이베이를 사용하고 있는 것이다.

그런데 리투아니아는 그냥 대만Taiwan이라는 국호를 사용하도록 했다. '중국이 싫어하는지는 잘 모르겠고, 우리는 대만을 하나의 국가로 인정하겠다'는 입장이다. 여기에는 러시아의 핍박을 받아온 나라로서 중국의 압박을 받고 있는 대만과 정서적으로 교감하는 측면도 작용했다고 하겠다.

이에 대한 중국의 조치도 강경했다. 중국은 2021년 11월 리투아니아와의 외교 관계를 대사급에서 대리대사급으로 내렸다. 중국이 잘 하는 경제보복도 강행했다. 리투아니아로 가는 화물열차를 중단시켜 수출을 막았고, 리투아니아에서 수입하는 물품의 통관도 금지시켰다. 중국국제문제연구원의 유럽연구소장 추이훙젠崔洪建은 "쥐똥 하나가 요리를 망치게 놔주지는 않겠다"라고 리투아니아를 비하하며 중국인들의 반리투아니아 정서를 적나라하게 전하기도 했다.

친서구친서방
외교

반러시아반중을 드러내는 리투아니아는 EU, 미국과 친밀하다. '이쪽이 유리할 것 같으니 이쪽에 굴종하자'는 식은 절대 아니다. 러시아제국과 소련의 지배 당시 겪었던 권위주의 체제에 대한 반감이다. 러시아, 중국과 가까워지는 것은 리투아니아가 식민지 시절 투쟁하며 추구해온 자유, 민주, 해방과 어울리지 않는다. 오히려 이들의 강권 통치를 비판하고 지적하는 것이 리투아니아인의 정서에 맞는다. 그래서 그런 외교를 하고 있다. 역사와 국민 정서를 반영한 진솔한 외교를 하고 있는 것이다.

"외교는 철저하게 국익을 좇아 해야 한다"는 외교 격언이 있다. 외교의 목표는 국익의 실현이기 때문에 대부분의 나라는 이 격언에 따른다. 우리도 예외는 아니다. 일본의 진정성 있는 사과나 불법성에 대한 인정을 보지 못한 채 강제 동원 피해자 문제를 그럭저럭 해결하려 한다.

일본 총무성이 라인야후 문제에 직접 개입해 경영권을 확보하려 했음에도 우리 대통령은 이를 외교 문제화하지 않은 채 조용히 수면 아래로 가라앉기만을 기대하는 태도를 보였다. 국익을 위한 것이라는 명분 아래 실행한 외교이다. 결기라고는 찾아볼 수 없다. 물론 외교를 결기로 하는 게 늘 바람직한 것은 아니다. 하지만 필요할 때가 있다. 우리는 그 필요할 때를 모른다. 리투아니아는 그걸 안다. 실리 외교보다는 가치 외교를 내세우고 있는 것이다.

EU와 미국은 이러한 리투아니아를 뒤에서 지원하고 있다. 중국이 리투아니아에 가하는 압박을 두고 우르줄라 폰데어라이엔 Ursula von der Leyen EU 집행위원장은 "정당화할 수 없는 행위"라며 리투아니아 편을 들어주었다. 미국은 리투아니아와 6억 달러에 달하는 수출 신용 협정을 맺으며 경제적으로 지원했다.

EU와 미국의 지원은 자신들의 필요에 따른 것이기도 하다. 리투아니아 바로 동쪽에는 벨라루스가 위치하고 있다. 벨라루스는 대표적인 친러 국가이다. 러시아는 벨라루스를 거쳐 발트3국에도 영향력을 행사하려 한다. EU와 미국은 리투아니아가 민주주의의 보루 역할을 하며 러시아의 서진을 막아주기를 바라고 있다.

특히 미국은 중국을 견제하고 포위하는 정책을 추진하는 상황에서 리투아니아의 중국에 대한 공세가 반가울 수밖에 없다. 이러한 국제정세를 읽고 있는 리투아니아는 EU와 미국의 지속적인 지원 속에서 권위주의 국가 러시아와 중국에 대해 계속 공세를 취하면서, 자유와 민주를 지키려는 신념에 찬 외교를 계속하고 있다.

신념 외교의 기반
레이저 산업

리투아니아가 신념 외교를 활기 넘치게 하는 데에는 경제적인 능력과 자신감이 배경으로 작용한다. 특히 레이저 산업에서 이루어놓은 성과가 리투아니아에는 그 어떤 것보다 큰 힘이 되고 있다. 레이저는 스마트폰이나 자동차에 들어가는 반도체 등을 정밀하게 자르는 작업, 광통신과 광의학 첨단화 등에 꼭 필요한 기술이다.

리투아니아는 1960년대부터 레이저 기술을 개발하기 시작했다. 1990년대에는 레이저 산업에 대규모 투자를 단행해 세계시장에서 독보적인 존재가 되었다. 특히 레이저 광을 변환하거나 증폭시키는 데 사용하는 파라메트릭 발진기OPO는 현재 세계시장에서 90퍼센트 점유율을 확보하고 있다. 피코초(1조 분의 1초) 단위의 정밀레이저 분야에서도 세계시장의 50퍼센트를 장악하고 있다.

미국의 항공우주국NASA, 미국의 IT 기업 IBM, 유럽입자물리연구소CERN, 일본의 자동차 기업 토요타 등 세계적인 연구 기관과 기업들이 리투아니아산 레이저를 쓰고 있다. 리투아니아는 레이저 수출로 매년 270억 원 정도를 벌어들인다. 최근에는 대만의 반도체 기업 TSMC와 협력해 초고속 레이저 등 첨단 제품을 개발하고 있다.

더욱이 리투아니아의 레이저 산업은 독자적인 생태계를 갖추고 있다. 60여 개의 기업이 분업화되어 광학 부품과 공작 기계 등을 만들고 최종 제품까지 완성하는 시스템을 갖추고 있는 것이다. 이들 기업은 1960년대 미국의 명문 대학을 다니며 기본적인 기술을 배워 온 엔지니어, 이후 첨단 기술을 개발한 연구자 등이 학연, 지연 등으로 연계되어 시너지 효과를 발휘하고 있다.

좋은 먹거리를 두고 서로 경쟁하다 보면 갈등하고 싸우는 경우가 많은데, 리투아니아의 경우는 다르다. 오랜 핍박의 역사를 경험한 나라여서 그런지 내부적인 갈등과 알력보다는 서로 믿고 돕는 협력의 문화가 정착되어 있다. 이렇게 나름의 완성된 산업 생태계를 구축했기 때문에 러시아나 중국이 압박해도 견딜 수 있다는 자신감을 보이는 것이다.

작은 기술 강국으로 북유럽에서 자리 잡은 리투아니아는 중국과의 교역 관계도 많지 않다. 2020년 중국이 리투아니아의 수출에서 차지하는 비중은 1.1퍼센트에 불과했다. 수입액 가운데에서는 4퍼센트를 차지했다. 중국이 한국의 사드 배치에 따라 취했던 경제보복이 리투아니아에는 효력을 볼 수 없는 것이다.

신념 외교의
기반

리투아니아가 스스로의 신념에 따라 독립적인 외교를 전개하는 데에는 나름의 기반이 있기 때문이다. 앞에서도 일부 언급했지만 이를 정리하면, 크게 네 가지 기반이 존재한다.

첫째, 자유와 민주, 인권에 대한 애착이다. 식민 시절에 이들 가치를 위해 투쟁했고, 그에 따른 희생도 많았다. 그런 만큼 이를 지키려는 사명감이 높다. 국내적으로는 물론이고, 국제적으로도 이 보편적인 가치들을 보호하는 데 관심이 많은 것이다. 그래서 이를 무시하고 경시하는 러시아와 중국, 벨라루스 등을 비판하며 대결도 마다하지 않는 것이다.

둘째, 반러 감정이다. 러시아로부터 워낙 오랫동안 심한 핍박을 받았기 때문에 반감과 적대감이 아주 깊다. 그래서 러시아와 웬만한 관계는 청산하고 싶어 한다. 에너지 독립은 그런 차원에 추진되고 있는 것이다. 국민들의 감정을 바탕으로 러시아와 맞서고, 그 연장선에서 러시아와 친밀한 국가에도 비판적인 입장을 견지하고 있다.

셋째, 독자 기술에 바탕을 둔 경제발전이다. 리투아니아는 레이저 기술은 물론 IT와 의료, 핀테크 등의 분야에서도 강점을 보이며 발전 도상에 있다. 2000년대 들어 연 6~11퍼센트의 높은 경제성장률을 보였다. 2008년 금융 위기와 2014년 러시아의 크림반도 점령, 2020년 코로나19 당시에는 다른 나라들과 마찬가지로 어려움을 겪었지만, 이후 다시 회복해 안정적인 성장세를 유지하고 있다. 이는 국가적 자신감으로 이어져 신념에 따른 외교를 전개할 수 있도록 해주고 있다.

넷째, 국민 통합이다. 레이저 산업의 생태계가 경쟁과 알력보다는 협력을 앞세우는 문화에서 안정적으로 유지되고 있다고 설명했지만, 이러한 문화는 리투아니아 사회 전반의 흐름이다. 이것의 바탕에는 강한 민족의식이 존재한다. 민족의 성지를 여전히 소중하게 보전하면서 높이 숭앙하는 모습이 이를 잘 보여준다.

이렇게 감성적인 측면과 보편 가치에 대한 존중, 높은 민족의식, 실재적인 경제 능력이 한데 어우러져 리투아니아는 여전히 신념에 찬 외교, 강단 있는 외교를 펼치고 있다.

Chapter 8

유연한 자주 외교, 네덜란드

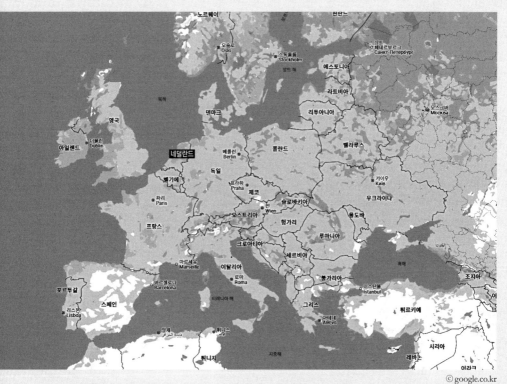

네덜란드 위치

© google.co.kr

왕년의 해양 강국

네덜란드는 중세시대 스페인의 지배를 오랫동안 받았다. 그러다가 신구교 사이의 30년 전쟁을 마무리하는 베스트팔렌조약(1648년)으로 독립하게 되었다. 이후 아시아와 아메리카, 아프리카로 진출해 국부를 확대해 나갔다.

아시아에서는 인도네시아를 식민지로 삼고 인도 동부와 일본까지 진출했다. 북아메리카의 뉴욕을 차지하기도 했고, 남미의 수리남과 브라질 동부, 그리고 남아프리카 지역도 지배했다. 인도네시아에서는 후추와 정향 등 향신료를 싼값에 사서 유럽에 비싸게 팔아 큰 이익을 챙겼다. 일본에서는 은을, 남미에서는 은과 설탕을 구입해 유럽에 공급했다. 일본에서 싸게 산 은을 중국에 비싸게 팔기도 했다. 이러한 해상무역을 통해 네덜란드는 막대한 부를 축적했다. 그야말로 17세기는 네덜란드의 황금기였다.

네덜란드가 그렇게 황금 시절을 만들었던 것은 민족성 덕분이라고 할 수 있다. 게르만족의 일파인 네덜란드인은 매우 합리적이고 이성적이며 계산적인 민족으로 알려져 있다. 비슷한 부류 가운데 가장 유명한 민족이 유대인이다. 네덜란드인도 유대인 못지않게 합리적이고 계산적이다. 스코틀랜드인도 이런 부류에 속하고, 중국인(한족)도 계산적인 민족으로 잘 알려져 있다.

그런 중국에 사회주의를 들여다 놓았으니 제대로 작동하지 않는 것일지도 모른다. 이성적이고 계산적인 민족에게는 자본주의를 시행해서 스스로의 능력을 충분히 발휘해 많은 것을 성취하도록 두는 게 맞을 것이다. 중국인이 매우 계산적인 만큼 중국도 사회주의보다는 자본주의가 어울린다고 할 수 있는 것이다.

중국인 얘기를 하다 보니 개인적인 경험 하나가 떠오른다. KBS에서 기자로 일할 때(2004년) 중국에 취재를 간 적이 있다. 당시 KBS에 〈일요 스페셜〉이라는 다큐멘터리 프로그램이 있었는데, 거기에 '주식회사 중국'이라는 제목으로 중국 특집 프로그램을 만들어주기 위해서였다. 지금은 세계적인 가전업체가 된 하이얼을 방문했다. 본사가 칭다오青島에 있었다. 사장 장루이민(張瑞敏)과 인터뷰를 끝내고, 생산 라인을 보러 갔다. 냉장고를 만드는 작업장이었다. 냉장고가 만들어져 나오는 과정, 불량품 검수 과정 등을 관찰하고 있는데, 한쪽 벽면에 근로자들의 이름이 빽빽이 들어찬 커다란 게시판이 눈에 들어왔다.

가서 자세히 보니 그날그날 근로자들의 성과를 평가해놓은 것이었다. 잘한 사람 이름 옆에는 웃는 얼굴, 성과가 평균 정도인 사람의 이름 옆에는 담담한 얼굴, 성과가 나쁜 사람 이름 옆에는 찡그린 얼굴이 붙어 있었다. 그렇게 매일 매일의 성과를 누적해 월급을 준다는 것이었다. 성과가 나쁜 사람에게는 최저 수준의 임금을 주고,

17세기 네덜란드 선단의 항해.

성과가 좋은 사람에게는 높은 성과급을 주는 제도를 철저히 시행하
고 있었던 것이다.

그걸 보면서 '중국은 더 이상 사회주의가 아니다'라고 생각했
던 기억이 선하다. 실제로 중국은 중국식 사회주의라고 해서 자본주
의적 시장을 충분히 활용해 생산력과 인민의 삶을 증진시키는 것을
바탕으로 사회주의를 실현하겠다는 비전을 가지고 있다. 그래서 지
금 자본주의 국가와 크게 다를 바 없이 시장과 사유재산을 인정하는
경제 시스템을 운영하고 있다.

중국 얘기가 길어졌지만, 중국보다 더하면 더했지 결코 뒤지
지 않는 합리성을 가진 네덜란드인은 그런 민족성을 충분히 발휘해
세계를 무대로 무역을 활발하게 전개해 17세기에 세계의 강자가 된

것이다.

그런 네덜란드도 18세기 들어 영국이 급성장하면서 영국과의 경쟁에서 밀려나며 쇠퇴하기 시작했다. 영국은 강력한 해군을 뒷배로 해상무력을 장악해 나갔다. 그럴수록 네덜란드의 입지는 줄어들었다. 군사력을 제대로 키우지 않은 네덜란드는 치고 올라오는 영국을 저지할 수 없었다. 19세기에도 그런 추세를 거스르지 못했고, 20세기에 들어서면서 약소국의 처지로 떨어지게 되었다.

제1차 세계대전 시기에는 독일의 점령을 당할 뻔했다. 독일은 알프레트 폰 슐레펜Alfred Graf von Schlieffen이 전쟁 계획을 세운 '슐리펜 계획'에 따라 네덜란드와 벨기에를 먼저 치고 프랑스로 들어가려 했다. 하지만 전쟁 직전 작전을 바꿨다. 네덜란드인은 중립 의지가 강하고 강인한 민족인 만큼 끈질기게 저항할 가능성이 있었다. 게다가 네덜란드를 치면 영국이 즉각 개입해 독일의 남하를 막을 수도 있었다. 이를 염려한 독일은 벨기에를 침략하고 곧 프랑스로 내려갔다. 그 바람에 네덜란드는 전쟁에 개입하지 않고 중립을 유지할 수 있었다.

중립 외교의 전통

네덜란드는 1648년 독립 이후 중립주의를 표방했다. 17세기에 강국의 지위에 올랐다가 20세기에 약소국으로 변화했지만, 외교적으로는 제1차 세계대전까지 꾸준하게 중립을 유지해왔다. 강대국 사이의 갈등과 분쟁에 개입하지 않으면서 자주적인 입장을 견지해온 것이다.

네덜란드의 경제사와 국제관계사를 연구해온 얀 라위턴 반 잔덴Jan Luiten van Zanden과 리처드 토머스 그리피스Richard Thomas Griffiths는 이와 같은 네덜란드 외교 특성이 네덜란드가 유지해온 세 가지 전통에서 기인한 것으로 본다. 첫째는 해양상업적 전통maritime-commercial tradition, 둘째는 중립개입 자제 전통neutralist-abstentionist tradition, 셋째는 국제주의이상주의 전통internationalist-idealist tradition이다.

해양상업적 전통은 네덜란드의 지리적자연적 조건에서 온 것이다. 네덜란드는 북해에 연해 있으면서 유럽의 대표적 국제하천인 라인강과 마스강, 스헬트강의 하구에 위치해 있다. 이런 지리적 특성으로 유럽 내의 교역뿐만 아니라 대양을 건너는 국제무역에 눈을 떴다. 자원이 부족하고 농토가 부족한 것도 네덜란드가 일찍부터 해외로 눈을 돌리게 했다.

이런 조건을 잘 인식하고 있던 네덜란드의 엘리트들은 조기에 해외교역에 집중하며 국가 발전을 이끌었다. 17세기에 행정장관을 맡아 해외무역 활성화에 크게 기여한 요한 드 비트Johan de Witt는 "항해와 상업은 네덜란드의 영혼이며 내부적 실체다"라는 구호를 외치며 해외 진출을 이끌었다. 당시 진취적인 네덜란드 지도자의 전형적인 모습이 아닐 수 없다.

중립개입 자제 전통은 국제분쟁에서 되도록 멀리 떨어져 있으면서 실속을 추구하려는 것이었다. 네덜란드가 국제조약이나 강대국들의 합의로 중립을 보장받은 것은 아니었다. 하지만 네덜란드는 스스로 중립의 지위를 지켜 나가려 애를 썼다. 실리적으로는 교역에 집중해 국가 경제를 성장시키려는 목표를 위한 것이었다. 그리고 정서적으로는 정치적 금욕주의(정치적으로 지나치게 욕심 부리는 것을 악으로 보는 관점)를 선호하는 네덜란드인의 감정에서 온 것이라 할 수 있다.

중립의 전통을 이어가기 위해서는 나름의 군사력을 가지는 것이 유리한데, 네덜란드는 약한 군사력으로 이를 견지할 수 있었다. 여기에는 영국의 오랜 전통인 세력 균형 정책이 기여한 바 크다. 유럽 대륙의 강대국들이 힘의 균형을 이루는 것이 유럽의 안정을 위해 절대적으로 필요하다고 인식한 영국은 실제 힘이 한쪽으로 기우는 것을 방지하기 위해 노력해왔다. 그런 정책의 일환으로 어느 하나의 강대국이 네덜란드를 지배하는 것도 방지해준 것이다.

국제주의이상주의 전통은 네덜란드가 가진 국제법 의존 경향, 평화주의 등을 이르는 것이다. 작은 나라이면서 국제교역에 적극적인 나라로서는 당연히 가져야 하는 전통이기도 했다. 힘보다는 국제법으로, 전쟁보다는 평화의 질서로 국제사회가 유지되어 나가는 것이 네덜란드로서는 국익을 보호하는 데 절대 유리한 조건이다. 국제법의 아버지로 불리는 위고 그로티우스Hugo Grotius가 네덜란드 출신임도 기억해야 할 일이다.

그로티우스는 네덜란드 델프트에서 출생해 라이덴대학을 졸업한 뒤 15세에 변호사가 되었다. 이후 법률가, 외교관, 학자로서 뛰어난 활약을 보였다. 특히 1625년에 출간한 『전쟁과 평화의 법』은

근대 국제법을 체계화한 저서로 잘 알려져 있다. 이 책에서 그는 전쟁의 논리적 개념과 전쟁이 정당화될 수 있는 경우 등에 대해 깊이 있는 서술을 통해 근대 국제법 발전의 기초를 마련해주었다.

특히 그는 모든 나라는 자연법('선을 행하고 악은 피하라'와 같이 자연히 존재해 언제 어디서나 유효한 보편적 법칙)으로 통치해야 한다고 주장했다. 또한 세계평화를 위해서는 세계가 규범적으로 이상적인 질서를 만들어내는 것이 중요하다고 강조했다. 그로티우스가 이처럼 근대 국제법의 기초를 마련한 것도 네덜란드의 국제주의이상주의 전통의 흐름 속에서 나온 것이라 할 수 있을 것이다.

이러한 오랜 전통이 국제교역을 통한 경제발전의 필요성, 약한 군사력, 세력 균형이 절실히 필요한 영국의 도움 등과 어우러지면서 네덜란드는 제2차 세계대전이 일어날 때까지는 중립 외교를 표방하면서 중립 지위를 유지할 수 있었다.

제2차 세계대전 후
실리 외교로 전환

중립 외교를 유지해오던 네덜란드는 제2차 세계대전으로 중립 지위를 잃어버리게 되었다. 1939년 9월 1일 폴란드 침공으로 제2차 세계대전을 시작한 독일은 1940년 5월 9일 네덜란드로 진입했다. 독일은 단 4일 만에 네덜란드를 점령했다. 군사력이 약한 네덜란드는 독일에 저항할 수 없었다. 이후 5년 동안 독일의 점령은 계속되었다.

독일 치하 5년은 네덜란드에 새로운 인식을 가져다주었다. 중립주의가 더 이상 네덜란드를 보호해주기는 어렵다는 생각이었다. 1945년 독일이 망하고 전쟁이 끝나면서 네덜란드는 미국과의 협력 관계 형성에 주력했다. 중립 외

디르크 스티커.

교에서 친미 외교로 노선을 변경한 것이다. 안보와 경제에서 실리를 추구하기 위한 전략이었다.

전후 이러한 노선 변경을 주도한 인물은 디르크 스티커Dirk U. Stikker였다. 스티커는 1897년 네덜란드의 명문가에서 태어나 흐로닝언대학 법학과를 졸업한 뒤 금융계에서 경력을 쌓았다. 1927년 리써은행의 행장이 되었다. 1935년 스티커는 지금도 유명한 맥주회사 하이네켄의 이사로 스카우트되었고, 1939년부터는 이 회사의 사장을 맡았다. 이러한 민간 경력을 바탕으로 1948년에는 네덜란드 외교장관이 되었고, 1952년까지 장관 자리를 유지하면서 네덜란드 외교에 새바람을 불어넣었다. 금융과 실물경제 경력을 가진 만큼 그의 생각은 실용적이고 실제적이었다.

스티커 앞에는 전후 네덜란드의 미래를 결정할 만한 주요 문제가 여럿 놓여 있었다. 그중에서도 미국이 주도하는 나토 창설 문제, 식민지 인도네시아 처리 문제가 중대 사안이었다. 전후 유럽의 안보를 확보하기 위한 국제기구의 창설에 유럽 국가들도 미국과 뜻을 같

이했다. 그런데 디테일로 들어가면 차이가 있었다. 유럽 국가 중 특히 프랑스는 유럽 국가들만으로 지역 안보 체제를 구성하고 싶어 했다. 자존심 강한 프랑스가 미국을 배제한 채 유럽만의 기구를 원한 것이다. 반면에 미국은 미국과 캐나다가 참여하는 국제기구로 유럽의 방위를 책임지도록 하고 싶어 했다.

네덜란드도 초기에는 프랑스 편이었다. 유럽 국가들로 구성된 안보 기구에 네덜란드 식민지까지 포함시켜 식민지 지배도 계속 유지하려 했다. 그렇게 하면 안보와 식민지 모두를 확보할 수 있다는 생각이었다. 하지만 이를 알게 된 미국이 가만있지를 않았다. 국제기구 성격의 나토 창설에 동의하도록 압력을 가했다. 경제원조로 회유도 했다. 당시 미국은 마셜 계획에 따라 유럽에 대규모 지원을 하고 있었다.

이러한 미국의 압박과 회유에 스티커는 미국에 따르기로 했다. 미국이 기획하는 나토에 동의해줬다. 전후 유럽의 주요 문제에 미국 편을 들어준 것이다. 결국 1949년 4월 4일 나토는 미국을 비롯해 캐나다, 영국, 프랑스, 이탈리아, 아이슬란드, 노르웨이, 덴마크, 포르투갈, 네덜란드, 벨기에, 룩셈부르크가 참여하는 국제기구로 출범했다.

네덜란드가 300년 이상 식민지배를 하고 있던 인도네시아 처리 문제도 네덜란드와 미국이 마주한 주요 이슈였다. 네덜란드는 물론 인도네시아를 식민지로 계속 보유하려 했다. 하지만 미국은 달랐다. 인도네시아를 해방시키지 않으면 그 내부에 사회주의 세력이 확장될 것으로 판단했다. 실제로 인도네시아 독립운동 세력 가운데 사회주의 세력이 주요 부분을 차지하고 있었다. 이를 방치할 경우 미국이 추진하는 자본주의자유주의 국가의 세계적 확산, 그리고 그 속에서 미국의 영향력 확대와 국익 확보라는 세계 전략의 실현에 차질이 생길 수 있었다.

미국은 역시 압박과 회유를 가했다. 5년 동안 독일에 지배당해 경제적 어려움에 처한 네덜란드로서는 안보적인 지원과 경제원조를 무기로 하는 미국의 압박을 넘어설 수 없었다. 스티커의 선택은 역시 미국의 요구를 들어주는 것이었다. 결국 인도네시아는 1949년 12월 27일 독립을 얻게 되었다.

제2차 세계대전을 겪으면서 네덜란드인들은 안보를 굳건히 하고 경제를 발전시켜야 한다는 사실을 절실하게 체감했다. 네덜란드 정부는 실용주의자 스티커를 앞세워 미국의 요구를 들어주면서 꼭 챙겨야 하는 핵심적 국익을 확보했다. 해상 제국으로 세계를 누비던 17세기에 발휘된 합리적이고 계산적인 민족성이 다시 발현된 것이라고 할 수 있겠다.

미국에 협조하면서도
자주적 입장 견지

미국에 협조하고 미국의 정책에 동조하면서도 네덜란드는 그냥 따르는 것이 아니었다. 대세는 미국을 따르되 그 속에서 주장할 것은 주장하고, 할 말은 했다. 게르만족의 일파로 꽤 오랫동안 유럽의 교역과 세계무역의 중심 역할을 했던 네덜란드인들의 자존심은 미국에 그저 "예스", "오케이"만 외치는 것을 허락하지 않았다. 제2차 세계대전 직후 미국과 친해지며 안보와 경제를 증진시키기로 노선을 정했으면서도 요구할 것은 요구했다. 우선 독일 영토의 일부를 할양하라고 촉구했다. 독일로부터 5년 동안이나 핍박을 받았으니 그럴 권한이 있다는 얘기였다. 또 독일과의 자유교역을 주장했다. 독일과의 무역은 오랫동안 네덜란드 경제의 주요 부분이었다.

물론 미국은 그런 요구를 들어주지 않았다. 독일 영토를 네덜란드에 할양하는 것은 미국과 영국, 프랑스가 서독 지역을, 소련이 동독 지역을 점령하기로 한 얄타회담(1945년 2월)의 결정을 거스르는 것이기도 했다. 제2차 세계대전 당시 독일에 점령당한 나라들에 독일 영토를 할양하기로 하면 벨기에나 룩셈부르크, 폴란드 등 너무 많은 나라들의 요구가 빗발칠 수 있었다. 그러니 미국으로서는 네덜란드에 독일 영토 할양을 허용할 수 없었다.

독일과의 자유로운 교역도 들어주기 어려운 것이었다. 전승국들은 일단 독일의 산업과 무장 정도를 대폭 축소시키기로 결정했다. 그 연장선에서 독일의 자유무역을 허용하지 않고 보호무역을 추진했다. 그런 만큼 네덜란드가 독일과 자유롭게 교역하는 것도 허용할 수 없는 것이었다.

네덜란드도 전후의 이러한 상황을 모르진 않았을 것이다. 하지만 네덜란드는 요구했다. 국익이 그쪽에 있고, 자신들이 그런 주장을 할 만한 위치에 있다고 여겼기 때문이다. 약소국 가운데서도 물리적 심리적 약소국이 있다. 힘이 모자라는 것이 물리적 약소국, 스스로 약하다고 생각하는 것이 심리적 약소국이다. 이 중 하나에 속하는 나라가 있고, 둘 다 해당하는 나라가 있다. 물리적 약소국이면서 동시에 심리적 약소국이면 국익을 챙기기 매우 어려운 것이 세계정치이다. 작지만 결기가 있고 외침이 있으면서 원칙과 규범에 호소하는 약소국은 어느 정도 국익을 확보할 수 있다.

전후 네덜란드는 작지만 마음까지 쪼그라진 약소국이 아니었다. 나름의 주장이 있는 약소국이었다. 그런 모습은 1950년대 이후에도 지속적으로 보인다. 주로 미국과의 관계에서 자기주장을 펴 나가지만, 이는 국제사회를 향한 것이기도 했다. 그래서 네덜란드는 작은 나라이면서도 아주 작다고 느껴지지 않는 나라로 자리매김 되어 있다.

2024년 3월 8일 『매일경제』에 「푸틴의 발레리나 서울 공연을 허하라」라는 제목의 칼럼이 실렸다. 러시아의 발레리나 스베틀라나 자하로바의 서울 공연에 우크라이나 측이 반대하면서 논란이 된 상태에서 나온 글이었다. "우리가 공연을 금지한다면 러시아 당국은 불쾌함과 섭섭함을 느껴 다른 분야에서 보복할 수도 있다. 공연 하나 때문에 양국 관계를 더 멀어지게 하고, 다른 위험을 초래한다면 소탐대실小貪大失일 것이다"라는 게 칼럼의 핵심 주장이었다.

이 칼럼을 반 데르 플리트 주한 네덜란드 대사가 봤다. 그는 칼럼의 필자 김병호 논설위원에게 연락했다. 만나서 얘기를 좀 하고 싶다는 것이었다. 얼마 후 김병호 논설위원을 만난 플리트 대사는 자하로바를 트로이 목마에 비유하며, 그의 공연이 문화적 침투를 통한 친러시아 분위기 조장을 위한 것이라고 규정했다. 피침략국(우크라이나)을 지원하는 것은 자유세계 국가의 신성한 의미임도 강조했다.

'참 오지랖도 넓다'는 생각도 든다. 자기 나라 일도 아니고 러시아와 우크라이나의 일인 데다 신문에 칼럼 하나 실렸다고 뭐가 엄청나게 변할 것도 아닌데, 플리트 대사는 직접 나서서 자유세계 국가들의 의무를 역설했다. 자발스럽다고 생각할 수도 있겠지만, 네덜란드 외교관들이 분명한 세계관과 가치관으로 무장되어 있음을 확인하는 기회도 되었다. 국가의 비전과 지향점은 무엇이고, 이를 실현하기 위해 외교관이 갖추어야 할 논리와 원칙은 무엇인지, 이런 것들이 체계적으로 정립된 나라가 네덜란드임을 새삼 알게 해준 것이다.

미국의 반대에도
중국 승인

1949년 10월 1일 마오쩌둥毛澤東이 장제스蔣介石를 몰아내고 중화인민공화국(중국)을 세웠을 때 네덜란드는 기민하게 움직였다. 바로 승인을 해야 할지 고민하지 않을 수 없었다. 영국은 일주일도 안 된 10월 7일 중국을 승인했다. 식민지 홍콩의 지배를 지속하려는 생각으로 재빨리 중국을 승인한 것이다. 이를 본 네덜란드도 승인 쪽으로 기울어갔다. 하지만 미국이 문제였다. 자유주의 세계의 리더 역할을 맡게 된 미국은 사회주의 국가 중국을 승인할 수 없었다. 타이완으로 쫓겨 간 장제스를 계속 지원했다. 그러면서 친미 국가들에 중국을 승인하지 말 것을 촉구하고 있었다.

이런 와중에 네덜란드는 국익을 추구하는 길이 무엇인지 깊이 생각했다. 결론은 중국을 승인하는 것이었다. 10월 14일 네덜란드는 중국 승인 의사를 피력했다. 각료회의의 공식 결정이 남았지만 사실상 승인이었다. 이는 미국의 의사를 거역하는 것이다. 미국이 반대하는 사안이었지만, 자신들의 국익에 도움이 되는 쪽으로 결단했다. 네덜란드가 이렇게 미국의 의사에 반해 중국을 승인한 데에는 몇 가지 이유가 있었다.

첫째는 150만 명에 이르는 인도네시아 내 화교를 고려한 결정이었다. 중국을 승인해 화교들이 종전처럼 자연스럽게 생활을 영위하도록 하는 것이 인도네시아를 안정적으로 관리하는 데 도움이 된다고 여겼다. 경제력을 가진 화교들의 움직임은 인도네시아 통치에 중요한 부분이 아닐 수 없었다. 이들이 동요 없이 이전처럼 생활전선에서 부지런히 일해주는 것이 네덜란드에는 당시 매우 중요한 이슈였던 것이다.

둘째는 인도네시아를 식민지로 보유하는 것에 대한 중국의 인정을 겨냥했다. 실제로 네덜란드는 중국을 승인한 후 중국 측에 인도네시아 식민지를 인정해달라고 요청했다. 인도네시아 식민지를 인정하면, 각료회의의 의결을 통해 공식적으로 중국을 승인하겠다는 의사도 전달했다. 하지만 중국은 여기에 특별히 관심을 표하지 않았다. 그러는 사이 인도네시아는 1949년 12월 27일 독립했다.

네덜란드가 중국에 한 요구는 제대로 수용되지 않았지만 중국을 공식 승인하기로 결정했다. 각료회의의 공식 승인은 이듬해인 1950년 3월 13일에 이루어졌다. 이를 주도한 인물은 외교장관 스티커였다. 친미 성향이었지만 그게 전부는 아니었음을 여실히 확인해주는 장면이 아닐 수 없다. 당시 스티커의 생각은 이런 것이었다.

첫째, 마오쩌둥이 장기적으로 중국을 통치할 것이니 조기에 승인하는 게 낫다는 생각이었다. "마오쩌둥이 장제스와의 내전에서 최종적으로 승리했다. 중국 인민의 지지를 받아서 승리한 마오쩌둥은 이제 중국 대륙을 오랫동안 통치할 것이다"라고 판단한 것이다.

둘째, 추후 중국은 유엔 활동에 장애물이 될 것이며, 그때 승인하기는 어려울 것이니 조기에 하는 게 좋겠다고 보았다. "새로운 국가를 창설한 지금이 승인의 적기이다, 나중에 승인하려면 여러 복잡한 문제가 얽히게 될 수 있다. 그러니 바로 승인하는 게 상책이다." 이렇게 판단한 것이다. 대국 중국이 세워졌지만 유엔 회원국은 아닌 상태였다. 장제스의 타이완이 회원국이었기 때문이다. 그렇다면 중국은 유엔이 원활하게 운영되는 데 매우 큰 장애물이 될 수 있었다. 그런 상황에서 중국을 승인하겠다고 나서기는 어려울 수 있었다. 그런 상황을 스티커는 예견한 것이다.

셋째, 소련과의 관계를 고려하면 중국에 관여 정책engagement policy(어떤 국가와 관계를 증진해 그 나라의 관심과 정책을 바꾸어주는 정책)을 추진하는 것이 바람직하다는 생각이었다. 서방이 중국에 봉쇄정책(어떤 나라를 봉쇄해 붕괴시키거나 정책을 변경시키려는 정책)을 실시하면, 중국은 소련 쪽으로 더 가게 된다는 인식이었다. 반면에 관여 정책을 실시하면, 소련과 거리를 두면서 서방과도 협력할 수 있는 국가가 되는 셈이었다. 중국을 당시 소련으로부터 일정한 독립성을 유지하고 있던 유고슬라비아와 같은 국가로 만드는 것이 중요하다는 판단이었다.

스티커는 이렇게 당시 중국의 내부 상황, 중국과 소련의 관계, 유엔의 미래 등에 명쾌한 인식을 갖고 있었다. 이런 논리로 다른 각료들을 설득해 중국을 공식적으로 승인하게 된 것이다.

한국전쟁에
형식적 참전

1950년 6월 25일 한반도에서 전쟁이 일어났을 때도 네덜란드는 고민해야 했다. 소련과 중국의 협조 아래 북한이 전쟁을 일으킨 것이지만, 지구 반대편에 있는 작은 나라 네덜란드에까지 곧바로 영향을 미친 것이다. 이는 물론 미국이 바로 참전을 결정했기 때문이다. 미국은 제2차 세계대전 직후 시작된 동서 냉전에서 자유주의 세계의 리더 역할을 맡고 있었다. 대한민국이 사회주의 세력에 침공을 당했는데 가만히 있을 수 있는 상황이 아니었다. 만약 대한민국을 자유주의 세계의 일원으로 지켜내지 못한다면 타이완과 동남아시아에서 사회주의 세력이 도미노처럼 확산될 수도 있었다. 이런 인식으로 미국은 즉각 참전을 결정했다.

미국의 이러한 결정은 서방 세계에 바로 영향을 미쳤다. 미국이 전쟁에 동참하라고 요청한 것이다. 물론 네덜란드도 그런 요청을 받았다. 유엔이 전면에 나서고 있었지만, 미국 정부도 직접 참전을 촉구했다. 네덜란드는 먼저 해군 파병을 요청받았다. 네덜란드가 전통적인 해양 국가인 데다가 미국 입장에서는 중국의 타이완 침공에 대비해 대만해협의 방어를 위한 해군 병력이 필요한 상황이었다.

네덜란드 정부도 구축함 파견을 진지하게 고민했다. 미국의 요구가 강한 데다 네덜란드 스스로도 유엔 회원국으로서 일정한 의무는 수행해야 한다고 인식하고 있었다. 각료회의에서 논의도 하고, 여론의 추이도 관찰했다. 한동안 고민 끝에 네덜란드는 해군을 파병하지 않기로 결정했다. 이유는 중국과의 관계였다. 대만해협에 해군을 파견하면 중국을 자극할 수 있었고, 네덜란드와 중국의 관계를 급격히 악화시킬 수 있었다. 미국의 반대에도 중국을 승인함으로써 중국과의 관계를 관리해온 네덜란드 입장에서는 피하고 싶은 상황이 아닐 수 없었다. 그래서 미국의 해군 파병 요청을 거절한 것이다.

미국은 서방의 국가들이 되도록 많은 병력을 보내주기를 바랐다. 전력을 강화하기 위해서도, 전쟁의 정당성을 강화하는 차원에서도 많은 서방 국가의 파병이 꼭 필요했다. 미국은 네덜란드에 해군이 안 된다면, 육군이나 해병대의 전투 병력을 파견해달라고 요청했다. 다시 네덜란드는 고민에 빠졌다. 미국의 요구에 불응하면 미국과의 관계가 소원해질 수 있었다. 하지만 고민 끝에 그것도 거부했다. 군 병력이 부족했기 때문이다. 네덜란드는 육군이나 해병대 병력이 원래 적은 데다 상당한 규모가 인도네시아에서 아직 돌아오지 않은 상태였다. 그런 어려운 상황을 들어 전투병 파견도 거부한 것이다.

그렇다고 해서 파병을 마냥 거부만 하고 있을 상황은 아니었다. 미국과의 관계, 유엔에서의 입지, 다른 서방국가들과의 형평 등을 네덜란드는 고려하지 않을 수 없었다. 그래서 내린 결론이 정치적으로 십분 지원하되, 군사적 지원은 형식적상징적 수준만 한다는 것이었다. 상징적인 지원 방법은 소규모 의용군을 모집해 파견하는 것이었다. 실제로 2개 중대 규모의 의용군을 모집해 파견했다. 미국의 요구인 참전을 수용하면서 중국과의 관계나 국내 여론까지 고려한 계책이었다.

베트남전쟁
참전 요구 거절

1953년 7월 한국전쟁은 정전조약으로 휴전에 들어갔다. 하지만 인도차이나는 여전히 전쟁 중이었다. 제2차 세계대전 후 일본이 물러나자 다시 베트남을 차지하려 했던 프랑스에 베트남인들이 저항하며 전쟁은 계속되었다. 1954년 제네바 정치회담에서 호찌민이 지도하는 북쪽의 사회주의 세력과 프랑스가 지원하는 남쪽의 자유주의 세력을 분단시키는 합의가 이루어졌다. 남북 베트남을 통일시키는 통일선거도 합의 내용에 들어 있었지만, 통일선거는 이루어지지 않았다.

호찌민 세력의 승리가 뻔히 예상되는 선거를 거부한 것은 미국이었다. 인도차이나의 공산화를 우려한 미국이 프랑스를 대신해 남베트남 보호에 나섰고, 미국은 남북 베트남 총선거 대신 남베트남의 친미 정권화를 추진했다. 그러면서 남북 베트남의 갈등은 심화되었고, 1964년에는 양측의 전쟁이 본격화되었다. 미국의 군사적 개입도 노골화되어 1965년 3월 해병대 파병을 시작으로 대규모 군을 파견했다. 전쟁은 이제 북베트남과 미국의 전쟁이 되었다.

이렇게 되자 미국은 우방국들에 참전을 독려했다. 한국도 그 대상이었다. 박정희 정권은 미국의 군사적·경제적 지원을 약속받고 대규모 군을 파병했다. 1964년 9월 의무 요원과 태권도 교관 140명 파견을 시작으로 1965년 3월에는 비둘기부대가 파병되었고, 10월에는 수도사단과 해병대도 베트남으로 향했다. 파병 규모는 점점 확대되었고, 1973년 3월 철군할 때까지 8년 5개월 동안 총 32만여 명이 파병되었다.

네덜란드도 미국으로부터 참전 요청을 받았다. 미국의 요구는 네덜란드에는 역시 고민거리가 아닐 수 없었다. 내부적으로 논의가 여러 차원에서 이루어졌다. 실리를 위해서는 참전해야 한다, 불필요하게 미국의 전쟁에 개입할 필요 없다, 등등 다양한 의견이 제시됐다.

그런데 많은 시민은 베트남전에 반대했다. 반전 시위도 전개했다. 많을 때는 1만 5000명이 모여 시위를 벌이기도 했다. 시위대는 "살인자 존슨(당시 미국 대통령)"이라는 구호까지 외쳤다. 당국에 이 구호가 저지당하자 "방앗간 주인 존슨"이라는 구호로 바꿔 외치기도 했다. 살인자는 네덜란드어로 'moordenaar'인데, 이걸 못 쓰게 하니 비슷한 발음의 'molenaar'를 쓴 것이다. 'molenaar'는 영어의 'miller(방앗간 주인)'에 해당하는 단어이다. 시민들뿐만 아니라 네덜란드 의회도 베트남전에 반대하고 있었다.

이러한 여론을 바탕으로 네덜란드는 한국전쟁 때와 비슷한 결정을 내렸다. '미국의 베트남 전략에는 찬성, 하지만 파병은 거부'였다. 한국전쟁 당시와 비슷하지만 달랐다. 좀 더 강경해졌다. 파병을 아예 하지 않는다는 것이었으니까.

네덜란드가 참전을 거부한 데에는 역시 나름의 이유가 있었다. 먼저 1949년 인도네시아 식민지 처리 과정에서 보인 미국의 비협조였다. 네덜란드는 식민지를 보유하려 했지만 미국이 독립시켜야 한다고 주장하는 바람에 물러서야 했다. 그 인도네시아 인근에서 발생한 전쟁에 미국이 참전을 요구하니 네덜란드는 과거의 일을 상기하지 않을 수 없었다. '그때는 우리 요구에 콧방귀도 안 뀌더니 이제는 바로 위에서 일어난 전쟁에 우리 군대를 보내달라고?' 이런 인식이었다. 네덜란드인은 이렇게 뒤끝이 있는 민족이다. 오기 있고 결기도 있고 뒤끝도 있으니 나름의 주장을 하는 것이다.

뉴기니섬 처리 문제도 영향을 미쳤다. 호주 바로 북쪽에 위치한 뉴기니섬은 세계에서 그린란드 다음으로 큰 섬이다. 동부는 제2차 세계대전 중 호주로 편입되었고, 서부는 인도네시아 독립 이후에도 네덜란드가 지배하고 있었다. 1960년대 들어 네덜란드는 서부 뉴기니를 독립시키려 했다. 인도네시아는 이에 반대하며 자신들의 영토로 편입하려 했다.

네덜란드와 인도네시아가 대립하자 미국이 개입했다. 사회주의자 아흐메드 수카르노Achmed Sukarno가 집권하고 있던 인도네시아가 비동맹 중립 외교를 지향하던 때여서 미국은 인도네시아에 대한 영향력 확대가 필요한 상황이었다. 그러지 않으면 인도네시아가 소련과 가까워질 수 있었다. 그래서 미국은 인도네시아의 손을 들어줬다. 서부 뉴기니가 인도네시아 영토로 편입되도록 중재한 것이다.

미국의 이런 결정에 네덜란드는 뒤끝을 깨끗이 지우지 않고 있었다. '인도네시아 식민지 유지와 뉴기니 독립 문제를 처리하면서 자신들의 국익만 챙겨놓고는 이제 와서 도와달라고?' 미국에 대해 이런 생각을 버리지 않고 있었던 것이다.

이라크전쟁
참전도 거부

1991년 이라크와 쿠웨이트 사이에 걸프전이 발발했을 때 네덜란드는 전함을 파견했다. 이라크가 쿠웨이트를 일방적으로 침공한 전쟁인 만큼 쿠웨이트를 돕는 것이 명분 있는 행위라고 판단한 것이다. 물론 미국과의 관계도 고려되었다. 미국이 파병을 요청했고, 이를 들어주는 것이 미국과의 관계를 원만하게 관리하는 것이라고 생각했다. 더욱이 당시는 소련이 기울어가고, 미국이 세계 유일 초강대국이 되어가고 있던 때였다. 당시 외교장관 한스 반 덴 브룩Hans van den Broek은 특히 친미 성향이 강한 인물로, 유일 초강대국 미국이 국제 질서를 주도해야 안정을 이룰 수 있다고 여겼다. 그래서 어렵지 않게 걸프전에 참전한 것이다.

2001년 9월 11일 이슬람 테러 단체 알카에다가 미국 항공기를 납치하고 뉴욕의 세계무역센터를 공격하는 911 사태가 발생했다. 미국은 곧바로 테러와의 전쟁을 선언하고, 10월 7일 아프가니스탄을 공격했다. 2003년 3월 20일에는 이라크를 공격했다. 이라크

전쟁을 일으킨 것이다. 미국의 공격 이유는 두 가지였다. 하나는 이라크가 911 사태를 일으킨 알카에다를 지원하고 있다는 것이었다. 다른 하나는 이라크가 대량살상무기WMD를 생산하고 있다는 것이었다.

네덜란드는 이라크전쟁 시작 전부터 이미 미국의 전쟁 전략을 지지했다. 정치적 지지였다. 하지만 미국은 정치적 지지로 만족하지 못했다. 군사적 지원을 요청했다. 작은 나라 네덜란드는 다시 고심할 수밖에 없었다.

독일과 프랑스, 벨기에, 러시아, 중국은 미국의 이라크전쟁에 반대하고 있었다. 미국이 내세우는 두 가지 공격 이유가 불분명하다는 것이 반대의 근거였다. 실제로 이라크가 알카에다와 연계되어 있다는 구체적인 증거는 없었다. 대량살상무기를 만들고 있는지도 확실치 않았다. 미국이 유엔에 제시한 사진 등 자료는 의심 지역일 뿐 그곳에서 실제로 대량살상무기가 만들어지고 있다는 실재적인 증거는 없었다. 이러니 주요 국가들이 전쟁에 반대한 것이다.

특히 독일은 네덜란드의 가장 큰 교역국이었다. 국경을 접하고 있는 만큼 독일과의 우호 관계 유지는 네덜란드 국익에 중요한 부분이었다. 벨기에는 언어와 문화의 동질성을 바탕으로 대외 정책에서도 대체로 공동보조를 취해온 나라였다. 러시아는 당시 경제개발에 속도를 내려 하고 있었는데, 네덜란드는 여기에 적극 참여해 경제적인 이익을 확보하겠다는 계획을 가지고 있었다. 이렇게 이해관계가 얽힌 나라들이 전쟁에 반대하고 있었으니 네덜란드의 고뇌는 깊을 수밖에 없었다.

네덜란드의 곤란한 입장과 고심을 파악한 미국은 상징적인 규모의 병력 파견을 요청했다. 한국전쟁 때와 같은 정도의 군사적 지원을 요구한 것이다. 세계의 주요 국가들이 전쟁에 반대하는 상황에서 유럽의 국가들이 군 병력을 파견해준다면 미국의 전쟁 정당성 확보에 큰 도움이 된다. 전쟁은 군사력 투쟁인 동시에 명분 투쟁임을 잘 아는 미국의 요구는 절실한 것이었다.

미국이 이라크를 공격하기 이틀 전인 2003년 3월 18일 네덜란드는 내각회의를 열었다. 갑론을박이 이어졌다. 미국의 요구는 거세고, 미국의 이라크 공격을 반대하는 국가 또한 많으니 당연했다. 심도 깊은 논의 끝에 미국의 이라크 공격에 정치적 지지는 하되 군사적 지원은 하지 않는다는 결정을 내렸다. 다만 미국이 전쟁 물자 수송을 위해 네덜란드 영토와 영공을 통과할 필요가 있을 때는 이를 허용해주기로 했다. 미국 입장에서는 인색하기 짝이 없는 결정이었다.

네덜란드가 당시 그런 결정을 내린 데에는 크게 세 가지 이유가 있었다.

첫째는 앞에서 잠깐 얘기한 대로 자국과 밀접한 관련을 맺고 있는 주요 국가들이 전쟁에 반대하고 있었다. 미국이 전쟁의 명분을 충분히 확보하고, 유엔 안전보장이사회 상임이사국(미국, 영국, 프랑스, 러시아, 중국), 그리고 독일과 프랑스의 지지 정도만 얻었어도 네덜란드가 군사적 지원 반대 결정을 하기는 어려웠을 것이다. 하지만 미국의 이라크 공격에 대한 정당성은 그에 훨씬 미치지 못했다. 유엔 안보리 상임이사국 중에는 미국 자신과 영국만 참전했다. 그 외 선진국 중에는 일본이 지지하고 있는 정도였다.

둘째는 진보적 정당들의 강한 반대였다. 의원내각제이면서 다당제 국가인 네덜란드에는 정당이 아주 많다. 그 가운데 주요 세력으로 꼽히는 정당은 보수 성향의 자유민주국민당VVD, 온건 보수인 기독민주당CDA, 중도 좌파인 노동당PvdA, 좌파 성향의 민주66D66 등 네 개였다.

우파인 자유민주국민당과 기독민주당은 이라크전쟁을 지지했다. 반면에 진보 세력인 노동당과 민주66은 반대했다. 두 진보 정당은 이라크전을 명분 없는 전쟁으로 규정하고, 국내외 많은 단체와 함께 반전 주장을 강하게 전개하고 있었다. 이러한 국내 정세는 당시 집권 여당이던 기독민주당과 정부가 이라크전에 직접적으로 군대를 파견하는 결정을 하기 어렵게 만들었다.

셋째는 이라크전을 반대하는 국내 여론이었다. 당시 네덜란드 국민의 여론은 전쟁에 반대하는 쪽이었다. 2002년 12월 26일 네덜란드 민영방송 RTL이 실시한 여론조사에 따르면, 이라크에 대한 미국의 주장을 신뢰하지 못한다는 의견이 75퍼센트에 달했다. 이라크 공격은 유엔의 결정에 근거해야 한다는 의견은 56퍼센트였다. 유엔의 승인이 있더라도 공격하면 안 된다는 의견도 27퍼센트나 되었다.

2003년 2월 13일 같은 방송사가 실시한 여론조사로는 유엔의 승인이 없는 이라크 공격에 반대한다는 의견이 75퍼센트였다. 당시 네덜란드 국민이 어느 정도로 이라크 전쟁에 반대하고 있었는지를 단적으로 보여주는 수치이다. 물론 대외 정책을 결정하는 데 여론이 절대적 영향을 미치는 것도 곤란하다. 외교안보 정책은 비밀스럽게 진행해야 하는 부분도 있고, 일반 시민들이 관심이 적은 분야이기도 하기 때문이다.

하지만 정책의 실효성과 지속성은 여론의 힘을 받지 않고는 기대하기 어렵다. 특히 다른 나라와 전쟁하는 것은 징병, 세금 증가 등을 통해 국민들에게 직접 부담을 주기 때문에 국민의 지지가 더욱 필요하다. 당시 네덜란드의 여론은 반대쪽이 압도적이었으니 정부도 여론과 타협하지 않을 수 없었다. 그래서 나온 결정이 정치적 지지, 군사적 참전 반대였다.

유연한 자주 외교

이제 네덜란드 외교의 특성을 정리해보자.

첫째는 중립주의 전통의 유지이다. 독립 직후 표방했던 중립주의가 역사의 진행 과정에서 일정한 부침을 겪기는 했다. 하지만 네덜란드 외교의 근저에는 중립주의가 존재한다고 할 수 있다. 강대국 중심의 세계정치 와중에서도 일방적으로 끌려가기보다는 상황을 면밀히 분석하고 스스로의 방향성을 정해 나가는 모습을 여전히 갖고 있다고 하겠다.

둘째는 국익 중심주의이다. 중립의 전통 속에서도 국익에 따라 때로는 강대국과 협력하는 모습을 보여왔다. 제2차 세계대전 직후 나토 창설에 적극적인 역할을 하고 친미 성향의 외교를 전개한 것은 안보와 경제 측면에서 국가 이익을 최대화하려는 모습이었다.

셋째는 능동 외교이다. 불리한 국제환경에 맞닥뜨리더라도 나름의 전략을 세워 능동적으로 대처하는 모습이 네덜란드 외교의 특징이다. 러시아제국이 붕괴하고 사회주의 국가 소련이 출범했을 때도 교역을 위한 원만한 관계를 형성했고, 1942년에는 소련과 수교를 했다. 많은 자유주의 국가가 중화인민공화국(중국)에 대한 승인을 꺼리고 있을 때, 네덜란드는 이를 조기에 승인해 중국과도 둥글둥글한 관계를 형성했다.

그런가 하면 1949년 8월 소련이 핵실험에 성공하고 동서 양진영 사이에 군사적 긴장이 고조되자, 독일의 재무장에 적극 찬성하기도 했다. 독일의 재무장 문제는 유럽의 평화를 위해 매우 민감한 문제였음에도, 사회주의 세력의 확장으로부터 유럽을 보호하는 것이 우선이라고 판단했다. 작은 나라라고 해서 강대국의 결정을 보고만 있기보다 주요 사안에 목소리를 내고, 때로는 적극 나서기도 하는 능동 외교의 모습이 네덜란드 외교의 주요 특성으로 자리 잡고 있는 것이다.

이러한 특성들을 종합해서 네덜란드 외교를 한마디로 표현한다면, '유연한 자주 외교'라고 말할 수 있겠다. 중립을 통해 자주성과 국가 자율성, 자존심을 지켜 나가면서도 고집과 아집, 그리고 고립은 피해 가는 외교이다. 또 필요할 때는 강대국의 전략에 적극 협조하면서 실익을 확보하는 부드러운 모습도 동시에 갖추고 있는 외교이다.

배짱 두둑한 결기 외교

Chapter 9

영국을 세 번 굴복시킨 미니 국가, 아이슬란드

아이슬란드 위치

© google.co.kr

인구 36만 명의
미니 국가

아이슬란드 하면 오로라를 가장 먼저 떠올리는 사람이 많을 것 같다. 그도 그럴 것이 1년이면 아이슬란드로 몰려가는 세계 관광객이 200만 명 정도인데, 이 중 많은 사람이 북극의 오로라를 보러 가는 것이란다. 우리나라에서도 꽤 많은 사람이 오로라를 보러 아이슬란드까지 간다.

너무 멀리 떨어져 있고, 같은 점이라고는 발견하기 어려울 것 같은 아이슬란드가 우리와 같은 점이 하나 있다. 삭힌 홍어를 먹는다는 것이다. 세계에서 삭힌 홍어를 먹는 나라는 딱 셋이다. 우리와 아이슬란드, 노르웨이다. 노르웨이에서는 일부 지방만 먹는다. 이와 달리 아이슬란드에서는 전국적으로 먹는다. 하지만 1년에 딱 하루만 먹는다. 크리스마스 전전날인 12월 23일이다. 먹는 방법도 좀 다르다. 한 달 정도 삭힌 홍어의 껍질을 벗긴 후 버터를 넉넉히 두른 다음 천천히 구워서 먹는다.

　그건 그렇고 아이슬란드는 작은 나라이지만 유명한 게 오로라만 있는 게 아니다. 내세울 만한 게 한두 가지가 아니다. 아이슬란드는 유럽의 소국 중에 소국이다. 2024년 미 중앙정보국CIA 자료에 따르면, 인구가 36만 4000여 명에 불과하다. 국토 면적은 남한보다 조금 넓은데, 인구는 10분의 1도 안 되는 것이다. 국민소득은 높다. 1인당 국내총생산(GDP)가 6만 6500달러에 이른다.

국민의 행복도도 높다. 행복도를 조사하는 여러 기관에서 매년 아이슬란드를 최상위에 올려놓는데, 유엔 산하 지속가능해법네트워크SDSN가 대표적이다. SDSN은 '2024년 세계 행복 지수' 평가에서 핀란드를 1위, 덴마크를 2위, 아이슬란드를 3위로 발표했다. 1인당 GDP뿐만 아니라 건강한 기대 수명, 사회적 연대, 부패로부터의 자유, 일과 삶의 균형, 환경, 안전, 교육 등을 종합적으로 고려해 평가한 결과 이들 나라의 국민 행복도가 가장 높다고 평가한 것이다.

그렇다고 해서 아이슬란드가 세계에서 가장 돈이 많거나 세금이 가장 적은 나라는 아니다. 북유럽 대부분의 나라처럼 세금은 많이 낸다. 하지만 국가가 국민의 생활과 치안을 책임져주고 있다. 우선 교육과 의료가 공짜다. 사회적 불안 요소가 적고 범죄율이 낮다. 또 노동의 가치가 충분히 존중된다. 연평균 노동시간도 경제협력개발기구(OECD) 국가 중 일곱 번째로 짧다. 게다가 자연환경이 풍요롭다. 오염되지 않은 환경에 풍광이 아름다운 곳이 많다. 이러한 행복 요소들 덕분에 아이슬란드는 매년 행복도 조사에서 스위스, 핀란드, 덴마크 등과 함께 최상위에 랭크되고 있다.

특히 아이슬란드의 수도 레이캬비크는 세계에서 가장 평온한 도시로 잘 알려져 있다. 여행보험사인 머니슈퍼마켓이 '도시 평온

온천 워터파크에서 휴일을 즐기는 아이슬란드 사람들.

지수Serene City Index'를 조사해 매년 발표하는데 대기오염, 빛공해 정도, 소음의 정도, 교통 혼잡도, 평균 일조시간, 주민 행복도, 주민 친절도 등을 종합적으로 평가한다. 2024년 조사 결과에 따르면, 레이캬비크가 세계에서 가장 평온한 도시였다.

이 조사에서 2위는 에스토니아의 수도 탈린, 3위는 노르웨이의 베르겐이었다. 4위는 오스트리아 빈, 5위는 스웨덴 스톡홀름이 차지했다. 일본 교토는 40위, 도쿄는 56위, 미국의 워싱턴 D.C.는 64위였고, 서울은 65위에 불과했다. 조사 대상 75개 도시 가운데 꼴찌는 미국 뉴욕이었고, 튀르키예의 이스탄불이 74위, 미국 로스앤젤레스는 73위, 프랑스 마르세유는 72위, 미국 필라델피아는 71위였다.

아이슬란드는 군대도 없다. 경찰과 해안경비대가 있을 뿐이다. 국방은 나토에 의존하고 있다. 일찌감치 나토가 만들어질 당시인

1949년 창립 멤버로 참여했다. 지금 나토는 32개국으로 확대됐는데, 나토 회원국 중 상비군이 없는 나라는 아이슬란드밖에 없다.

내세울 게 많은 아이슬란드라고 했는데, 그중 하나가 결기 넘치는 외교이다. 거친 바다에 연해 사는 사람들이어서인지 거칠 것이 없다. 늘 좌고우면하는 우리 정부를 보면서 생각나는 나라 중 하나이다. 외교 얘기를 본격적으로 시작하기 전에 먼저 아이슬란드의 역사를 간단히 살펴보자.

바이킹의 후예

아이슬란드인은 바이킹의 후예이다. 9세기 후반 노르웨이에서 건너간 바이킹족이 해변가를 따라 살기 시작했다. 바이킹족의 노예로 살던 켈트족들도 함께 건너가 레이캬비크를 중심으로 농장을 일구어 정착했다. 이주민들이 늘어나면서 부족 단위로 모여 경작지를 중심으로 생활했는데, 930년에는 부족장들이 모여 연방 국가를 수립하고 의회도 설립했다. 이때 설립된 아이슬란드 의회는 세계에서 가장 오래된 의회로 인정받고 있다.

13세기 초 부족장들 사이에 내전이 발생했다. 노르웨이의 통치를 받을 것인지를 놓고 내분이 일어난 것이다. 노르웨이의 통치를 받아야 한다는 쪽이 승리해 1262년부터는 노르웨이의 속국이 되었다. 1387년에는 덴마크 왕이 스웨덴과 노르웨이까지 통치하게 되는 바람에 덴마크의 지배를 받게 되었다. 1783~1785년에는 라카기가

르(라키라고도 한다) 화산이 폭발해 인구의 20퍼센트인 9000여 명이 사망하는 비극을 겪기도 했다.

덴마크의 통치가 오랜 기간 계속되면서 의회는 약화되었다. 1800년에는 의회가 폐지되었다. 하지만 이를 계기로 아이슬란드 민족운동이 활기를 띠어 의회 부활 운동을 펼쳤다. 결국 1843년 의회가 다시 설립되었다. 1911년에는 최초의 대학으로 아이슬란드대학이 설립되었고, 1915년에는 여성에게 참정권이 부여되었다.

1939년 제2차 세계대전이 시작되어 독일은 파죽지세로 유럽 국가들을 점령해 나갔다. 1940년 4월에는 덴마크와 노르웨이를 함락시켰다. 다음은 프랑스와 영국이었다. 당시 국제사회는 독일이 프랑스에서 도버해협을 건너 영국을 칠 것으로 보았다. 하지만 이는 너무 많은 사람들이 쉽게 예상할 수 있는 경로였다. 이에 독일은 다른 경로를 생각했다. 아이슬란드를 점령해 전략 기지로 삼은 뒤 바다 건너 영국 북부 해안을 기습하는 길이었다. 작전명까지 붙였다. '이카루스 작전'이었다.

이카루스는 그리스 신화에 나오는 인물이다. 뛰어난 발명가 다이달로스와 크레타섬의 왕 미노스의 여종 나우크라테 사이에서 태어난 인물이다. 미노스의 노여움을 산 다이달로스는 새의 깃털과 밀랍으로 날개를 만들어 붙여 아들 이카루스와 함께 공중으로 날아 탈출했다. 다이달로스는 이카루스에게 너무 높이 올라가지 말라고 경고했다. 하지만 신이 난 이카루스는 너무 높이 올라갔다. 그 바람에 태양열에 밀랍이 녹아 날개가 떨어져 죽었다. 이런 신화로 이카루스는 미지의 세계를 향한 인간의 동경을 상징하는 의미로 남았다.

늘 앞서가던 나라 영국을 점령하려는 꿈을 담아 독일은 영국 점령 작전명을 '이카루스'라고 지었을 것이다. 영국은 이카루스 작전을 미리 알아차렸다. 그래서 1940년 5월 아이슬란드를 먼저 점령해버렸다. 당시에도 아이슬란드는 군대가 없었다. 경찰 60명과 예비군 300명이 전부였다. 제2차 세계대전이 막바지에 이르게 되자 아이슬란드인들은 덴마크가 돌아오기 전에 독립해야겠다고 결심하고, 1944년 6월 17일 독립을 선언했다.

아이슬란드는 제2차 세계대전 종전 후 미국의 마셜 계획에 참여해 경제적으로 성장하기 시작했다. 1946년 유엔에 가입했고, 1949년에는 나토 창립에도 참여했다. 1951년부터는 미군 2200명이 주둔하게 되었다. 아이슬란드 주둔 미군은 소련의 잠수함을 감시하기 위한 음향 감시 기지와 공군기지를 운영했다. 1958년부터는 영국과 대구 어업권역을 놓고 '대구 전쟁'을 벌여 1976년에야 최종적으로 승리했다.

1980년에는 비그디스 핀보가도티르Vigdis Finnbogadóttir가 세계 최초로 여성 대통령에 선출되었다. 1986년 10월에는 수도 레이캬비크에서 로널드 레이건 미국 대통령과 미하일 고르바초프 소련 서기장이 정상회담을 열어 세계사의 조류를 냉전에서 탈냉전으로 바꾸는 계기를 마련하기도 했다. 당시 회담은 핵무기 감축과 관련한 이견을 좁히지 못해 결렬되었다. 하지만 이 회담이 계기가 돼 이듬해에 냉전 종식의 시발점이 되는 중거리핵전력조약(INF)을 체결할 수 있었다. 2006년에는 미군이 철수했다. 대신 나토 공군기가 주기적으로 아이슬란드 영공을 순찰하고 있다.

2008년 세계 금융 위기 당시 아이슬란드 금융도 붕괴돼 큰 어려움을 겪었다. 이후 풍부한 지열과 수력 등 신재생에너지를 이용한 산업을 활성화시키고, 만년설과 화산, 온천, 오로라 등 천혜의 관광 자원을 활용한 관광산업을 성장시켜 높은 경제성장을 이루어냈다. 덕분에 지금은 경제적으로도 정치적으로도 안정된 강소국으로 자리 잡게 되었다.

1차 대구 전쟁 승리

이제 외교 얘기로 넘어가보자. 아이슬란드에서 가장 중요한 산업은 어업이다. 그중에서도 대구 잡이가 핵심이다. 대구는 단백질이 풍부한 데다 지방이 거의 없어 말려서 보관하기가 쉬워 유럽인들도 오래 전부터 즐겨온 생선이다. 아이슬란드 인근 해역에서 잡히는 대구는 크기도 커 아이슬란드인들의 중요한 수입원이 되어왔다. 그런데 영국인들의 대구 사랑도 만만치 않다. 영국의 국민 메뉴라고 할 만한 피시앤칩스가 바로 대구튀김과 감자튀김으로 구성되어 있다. 그러니 영국인들에게도 대구 잡이는 양보하기 어려운 부분이었다.

아이슬란드는 제2차 세계대전이 끝나면서 4해리(약 7.4킬로미터)를 영해로 선언하고, 이를 중심으로 대구를 잡았다. 그런데 영국의 어선들이 아이슬란드 영해를 침범해 조업하는 일이 잦았다. 서독과 덴마크, 노르웨이, 네덜란드 어선들도 그랬다. 그래서 1958년에는 영해를 12해리(약 22.2킬로미터)로 정하고 외국 어선들의 조업을 금지한다고 선언했다. 해상 경계도 강화했다.

　서독, 덴마크, 노르웨이, 네덜란드 어선들은 충돌을 피해 돌아갔다. 하지만 영국은 강하게 나왔다. 구축함과 호위함을 53척씩이나 보내 영국 어선 보호에 나섰다. 아이슬란드는 해안경비대 정찰함 6척, 병력 100명이 전부였다. 영국 어선들은 아이슬란드 해안경비대를 무서워하지 않았다. 정선 명령에 불응했다. 그러자 아이슬란드 정찰함이 기관포를 발사했다. '대구 분쟁'은 이제 '대구 전쟁'이 되었다. 포성을 듣고 영국 군함들이 한꺼번에 달려들었다. 아이슬란드 정찰함들을 모두 격침시킬 기세였다. 아이슬란드는 뒷걸음질 치지 않을 수 없었다.

　결국 양국 정부는 이 문제를 국제사법재판소(ICJ)에 회부했다. 결과는 아이슬란드의 승리였다. 아이슬란드의 12해리 수역을 보장해주어야 한다는 것이었다. 물리적 충돌 직전까지 갔지만 겨우 피하고, 유엔 사법기관의 판결 덕분에 3년 동안 계속돼온 문제를 해결한 것이다. ICJ는 아이슬란드의 손을 들어주면서도 "아이슬란드는 더 이상 영해를 확장하지 말라"는 조건을 붙였는데, 영국은 이를 위안 삼아 판결을 수용했다.

미국 끌어들여
2차 대구 전쟁도 승리

대구 전쟁은 1961년 일단락된 듯했지만 그렇지가 않았다. 먹고사는 문제인 만큼 일도양단 식으로 해결되지 않았다. 영국의 어선들이 여전히 아이슬란드 영해에 들어가 조업을 했다. 서독, 프랑스, 벨기에 어선들까지 들어오곤 했다. 아이슬란드는 다시 강경책을 들고 나왔다. 1972년 9월 외국의 어업 금지선을 50해리(약 93.6킬로미터)로 확대한 것이다. 영국 정부가 나서 자국 어선의 어획량을 조절하겠다고 밝혔지만, 아이슬란드는 50해리를 고수했다. 이에 영국도 자국의 국민경제를 위협하고 있다면서 물러서지 않을 것임을 거듭 공언했다.

그러는 사이에도 영국과 서독, 프랑스, 벨기에 어선들의 아이슬란드 영해 침범은 계속되었다. 아이슬란드는 개별 협상에 나섰다. 프랑스, 벨기에와는 쉽게 협상이 되었다. 하지만 영국과 서독은 계속 강하게 나왔다. 이에 아이슬란드는 더 세게 나갔다. 갈고리와 커터로 트롤 어선의 그물을 끊어버렸다.

강대강으로 맞서던 양측은 다시 국제사법재판소로 갔다. 결과는 아이슬란드의 패소나 다름없었다. 국제사법재판소가 각국의 어획량을 할당해준 것이다. 결국 아이슬란드 외에 다른 나라도 50해리 안쪽에서 조업할 수 있는 권한이 있다는 얘기이니 아이슬란드가 사실상 패소한 것이었다.

아이슬란드는 판결에 승복하지 않았다. 50해리 안쪽의 정찰과 단속을 계속했다. 무력행사도 감행했다. 정찰함이 어선들을 들이받은 것이다. 영국도 질세라 함대를 급파해 아이슬란드 정찰함을 공격했다. 아이슬란드 정찰함은 실탄사격으로 맞섰다. 영국은 해군 최강 군함인 로열네이비호까지 동원했다. 곧 아이슬란드 정찰함을 포격

할 태세였다.

이 절체절명의 순간에 아이슬란드는 외교를 전개한다. 상황이 급박한 만큼 강경 외교였다. 로열네이비호가 아이슬란드 선박을 공격하면 바로 나토를 탈퇴하겠다고 선언한 것이다. 영국과 단교를 단행하겠다고도 했다. 영국과의 단교보다는 나토 탈퇴에 크게 방점이 찍혀 있었다.

당시는 냉전이 한창 고조되어 있는 상황이었다. 소련의 잠수함이 미국에 접근해 핵미사일을 발사하려면 대서양을 건너야 했다. 그러기 위해서는 그린란드Greenland-아이슬란드Iceland-영국United Kingdom을 잇는 GIUK 갭Gap을 점령해야 했다. 여기를 확보하면 미국에서 유럽으로 가는 병력과 물자도 막을 수 있었다. 미국은 나토를 통해 여기를 확보하고 있었다. 그린란드는 나토 회원국인 덴마크의 자치령이고, 아이슬란드와 영국도 나토 회원국이다.

그런데 아이슬란드가 나토에서 탈퇴하면 얘기는 완전히 달라진다. 미국은 GIUK 갭을 잃을 뿐 아니라 소련 잠수함의 활동을 막기 어렵게 된다. 아이슬란드의 나토 탈퇴 위협은 이를 모두 고려한 외교 전략이었다. 미국이 나서라는 얘기였다. '우리가 나토에서 나오면 미국 너희들이 위험해. 그러니 너희들이 나서서 영국을 설득해 봐.' 이런 메시지였다.

실제로 미국이 나섰다. GIUK 갭의 중요성을 누구보다 잘 아는 미국이었다. 이를 상실하는 순간 대서양을 두고 벌이던 소련과의 경쟁에서 크게 밀리고 되고, 유럽에 대한 영향력은 그만큼 떨어지는 것이었다. 미국은 영국을 설득하지 않을 수 없었다. 아이슬란드의 얘기를 들어주라고 강하게 요구했다. 미국과의 철저한 동맹 속에서 경제와 안보 정책을 추진해 나가는 영국은 이를 내칠 수 없었다. 결국은 미국의 요구를 받아들였다. 서독도 마찬가지였다. 그 얘기는 곧 아이슬란드의 주장을 수용한다는 것이었다.

그렇게 해서 아이슬란드의 50해리 주장이 관철되고 2차 대구 전쟁은 마무리되었다. 미국을 끌어들이는 아이슬란드 외교 전략의 승리였다. 양국 어민들의 생존권과 관련된 예민한 사안인 만큼 영국과 일대일로 붙어서는 이기기 어렵겠다고 판단한 아이슬란드는 당시 동서 냉전의 국제정세, 미국과 소련의 대서양 전략 등을 종합적으로 고려해 미국을 끌어들였다. 나토 체제를 흔들어대는 방식이었다. 나토의 리더 미국은 아이슬란드의 의도를 잘 알면서도 끌려가지 않을 수 없었다. 초강대국 미국을 끌고 가는 모습은 미니 국가 아이슬란드의 강대국 못지않은 외교력을 여실히 확신시켜 주었다.

"소련 무기로
무장하겠다"

두 차례나 전쟁을 겪었음에도 대구 전쟁은 여전히 불씨가 살아 있었다. 해양자원의 중요성이 점점 높아지면서 바다도 영토의 중요한 부분이 되었다. 국가 입장에서 바다를 양보하는 것은 영토를 양보하고 주권 침해를 용납하는 것과 같다. 그런 만큼 아이슬란드와 영국의 대구 전쟁은 계속 수면 아래에서 꿈틀거리고 있었다.

게다가 1970년대 들어 세계정세는 요동을 치고 있었다. 아시아와 아프리카, 남미의 국가들은 강대국 중심의 세계정치에 반기를 들고 연대를 통해 제 목소리를 내고 있었다. 그 내용 중 하나가 200해리(약 370.4킬로미터) '배타적 경제수역'이었다. 힘없고 작은 나라들도 인근 바다를 충분히 이용할 권한이 있다는 주장이었다. 자본이 부족하고 기술이 없으니 해양자원이라도 십분 활용해야 할 것 아니냐는 주장이기도 했다.

아이슬란드도 여기에 가세했다. 1973년에는 이스라엘-이집트 전쟁으로 세계가 오일쇼크의 충격에 빠졌다. 작은 나라 아이슬란드가 받은 충격의 정도는 훨씬 심했다. 당시만 해도 아이슬란드는 에너지의 대부분을 석유에 의존하고 있었다. 이러한 요소들이 배경이 돼 아이슬란드는 1975년 7월 자국의 조업 구역을 200해리로 늘리겠다고 선언했다.

물론 영국은 격렬하게 반대했다. 다시 군함을 파견했다. 서독은 자국의 대구 어획량을 연 6만 톤으로 제한하겠다고 제안해 아이슬란드와 합의를 이루었다. 하지만 영국은 쉽게 물러설 입장이 못 됐다. 1, 2차 대구 전쟁에서 졌고, 세 번째 대구 전쟁을 맞게 된 상황에서 섣부른 양보는 국민적 반발을 불러올 수 있었다. 그러니 강경하게 나갈 수밖에 없었다. 아이슬란드도 강경하긴 마찬가지였다. 영국 군함에 발포까지 하면서 강력 대응했다.

강경 대치 이면에서는 협상이 시작됐다. 런던, 레이캬비크, 파리를 오가며 밀고 당기기를 계속했다. 아이슬란드는 영국에 어획량 연 5만 톤을 제시했다. 영국 어선이 연간 잡을 수 있는 대구를 5만 톤으로 제한해 합의하자는 것이었다. 영국이 보기에는 너무 적었다. 영국은 8만 톤으로 역제의를 했다. 격차가 너무 컸다. 합의는 어려웠다.

아이슬란드는 이제 전면전도 불사하겠다는 자세로 덤볐다. 미국에 무기 판매를 요청했다. 무기를 사서 본격적으로 전쟁에 대비하겠다는 것이었다. 물론 미국은 거부했다. 그러자 아이슬란드는 기다렸다는 듯이 소련에 무기 판매를 요청했다. 호위함을 팔라는 것이었다. 소련의 호위함을 산다는 것은 소련의 무기 체계에 편입된다는 의미였고, 이는 '탈나토-친바르샤바조약기구'를 뜻했다. 미국 입장에서는 GIUK 갭의 상실, 대서양의 상실을 의미했다. 아이슬란드에 주둔하던 미군도 철수해야 함을 암시했다.

1976년에 이르러 아이슬란드와 영국은 교전까지 벌이게 되었다. 아이슬란드는 영국과 단교를 선언해버렸다. 다시 미국이 전면에 나설 수밖에 없었다. 미국 의회도 적극 나서 200해리 해양 수역을 인정하는 법률을 통과시켰다. 이렇게 되자 영국 내부에서도 분쟁을 원만히 해결해야 한다는 목소리가 높아졌다. 결국 영국은 미국과 나토의 중재안이면서 아이슬란드의 안인 '영국의 연간 어획량 5만 톤'을 수용하지 않을 수 없었다. 조업하는 어선 수도 제한하는 내용이었다. 역시 아이슬란드가 승리했다.

이를 계기로 배타적 경제수역EEZ이 200해리로 점차 굳어지게 되었다. 1982년에는 유엔해양법협약UNCLOS이 체결되는데, 여기서 EEZ는 '자국의 연안으로부터 200해리까지의 수역으로, 자원의 탐사개발보존, 해양환경 보존, 과학적 조사활동 등 주권적 권리가 인정되는 영역'으로 명기된다. 타국 어선이 EEZ 안에서 조업하기 위해서는 연안국의 허가를 받아야 한다는 규정도 협약에 포함되었다. 작은 나라 아이슬란드의 주장이 국제법이 된 것이다.

완전 비무장
평화 국가

아이슬란드에는 군대가 없다. 군대 없이도 평화롭고 안전하게 살 수 있음을 아이슬란드는 실천적으로 보여준다. 1951년부터 주둔하던 미군도 2006년 철수해 그야말로 완전한 비무장 국가가 되었다. 완전 비무장 상태로도 평화 국가를 잘 유지하고 있다. 냉전 시대 미국의 소련 견제 전략에 따라 핵무기도 많이 배치됐던 시절과 비교하면 격세지감이 아닐 수 없다.

'핵무기까지 있던 곳이 어떻게 완전 비무장으로 지내지? 그게 어떻게 가능하지?' 하는 의문도 생긴다. 답은 수준 높은 외교다. 1996년부터 2016년까지 20년 동안 아이슬란드 대통령을 지낸 올라뷔르 라그나르 그림손Ólafur Ragnar Grimsson이 내놓은 답이다. 군대도 없이 어떻게 평화로운 국가를 유지하고 있는지 묻는 질문에 그는 이렇게 답했다.

"전통적인 관념과는 반대로 군사적 요소 전혀 없이도 러시아, 미국, 캐나다, 북유럽 국가들, 중국, 인도, 프랑스, 독일 등과 폭넓은 국제관계를 맺고, 수준 높은 외교 활동을 통해 성공적인 국가를 유지하는 것이 가능합니다."

물론 지리적인 위치, 주변 국가들의 성격, 주변국 사이의 관계, 세계사의 조류 등이 평화 국가를 유지해주기도 한다. 지금의 아이슬란드는 그런 여러 가지 조건이 평화 유지에 긍정적으로 작용하고 있다고도 할 수 있다. 그럼에도 작디작은 미니 국가가 군대도 없이 평화 속에서 나름의 목소리를 내며, 유럽 정치에서 큰 나라들과 어깨를 나란히 하는 것은 스마트한 외교 덕분일 것이다. 영국과 대구 전쟁 당시에 보여준 결기 외교에 이제 수준 높은 스마트 외교까지 더해졌으니 외교 최강국이 되었다고 해야 할 것 같다.

아이슬란드가 국가를 나름의 스타일로, 그것도 스마트하게 운영하고 있음은 경제 부문에서도 잘 드러난다. 2008년 금융 위기에 따라 아이슬란드도 큰 고통을 겪었다. 외자를 빌려 급성장한 은행들이 파산해 경제가 급락하고 실업자가 급증했다. 이를 극복하는 정책이 급했다. 비슷한 문제에 직면한 많은 나라는 금리를 내리고 재정을 풀어 경기를 부양하려 했다.

아이슬란드는 정부가 경제 부문에 강력한 리더십을 행사하면서 문제를 해결해갔다. 문제가 있는 기업들은 구조 조정을 했고, 은행들은 국유화했다. 다른 나라와는 달리 복지 예산은 오히려 늘렸다. 실업 수당을 확대하고 의료 복지를 확장했으며 가계 부채를 탕감했다. 여기에 필요한 재원은 법인과 고소득층이 낸 세금으로 충당했다. 그 결과 소비가 살아나고 기업이 가동되면서 경제가 회복되어갔다. 다른 어떤 나라보다 빨리 위기를 극복했고 경제 운용의 독자성도 높였다.

1997년 외환 위기 당시에도 비슷한 나라가 있었다. 말레이시아다. 자국 통화가치가 갑자기 떨어지면서 달러가 빠져나가기 시작했다. 위기의식을 느낀 외국인들은 더욱 서둘러 말레이시아 통화를 팔고 달러를 사려 했다. 그럴수록 말레이시아 통화가치는 더 떨어졌다. 태국, 인도네시아, 필리핀, 타이완, 홍콩, 한국 등 아시아 대부분의 국가가 비슷한 상황이었다. IMF는 재정 긴축, 고금리, 금융과 기업의 외국인에 대한 개방, 인수 합병 규제 완화, 기업 경영의 투명성 강화, 노동시장의 유연화 등을 권고했다. 신자유주의를 전면 수용하라는 것이었다.

말레이시아의 마하티르 빈 모하마드Mahathir bin Mohamad 총리는 이를 거부했다. 외환 유출을 통제하고 외국에 있는 자국 통화를 회수했다. 자국 통화가치가 떨어지지 않도록 고정 환율제도 실시했다. 투기성 자본의 일시적인 시장 교란을 외환 위기의 원인으로 보고 IMF 권고보다는 자국 통화의 가치 급락, 그에 따른 달러의 급속한 이탈을 막는 데 중점을 둔 것이다. 적극적인 경기 부양책도 썼다. 인프라 확충에 재정을 투자한 것이다. 이를 통해 외환 위기를 극복했다.

말레이시아와 달리 우리는 IMF의 권고를 충실히 이행했다. 우리 역시 외환 위기를 극복했다. 하지만 후유증은 말레이시아와 많이 달랐다. 우리는 많은 기업의 파산, 실업자 급증, 엄청난 공적 자금의 투입, 외자의 과다 이익 확보 등 많은 부작용을 낳았고 그 여파는 오래오래 갔다.

수준 높은
외교의 바탕

아이슬란드가 이렇게 세 차례의 대구 전쟁에서 승리하고, 이후 완전 비무장 평화 국가를 유지할 수 있도록 해주는 외교력은 도대체 어디서 나온 것일까?

첫째는 기본적으로 아이슬란드는 동질적인 사회라는 데에서 그 근원을 찾을 수 있겠다. 36만 명의 인구가 대부분 아이슬란드인 이다. 민족적으로 동질적이다. 언어도 독자적인 언어 아이슬란드어를 쓴다. 같은 언어를 쓰기 때문에 민족 동질성이 매우 강하다. 그런 만큼 자긍심과 자존감이 높고 자신들의 것을 지키려는 욕구도 강하다. 이런 부분이 대외 관계에서 독립성과 독자성, 스스로를 지켜려는 전략적인 외교로 나타나고 있는 것이다.

둘째는 국제정세를 활용한 고도의 전략적 마인드라고 할 수 있다. 미국은 유럽 방위를 위해 나토가 반드시 필요로 한다. 냉전 당시에는 더욱 그랬다. 그런 상황을 아이슬란드가 제대로 파악하고 있었고, 그 상황에서 미국이 원하는 것, 미국이 싫어하는 것, 미국을 움직일 수 있는 카드를 아이슬란드는 잘 알고 있었다. 국익과 생존이 국제적인 흐름에 따라 좌우되는 소국일수록 이러한 능력은 꼭 필요하다.

미리 가치 판단을 하고 정세를 살피면 정확한 판단이 불가하다. 보고 싶은 대로 보기 때문이다. 한미 동맹이 무엇보다 중요하고, 우리에게 미국보다 더 중요한 나라는 없다는 인식을 갖고 접근하면 미국 추수주의, 한미 동맹 지상주의 외에 다른 길은 보이지 않는다. 하지만 가치를 개입시키지 않은 채 냉철한 자세로 세계를 보면 달리 보인다. 미국도 중요하지만 미래의 한국에 더 중요한 나라는 중국으로 보일 수 있다. 북한이 악마로만 보이는 게 아니라 교류와 협력, 대화의 대상으로 보일 수도 있다. 요컨대 차가운 머리로 정세를 제대로 파악하는 태도가 아이슬란드에게는 있는 것이다.

셋째는 자국의 전략 자산에 대한 정확한 평가이다. 냉전 당시 아이슬란드는 미국과 소련 사이의 전략적 요충지였다. 미국이 소련을 견제하기 위해서는 아이슬란드가 없어서는 안 됐고, 소련도 대서양으로 진출하기 위해서는 아이슬란드가 필요했다. 아이슬란드는 그런 지정학적 입지의 가치를 충분히 인식했다.

자원의 보고로, 주요 항로로 북극해의 가치가 높아지면서 북극해에 근접해 있는 아이슬란드의 전략적 가치는 여전이 높다. 아이슬란드는 이런 부분도 충분히 알고 있다. 군대가 없으면서도 나토에서 주요 역할을 하고, 세계의 강대국들과 활기 넘치는 외교를 전개하면서 평화 국가로서 존재감을 과시하는 것은 우선 자국의 가치를 정확하게 판단하는 것을 기초로 한다.

넷째는 과감한 실행력이다. 거친 바다와 싸우면서 살아온 민족적 전통은 거침없는 실행력으로 나타나고 있다. 자국의 전략적 가치를 인식하고 이를 활용하는 것은 또 다른 차원의 문제이다. 알고도 활용을 못하면 별 의미가 없다. 아이슬란드는 이를 알고 활용한다. '나토에서 탈퇴한다고 하면 미국이 싫어하겠지. 미국의 심기를 건드리면 장기적으로 불리하지 않을까.' 이런 것까지 걱정하지 않는다.

'내가 가진 것이 이 정도면 치고 나가도 돼. 선수를 치면 이후 주도 권은 우리에게 있어.' 이런 과감성이 있는 것이다.

부러울 따름이다. 미국이 기침을 하면 우리는 감기에 걸린다는 냉소적인 얘기가 생각나 부끄럽기도 하다. 우리는 미국과 중국 사이의 반도 국가로 자리 잡고 있다는 큰 전략적 자산을 가지고 있다. '미국 너희들 우리가 필요하지? 중국 포위하려면 군사기지 필요하잖아. 그러니 우리한테 잘해.' 이렇게 나갈 수 있다. 중국에도 얼마든지 할 얘기가 많다. '한미 동맹 신경 쓰이지? 우리하고 경제협력 더 하고 싶지? 북한 때문에 골치 아프지? 그러니까 우리 공동 협력 방안을 고민해보자.' 이렇게 나갈 수 있는 것이다.

그런데 지금 우리 외교는 완전히 반대다. 미국에는 연신 굽신 굽신, 그것도 모자라 일본의 마음까지 살핀다. 사과할 마음이 없는데 강요해서 사과하라고 하는 게 무슨 의미가 있냐고 한다. 그러고는 하는 변명이 일본이 사과할 마음이 생기게 해야 한다는 얘기였다고 한다. 솔직하지도 못하다. 사과를 강요할 필요가 없다는 얘기로 들은 사람이 잘못이란 얘기다. 어처구니가 없다는 말은 이런 때 쓰는 것일 게다.

중국과는 가까이 하고 싶은 생각이 없는 것 같다. 중국, 러시아도 완전히 적으로 돌리면 안 된다는 지적들이 많으니 관계 개선을 위해 노력하는 척은 한다. 하지만 진정성이 느껴지지는 않는다. 하긴 미국이 나서서 쿼드Quad(미국, 일본, 호주, 인도 연합체), 오커스 AUKUS(호주, 영국, 미국 연합체)를 동원하면서 중국을 포위하고 있으니 중국과 잘 지내고 싶은 마음이 생길 리가 없을 게다. 미국의 심기를 건드리면 안 되니.

하지만 외교는 그런 것이 아니다. 총재 심기만을 살피며 하루를 살던 3김 시대 정치가 아니다. 미국의 심기를 살필 일이 아니다. 국익을 챙기는 것이 가장 우선이다. 200년 전 영국의 수상을 지낸 파머스턴Lord Palmerston이 얘기하지 않았던가. "국제사회에서는 영원한 친구도, 영원한 적도 없다. 단지 국익이 있을 뿐이다"라고. 미국을 따라가기만 하면 우리에게 이익인지, 중국을 멀리하면 과연 장기 국익에 도움이 되는지 깊이 생각해볼 일이다. 미니 국가 아이슬란드를 잘 보자.

미국에 강압 외교, 북한

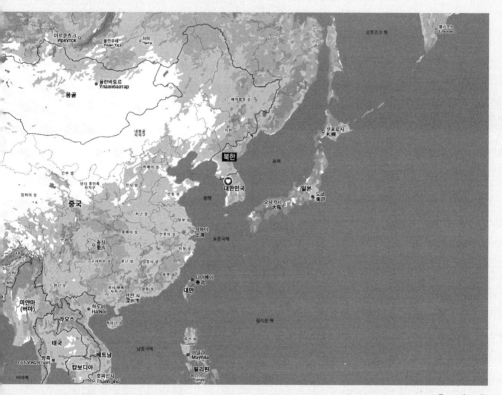

북한 위치

© google.co.kr

뭐든
'내 마음대로'

북한은 특이하고도 특이한 나라이다. 서구의 학자들은 '이상한 나라 idiosyncratic state'로 표현하곤 한다. '할아버지-아버지-아들'로 이어지는 3대 세습도 이상하지만, 세계 최강대국 미국과 계속 맞서는 외교도 이해하기 힘들다는 것이다. 현대 세계에서 왕정 국가를 제외하고는 3대가 계속 집권하는 경우가 희귀할 뿐더러 세계의 많은 나라가 미국과 좋은 관계를 맺으려 애쓰는 상황에서 미국에 늘 반기를 들고 있으니 이상하게 여겨질 수밖에.

미국뿐만 아니라 우리와도, 일본과도 원만한 관계보다는 대항을 앞세운다. 그래서 우리에게도 사실 골치 아픈 존재이다. 통일을 이루어 가려면 가까이 해야 하는데 고분고분하지 않다. 조금만 성미에 맞지 않으면 화를 낸다. 우리를 무시하기도 하고 '미 제국주의의 꼭두각시'로 비난하기도 한다. 도발도 수시로 한다. 그럴 때마다 한반도의 위기 지수는 올라간다. 그로 인해 주식시장은 냉각되고 해외 투자자들은 발길을 돌린다.

좀 단순하게 말하면, 북한은 '내 맘대로'의 태도를 유지하고 있다. 국내 정치도 외교도 내 맘대로 하겠다는 것이다. 남의 간섭을 받는 것은 죽기보다 싫고, 잘 되든 못 되든 내 식대로 하는 게 좋다는 것이다. 그래서 외교도 '내 맘대로'이다. 곧 죽어도 자존심을 내세우며, '내 사전에 굴종이나 편승은 있을 수 없다'는 식이다. 세계 어떤 나라와도 비교하기 어려운 독자 외교, 독립 외교를 하고 있다. 북한의 외교를 관찰하다 보면 '국가 자율성national autonomy이 아니면 죽음을 달라'는 외침을 듣는 듯하다.

그렇다면 북한은 구체적으로 어떤 외교를 전개하고 있을까? 그를 통해 진정 얻으려 하는 것은 무엇일까? 그런 궁금증이 생길 수밖에 없다. 그 궁금증을 하나하나 풀어보자.

벼랑 끝 전략

세계 언론들은 북한의 외교를 일러 보통 '벼랑 끝 전략'이라 한다. 위기를 조성하고 이를 한계 상황으로 몰고 가 자국의 목표를 달성하는 전략이다. 북한은 주로 핵과 장거리 미사일 개발을 벼랑 끝 전략의 수단으로 활용해왔다. 대표적인 일이 2017년의 대미 외교이다. 미국의 트럼프 행정부는 2017년 초 출범한 후 북한에 강경한 입장을 견지했다. 핵과 장거리 미사일 개발을 계속하는 북한에 군사적인 공격을 금방이라도 할 듯 위협했다. 트럼프 대통령은 북한의 김정은 국무위원장을 '리틀 로켓 맨little rocket man'이라고 조롱하기도 했다.

북한도 이에 강경하게 맞섰다. 2017년 9월 6차 핵실험을 한 뒤 수소탄 실험이 성공했다고 공표했다. 두 달 후인 11월에는 대륙간탄도미사일ICBM인 화성 15호 시험 발사에 성공했다. 사정거리가 1만 2000킬로미터에 달해 미국 본토를 타격할 수 있는 ICBM을 개발한 것이다.

미국이 놀라지 않을 수 없었다. 그동안 핵실험에 강력 대응해오긴 했지만, 내심 '핵탄두만 개발하면 뭐해? 미국까지 쏠 수가 있나?' 하는 생각을 해왔다. 하지만 미국 본토에 도달할 수 있는 ICBM의 개발은 완전히 다른 차원의 문제이다. '북한을 자극하다가 자칫하면 워싱턴이 공격당할 수도 있겠구나' 하고 생각하도록 한 것이다.

실제로 핵탄두만을 개발하는 것은 엄청난 위협이 될 수 없다. 핵탄두를 적국에 쏠 수 있는 투발 수단이 함께 만들어질 때 진정한 위협이 되는 것이다. 핵무기로 멀리 떨어져 있는 나라를 공격할 수단으로는 ICBM과 잠수함 발사 미사일SLBM, 폭격기가 있다. 북한은 ICBM과 SLBM 개발에 주력해왔다. 미국에 발사할 수 있는 능력이 있음을 보여주기 위해서였다. 그 ICBM의 시험 발사가 2017년 11월 성공한 것이다.

미국의 태도는 달라졌고, 이틈을 이용해 문재인 대통령이 미국에 한미 연합 훈련 연기를 요구했다. 북한의 도발을 자제할 필요를 느낀 미국이 이를 수용했다. 그러면서 남북 관계가 해빙 무드로 전환됐고, 2018년 평창 동계올림픽에 북한도 참가했다. 이후 2018년 4월에는 남북 정상회담이 열렸고, 6월에는 싱가포르에서 역사상 첫 북미 정상회담이 열렸다.

이렇게 위기 상황을 한계로 끌고 가 소기의 목적을 달성하려는 벼랑 끝 전략을 북한은 수시로 펴왔다. 그러면서 자신들의 체제를 유지해왔다. 한국과 미국은 북한이 그런 전략을 실행하고 있음을 알면서도, 효율적인 대처 방안을 찾지 못하고 있다. 작은 나라, 소외된 나라일수록 이슈 집중력은 높다. 자신들이 중요하다고 생각하고, 생존에 필수적인 것이라고 여기는 이슈에는 국력을 총동원해 대처한다.

북한은 스스로 가지고 있는 '피포위 의식(미국, 한국, 일본 등에 포위되어 있다는 인식)', 미국의 공격에 대한 공포 등 때문에 핵과 미사일 개발에 주력해왔다. 미국에 편승하기보다는 미국에 맞서는 전략을 실행하고 있다. 그것도 강경하게 맞서면서 위기를 최고 단계로 고조시켜 얻고자 하는 것을 얻어내는 전략을 지속적으로 추진하고 있는 것이다.

미국에 강압 외교

벼랑 끝 외교를 좀 세련되게 표현하면 강압 외교coercive diplomacy가 된다. 벼랑 끝 외교는 언론 용어이고, 이를 국제정치학자들이 개념화하고 체계화한 것이 강압 외교이다. 강압 외교는 상대국이 어떤 행위를 하고 있을 때 강경한 수단을 동원해 이를 억지deterrence하든지, 다른 방향으로 행동하도록 강제compellence하는 외교를 말한다. 상대국이 어떤 행동을 하고 있을 때 이에 대응하는 차원에서 강경한 수단을 동원하면 강압 외교가 될 수 있는 것이다.

상대국이 자국에 특별히 어떤 조치나 어떤 언급을 하지 않는데도 상대국에 어떤 행동을 하도록 강제하는 것은 공갈blackmail이라고 할 수 있을지언정 강압 외교라고 하지는 않는다. 그런 점에서 강압 외교는 강력한 수단을 활용하지만 어디까지나 방어 전략이다. 선제적으로 취하는 조치가 아니라 상대의 행위에 대응하는 전략인 것이다.

그렇다면 북한은 미국에 어떻게 강압 외교를 하고 있을까? 북한의 강압 외교 수단은 무엇일까? 왜 강압 외교를 할까? 이런 문제들을 차근차근 살펴보자. 우선 수단은 핵과 미사일이다. 핵무기를 개발해 미국에 쏠 수 있는 능력을 확보하는 것이다. 그렇게 해서 얻고자 하는 것은 경제제재 해제, 그리고 체제 안전 보장이다.

최근의 상황을 좀 더 자세히 보자. 김정은 위원장이 북한을 사실상 통치하기 시작한 것은 2009년 1월 8일부터이다. 이날 아버지 김정일이 김정은을 후계자로 내정했다. 김정남, 김정철이 형이지만, 권력에 대한 이해도와 통치자로서의 잠재 능력 등에서 더 높은 점수를 받아 낙점된 것이다. 2010년 9월에는 조선노동당 군사위원회 부위원장, 군의 대장 계급을 받았고, 이후 하나하나 공식적 직책들을 확보해 나갔다.

김정은이 통치하기 시작하면서부터 북한은 핵무기와 장거리 미사일 개발에 박차를 가했다. 2009년 4월 장거리 로켓 은하2호를 시험 발사했고, 5월에는 2차 핵실험을 실시했다. 이듬해 11월에는 우라늄 농축 시설을 미국의 핵과학자에게 공개했다. "우리는 앞뒤 보지 않고 핵과 장거리 미사일 개발에 진력하겠다"는 의사를 행동으로 표시한 것이다. 미국을 압박하고 위협하는 행위였다.

2012년 4월에는 장거리 로켓 은하3호를 시험 발사했다. 이때는 발사 전에 발사 계획을 공개하고 국제기구에 통보했을 뿐만 아니라 외신 기자도 초청했다. 김정일 시대의 비밀주의와는 완전히 다른 공개주의 전략으로 전환한 것이다. 자신들의 핵미사일 개발 전략을 '평화적 핵 이용 및 우주 개발'로 선전하면서 이를 보다 적극적으로 추진했다.

미국의 경고와 제재 강화에도 북한은 '독자적인 길'을 재촉했다. 2013년 3월에는 핵경제 병진 노선을 공표해 경제개발과 함께 핵개발을 국가의 최우선 과제로 추진할 것임을 분명히 했다. 이후 핵미사일 능력을 자신들이 생각하는 목표까지 끌어올리는 데 주력했다.

2017년 초 들어서선 미국의 트럼프 행정부도 강력하게 맞대응했다. 버락 오바마Barack Obama 행정부가 취했던 '전략적 인내'에서 '적극적 관여'로 정책을 전환했다. 트럼프 대통령은 북한이 위협을 계속하면 '화염과 분노fire and fury'에 직면할 것이라며 호전적인 입장을 숨기지 않았다. 비공개 회의에서는 북한을 핵무기 또는 다른 방식으로 선제공격하자는 제안을 여러 차례 하기도 했다. "북한을 완전히 파괴하겠다totally destroy"며 공개적으로 북한을 향한 공격 의사를 표현하기도 했다. 북한의 강압 외교에 대응해 미국도 강압외교를 전개한 것이다.

2017년 9월에는 북한이 6차 핵실험을 실시했다. 수소탄 실험에 성공했다고 발표했다. 두 달 후인 11월에는 ICBM 화성15호 시험 발사에 성공했다. 수소탄을 포함한 핵무기를 ICBM에 실어 미국까지 보낼 수 있게 된 것이다. 북한은 곧 '핵 무력 완성'을 선언했다. '취약성의 협곡'을 빠져나온 것이다.

모든 나라는 핵 야망을 가지고 있다. 비대칭 무기(대량 살상, 기습 공격이 가능한 무기를 가리키며 비대칭 전력이라고도 한다)를 확보해 적의 공격력을 억지하면서 국력을 과시하고 싶어 한다. 하지만 핵무기를 본격적으로 개발하기 시작하면, 이를 막으려는 국가의 예방 공격을 받을 가능성이 높다. 그래서 비밀리에 하기도 하고, 오히려 위협적인 수단을 동원하기도 한다. 북한은 후자의 방식으로 대처했다. 그렇게 핵개발 과정에서 다른 나라의 공격 가능성이 높아지는 단계를 '취약성의 협곡'이라고 한다. 북한의 경우 2017년이 여기에 해당한다. 북한은 그 험난한 협곡을 미국에 대한 강경 외교, 강압 외교를 구사하면서 건넜다.

북한이 핵미사일 개발에 매진한 데에는 국내 정치적 요소도 작용했다고 본다. 김정은 입장에서는 정권을 계속 공고하게 유지하기 위해 자원권력을 독점할 필요가 있고, 이를 통해 지배 연합(고위 관료)의 충성을 계속 확보할 수 있다. 그런 상황에서 자원권력을 독점하는 하나의 수단으로 핵미사일 개발을 서둘렀다고 볼 수 있다. 핵과 장거리 미사일이라는 비대칭 전략 자산으로 국가 안보와 정권 안보를 추구하면서, 미국과의 협상을 통해 경제제재 해제와 국제사회에의 진출을 얻어냄으로써 정권을 장기적으로 유지할 자원권력을 확보하려 했다고 볼 수 있다.

이러한 국내 정치적 필요와 강압 외교 수단을 강화하기 위해 북한은 핵미사일 개발을 서둘렀고, 상당히 높은 수준의 능력을 확보하게 되었다. 북한의 강압 외교 수단인 핵미사일의 수준이 이처럼 고도화되자 미국의 태도는 달라졌다. 한국의 중재로 첫 북미 정상회담도 열렸다. 하지만 실무 협의 과정에서 비핵화의 로드맵과 관련해 북한과 미국의 의견이 엇갈리면서 정상회담이 무산될 위기를 맞기도 했다.

이때 북한은 강압 외교를 독특하게 개조해 적용했다. 강압을 증대시키는 것이 아니라 감소시키는 방식이었다. 2018년 4월 20일 갑자기 풍계리 핵 실험장의 갱도와 관측소, 부속 건물 등을 폐기하겠다고 밝혔다. 실제로 한 달 뒤인 5월 24일 외신 기자들이 참관한 가운데 이것들을 폭파했다. 강압 수단을 한길로 강화하기만 한 것이 아니라 오려 축소해 상황 변화를 시도한 것이다. '역逆강압 외교'로 이름 붙일 수 있는 전략이었다.

이런 과정을 거쳐 2018년 6월 12일 첫 북미 정상회담이 열렸다. 북한 강압 외교의 성공이었다. 강경한 대북 정책을 채택하면서 북한과의 대화를 피하고 경제제재와 위협을 앞세워 북한을 굴복시키려는 미국 외교의 흐름을 바꾼 것이다. 미국의 강경 태도를 억지하고, 하기 싫어하던 대화를 하도록 만들었다. 북한은 쾌재를 불렀을 것이다. '역시 우리식 외교가 최고야. 미국놈들은 강한 놈한테 약하다니까.' 이런 얘기를 주고받았을지도 모른다.

강압 외교의 좌절…
그리고 다시 또

미국에 대한 북한의 강압 외교는 이렇게 일면 성공적으로 보이는 경우가 많다. 하지만 최종적으로는 실패한 경우 또한 많다. 미국의 달라진 태도에 따라 첫 북미 정상회담이 2018년 6월 싱가포르에서 열렸다. 이때까지만 해도 분위기가 좋았다. 양측은 중요한 합의도 이루었다. 새로운 북미 관계 형성, 한반도 평화 구축, 한반도의 완전한 비핵화, 미군 유해 송환 등을 해 나가기로 합의한 것이다. 그중 비핵화가 무엇보다 중요했다. 이를 위해서는 또 한 번의 정상회담이 필요했다. 2019년 2월 베트남 하노이에서 열기로 했다.

첫 북미정상회담에서 만난 김정은 북한 국무위원장과 트럼프 미국 대통령.

사상 첫 북미정상회담이 열린 싱가포르 센토사 섬의 카펠라 호텔.

북한은 미국의 대화 진정성을 믿고 준비를 많이 했다. '무엇을 주어야 미국이 경제제재를 일부라도 해제해줄까?' 이것이 핵심이었다. 내부적 고민도 많이 했을 것이고, 남한의 의견도 들었다. 문재인 정부는 "영변의 핵 단지를 폐기하는 통 큰 카드를 제시하면 미국이 경제제재를 일부 해제할 것"이라고 조언했다. 북한은 이를 수용해 회담에 임했다.

김정은이 트럼프에게 직접 이 안을 제시했다. 영변 핵 단지를 폐기할 테니 북한 주민의 민생과 관련된 경제제재 몇 개만 풀자고 했다. 하지만 미국의 대답은 "노(No)"였다. 미국은 영변 핵 단지 정도 가지고는 안 되고 대량살상무기 모두를 폐기해야 한다고 주장했다. 엄청난 양보를 하고 경제제재 일부를 해제하려 했던 김정은은 실망했다. 미국의 주장을 받지 않았다. 그래서는 체제 안전이 보장될 수 없다는 판단이었을 것이다.

그렇게 두 번째 북미 정상회담은 결렬되었다. 회담이 끝나고 미국의 언론들이 회담이 결렬된 과정에 대해 후속 취재를 계속했다. 취재 결과가 간간히 보도됐다. 보도 내용들에 따르면, 트럼프는 김정은의 제안을 받으려 했다. 세계 언론의 주목을 더 받고, 잘하면 노벨 평화상도 탈 수 있는 길이었기 때문이다. 트럼프의 관심은 김정은과 회담하고, 북한을 국제사회로 유인하면서 카메라 세례를 받는 것이었다. 그래서 회담도 성사시켰고, 뭔가 결실을 내고 싶었던 것이다.

하지만 여기에 강력 반대하는 인물이 두 명 있었다. 한 명은 존 볼턴John Bolton 국가안보보좌관, 다른 이는 마이크 폼페이오Mike Pompeo 국무장관이었다. 철저한 보수주의자들이다. 이들은 보수의 지지를 계속 받으면서 정치인으로 더 성장하려는 사람들이다. 보수의 지지를 계속 받으려면 북한과 계속 싸우는 게 좋다. 제재를 해제하고 북한이 살 수 있는 길을 열어주는 것은 보수의 표를 얻는 길이 아니다. 그래서 그들은 북한과 합의하는 것에 반대했다.

이후 북한과 미국의 관계는 다시 나락으로 떨어졌다. 미국의 대화 시도가 있기도 했지만, 북한은 이미 미국에 대한 신뢰를 버린 상태여서 진전이 없었다. 북한은 다시 강압 외교, 벼랑 끝 외교로 돌아갔다. 탄도미사일 시험 발사를 계속하고 미국을 향한 공격적인 언사도 계속하고 있다. 한때 성공적인 것으로 보였던 강압 외교는 북한에 좌절감만 주고 결실을 가져다주지 못했다. 그럼에도 북한은 다시 강압 외교로 돌아간 것이다. 북한과 미국 관계는 그렇게 '강압-

대화-결렬-다시 강압'의 쳇바퀴를 돌고 있다. 그러는 과정에서 불신은 깊이 구조화되어 있다. 그걸 해소할 길은 여전히 보이지 않는다.

미국에 목매는 북한

북한은 이렇게 미국과의 외교에 큰 관심을 두고 있다. 1970년대부터 지속적으로 미국과 대화하기 위해 애를 써왔다. 중국과 친하게 지내고 러시아와 관계를 강화하고 있지만, 실제 북한이 더 신경 쓰는 국가는 미국이다. 미국에 대한 외교가 북한 외교의 최우선 순위인 것이다.

왜 그럴까? 북한이 미국의 힘, 미국의 역할을 너무 잘 알고 있기 때문이다. 남한에서도 세계에서도 장삼이사들은 얘기한다. 북한은 핵을 짊어진 채 영원히 국제사회에서 고립 상태로 사는 길을 가려 한다고. 하지만 깊이 들여다보면 그렇지 않다. 북한은 계속 미국을 쳐다보고 있다. 미국에 손짓하고 미국의 반응을 예의 주시한다. 탄도미사일을 계속 발사하는 것도 미국을 향한 시그널로 볼 수 있다. '우리를 주시하지 않고, 우리와 대화하지 않으면 우리는 도발을 계속할 것이다'라는 신호를 계속 보내는 것이다.

북한의 지도자 김정은과 북한의 고위 관료들도 그저 꽉 막히기만 한 인물들은 아니다. 북한이 생존할 수 있는 길, 정권을 유지해 나갈 수 있는 길을 늘 고민할 것이다. 핵을 만들고 ICBM을 개발하는 것이 유일하고 영원한 생존의 길이라고 여기지는 않을 것이다. 미국과 맞서는 길을 택한 만큼, 거기에서 우위를 점하면서 기회가 왔을 때 유리한 위치에서 협상하기 위해 강경 수단을 동원하고 있다고 보는 것이 맞을 것이다.

실제로 북한은 그런 길을 걸어왔다. 1990년대 초 핵개발을 본격화하면서 미국과 협상의 기회를 마련해 1994년 북미 제네바 합의를 이루었다. 2000년대 들어서도 '핵 보유 선언(2005년 2월 10일)'과 핵실험 등 강경 수단을 동원해 미국을 협상장으로 끌어냈고, 2005년 9월 9·19 공동성명을 만들어냈다. 2017년에는 6차 핵실험, ICBM 시험 발사 성공 등으로 2018년 첫 북미 정상회담을 열었다.

이렇게 북한의 첫 번째 관심은 미국이었고, 지금도 여전히 그렇다. 강압 외교로 미국을 협상 테이블로 끌어오는 전략을 계속 구사하고 있는 것이다. 그렇다면 이런 전략으로 북한이 진정 얻으려는 것은 무엇일까?

첫째, 체제 안전 보장이다. 쉽게 말하면, 북한을 공격하지 않는다는 확실한 보장을 미국이 하라는 것이다.

북한은 실제로 미국을 큰 위협으로 여기고 있다. 한국전쟁 당시 핵공격을 당할 뻔했다. 당시 더글러스 맥아더Douglas MacArthur 유엔군 사령관은 핵공격을 하려 했다. 구체적인 지점을 정해서 공격 계획을 구체화했다. 하지만 제3차 세계대전을 염려한 해리 트루먼 Harry Truman 당시 대통령의 반대로 공격은 실행되지 못했다. 이후에도 미국, 특히 공화당 행정부는 북한을 적국으로 보고 압박을 심하게 해왔다.

냉전 당시 소련과 경쟁하면서 보수화된 미국 사회는 사회주의에 알레르기에 가까운 거부감을 갖고 있기도 하다. 그만큼 미국의 북한에 대한 적대감은 심하다. 북한은 그런 미국을 두려워해왔고, 그 반작용으로 미국의 공격을 근본적으로 막을 수 있는 방안을 마련하고 싶어 한다. 예컨대, 북미 간에 불가침 협정을 맺고 이를 중국, 러시아, 일본 등이 보증하는 방안 등을 원하고 있는 것이다. 그걸 얻을 목적으로 강압 외교를 지속하고 있는 것이다.

둘째, 경제제재 해제와 국제사회 진출이다. 미국이 주도하는 국제적 경제제재는 북한을 여전히 고난의 행군으로 몰아대고 있다. 지하자원과 수산물, 경공업 제품 등을 수출해 외화를 벌어온 북한으로서는, 수출 길을 막고 있는 경제제재가 큰 장애물이 아닐 수 없다. 그래서 중국과 러시아 등 우호적인 국가와의 관계를 더 강화하고 있다. 국제적인 감시 아래에서는 중국, 러시아와의 관계 강화를 통한 경제 활성화에 한계가 있어 북한은 계속 경제제재 해제를 요구하고 있다. 그래야 수출길이 확보될 뿐만 아니라 국제 금융기관들로부터 지원이나 투자도 받아낼 수 있기 때문이다.

한마디로 말하자면, 북한은 자신들의 목줄을 미국이 쥐고 있다고 보고 미국과 협상하려는 것이다. 이를 위해 강압 외교도 동원하고 있다. 세계의 많은 나라가 볼 때는 이상하고 특이하지만, 가진 게 없으면서 자존심 강한 북한으로서는 다른 선택지를 고려하지 않고 있는 것이다.

강압 외교의 기반

그렇다면 이러한 강압 외교가 오랫동안 지속될 수 있는 기반은 어떤 것들일까? 크게 다섯 가지를 들 수 있겠다.

첫째, 나름의 사회주의 건설에 대한 태생적인 집착이다. 김일성은 북한을 자기식 사회주의 체제로 만들어 모두가 평등하게 사는 사회로 만들려고 했다. 하지만 국가를 운영하는 과정에서 스스로 자신을 우상화하고, 영도자의 지도를 강조하는 주체사상을 만들어냈다. 독재를 강화한 것이다. 그러면서도 주체사상을 기반으로 하는 북한식 사회주의의 완성이라는 꿈을 버리지 않았다. 김정일은 물론, 김정은도 마찬가지이다.

주체사상은 사상에서의 주체, 정치에서의 자주, 경제에서의 자립, 국방에서의 자위를 핵심 모토로 삼고 있다. 무엇이든 스스로, 자기 주도적으로 해야 한다는 얘기다. 미국에도 중국에도 러시아에도 결코 머리를 숙여서는 안 되고, 서로 동등한 입장을 견지해야 한다는 것이다. 그러니 압박하는 미국에 맞서는 것이다. 스스로 강경 수단을 만들어 대항하지 않을 수 없기 때문이다. 그런 과정을 거치면서 장기적으로 북한식 사회주의를 완성하려는 정책 지향을 가지고 있다.

둘째, 강한 내부적 결속이다. 대외 개방을 거부하고 폐쇄 사회를 유지하는 만큼 북한 체제 내부의 결속력은 매우 높다. 북한은 지속적인 교육과 다양한 감시 기구를 통해 이러한 결속을 다져왔다. 강한 결속력은 나름대로 사고하고 나름대로 정책을 수립, 실행하는 기반이 되고 있다. 다종다양한 정보를 접하기 어려운 북한 주민들은 정부가 추진하는 정책을 적극 지지하는 정치 성향을 갖고 있다. 그런 기반이 세계 최강대국을 상대로 강압 외교를 가능하게 하는 것이다.

셋째, 김일성에 대한 숭경이다. 일제에 맞서 싸운 김일성을 향한 높은 존경심과 사모의 마음이 주민들 속에 자리 잡고 있다. 이는 북한 주민들이 하나로 결속하면서 정부를 지지하는 바탕이 되고 있다. 탈북민을 상대로 한 의견조사에서도 김정일, 김정은에 대한 인식과 김일성에 대한 인식은 대체로 큰 차이를 보인다. 김정일, 김정은에게는 부정적인 인식이 많은 반면, 김일성에게는 여전히 존경하는 마음을 가진 사람이 많았다.

또한 북한 주민들에게 김일성은 나라를 건설하고 자신들을 생존하게 해준 인물로 인정받고 있다. 특히 1946년 3월 실시한 토지개혁으로 못사는 농민들을 토지 기반 위에서 살도록 한 정책은 북한 주민들이 여전히 체제 정당성을 인정하는 주요 기반이 되고 있다. 김일성에 대한 존경-체제 정당성 확보-내부 결속 강화-자주강압 외교 실행. 이런 식의 도식이 적용되는 것이다.

넷째, 철저한 반미주의이다. 북한은 오랫동안 미국을 '철천지 원수'로 강조해왔다. 외부의 위협으로 미국을 지목한 것이다. 미국의 반사회주의 정향과 그에 기반 한 외교 정책은 지속적으로 북한을 압박해왔다. 북한은 이를 역으로 이용했다. 자신들의 최대 위협으로 미국을 지목하며 반미주의를 내세워 체제 내부의 단결을 도모해온 것이다. '북한이 체제를 지금까지 유지할 수 있게 해준 기둥pillar이 무엇인가?'라는 질문에 '하나는 주민들의 김일성에 대한 존경, 다른 하나는 반미주의'라고 답할 수 있는 것이다.

다섯째, 지정학적 가치에 대한 냉철한 인식이다. 북한이 미국의 압박에도 불구하고 핵미사일 개발을 적극 추진한 것은, 미국과 중국의 전략 경쟁이라는 세계질서를 분명하게 인식하고 있었음을 보여준다. 중국의 부상으로 미중의 패권 경쟁이 시작됐고, 중국이 북한을 지원하는 한 미국이 북한을 공격할 수는 없다는 판단에 기초해 핵미사일 개발을 밀어붙인 것으로 볼 수 있다.

그렇게 밀어붙여 핵 무력을 갖춘 이후에는 미국과 협상에 나섰다. 그리고 미국과의 관계 개선을 자극제로 활용해 중국과도 정상회담을 하면서 관계를 강화했다. 지정학적 위치가 중국도 북한을 필요로 하고, 미국도 북한에 관심을 갖지 않을 수 없는 입지임을 제대로 인식한 것이다. 북한은 자신들의 지정학적 위치를 활용해 미국에도 중국에도 쉽게 굽히지 않으면서 자신들만의 외교를 하고 있다.

이러한 나름의 기반과 역사, 문화를 바탕으로 북한식의 자주 외교, 즉 강압 외교는 전개되어 왔다. 북미 협상의 획기적인 진전과 협상의 성공에 따른 한반도 평화 체제의 구축이 달성되지 않는 한 이런 식의 북한 외교는 크게 변하지 않고 계속된다고 보아야 할 것이다.

Part 5

현란한 실리 외교

Chapter 11

팔색조 외교, 튀르키예

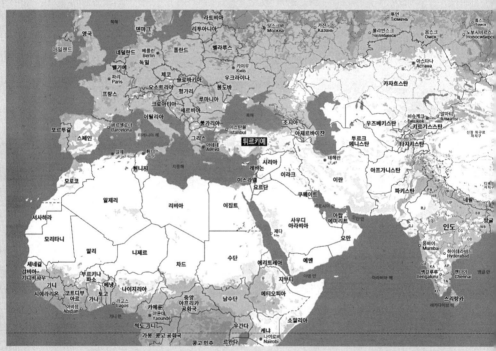

튀르키예 위치

© google.co.kr

정이 많은 사람들

튀르키예에 간 적이 있다. 2004년이다. KBS에서 기자 생활을 할 때이다. 〈일요 스페셜〉이라는 다큐멘터리 프로그램에 '미국에 맞서는 EU'라는 제목으로 한 시간짜리 다큐멘터리를 만들어 방송하기 위해서였다. 당시 유럽연합EU은 동구로 계속 확장하고 있었고, 튀르키예는 EU에 가입하려 했다. 지금도 그렇지만 그때도 뜻대로 되지 않았다. 여러 가지 이유가 있었다. 그래서 그 이유들이 구체적으로 무엇인지, 현지에서 실제 요구하는 것은 무엇인지 등을 취재하기 위해 앙카라로 갔다.

외무장관 압둘라 귈Abdullah Gül과 인터뷰를 했다. 귈은 EU에 가입하기 위한 노력을 충분히 하고 있다고 강조했다. 민주주의, 인권 등 EU가 요구하는 부문에 대한 개선 작업을 열심히 하고 있다는 얘기였다. 인터뷰가 끝나고 티타임을 할 때는 아주 유쾌한 분위기였다. 농담도 잘하고 분위기를 부드럽게 하는 능력이 있었다.

그가 "다음 일정은 어떻게 되느냐?"고 묻기에, "바로 독일로 넘어가야 한다"고 답했다. 그러자 손사래까지 치면서 "안 된다"고 받왔다. 그러고는 전화기를 들면서 "KBS 사장한테 전화를 해줄게요. 이스탄불은 보고 가야돼요. 이스탄불을 못 보면 튀르키예에 갔다 왔다고 말할 수 없어요"라며 설레발을 쳤다. 바쁘게 서두르지 말고 여유 있게 이스탄불을 보고 가라고 재차 당부했다. '참 인간답다'는 느낌을 주는 사람이었다.

국가안보회의 사무처장 인터뷰도 하고, 시장으로 가봤다. 거리와 시장 등을 촬영할 필요도 있었고, 시장을 구경하고도 싶었다. 카메라 기자가 들고 있는 'KBS'라고 쓰인 대형 카메라를 보고 시장 상인들이 모여들었다. "꼬레?" "꼬레?"를 외쳤다. "한국에서 왔냐?"는 물음이었다. 그렇다고 하니 큰 소리로 "꼬레"를 외쳐댔다. 사람들이 더 모였다. 뭐라고 묻기도 하고 자기들끼리 떠들기도 하면서 시끌벅적했다. 어떤 사람은 사과를 갖다 주기도 했다. '참 정이 많은 사람들이다'라고 생각했다.

다음날에는 서민들이 사는 주택가로 갔다. 튀르키예의 서민 음식 코코레츠를 파는 노점상이 있었다. 이 음식이 EU와의 논쟁 가운데에 있었다. EU는 동물의 내장으로 만든 음식을 문제 삼고 있었다. 코코레츠가 바로 그것이었다. 양의 내장을 잘 씻은 뒤 쇠꼬챙이에 둘둘 말아 숯불 위에서 빙빙 돌려 굽는다. 다 구워지면 고추, 마늘, 양파 등과 함께 잘게 다진다. 이걸 빵 사이에 넣어 먹는다. 사서 먹어봤다. 참 맛있었다. 양 내장의 고소함이 고추와 마늘, 양파의 매콤하고 상큼한 맛과 잘 어울렸다. 포장마차에서 파는 음식으로 서민들이 싼값에 한 끼를 해결할 수 있는 튀르키예의 국민 음식이다. 케밥과 함께.

코코레츠. 양의 내장을 구운 뒤 다져서 빵 사이에 넣은 것으로
튀르키예의 대표적인 서민 음식이다.

튀르키예는 오랫동안 유럽 공동체에 속하기 위해 여러 시도를 해왔다. 하지만 EU는 민주주의와 인권, 재정 건전성 등 여러 가지 이유를 대면서 회원 가입을 막고 있다. 튀르키예 사람들은 EU가 지적하는 그런 것이 문제가 아니라고 인식한다. EU가 가입을 받지 않는 실제 이유는 문화와 종교 때문이라는 생각이다. EU는 유럽 기독교 국가들의 모임이다. 거기에 이슬람 국가 튀르키예가 가입하겠다고 하니 꺼리고 있다는 얘기였다.

여전히 튀르키예는 EU 후보국에 머물러 있다. 종교와 문화가 근저에 있는 핵심 문제임은 그때와 다름없어 보인다. 유럽으로 가려는 튀르키예의 희망은 아직도 강하다. 하지만 실현 가능성은 여전히 불투명하다.

유럽을 넘본
오스만제국

튀르키예Türkiye는 오스만어로 '튀르크인의 땅'이라는 의미이다. 2022년까지는 터키Turkey라는 국호를 사용했는데, 이는 중세 라틴어 투르키아에서 유래했다. 역시 '튀르크인의 땅'이라는 뜻이다. 그런데 터키는 영어로 '칠면조'라는 뜻과 함께 '멍청이'라는 의미도 있어, 2022년 터키라는 국호 사용을 중지하고 튀르키예로 바꿨다.

민족 이름인 튀르크Türk는 '용감하다'는 의미를 갖고 있다. 현재 중국 신장성新疆省에서 튀르키예에 이르는 지역에 걸쳐 살고 있는 타타르족, 투르코만족, 우즈베크족, 키르키즈족 등이 모두 튀르크족에 속한다. 튀르크족(또는 투르크족)은 원래 중국의 천산산맥 인근에서 살았는데, 차츰 중앙아시아와 중동 지역까지 진출했다. 1071년에는 셀주크튀르크(중앙아시아 출신의 셀주크 장군이 세운 나라)가 비잔틴제국을 물리치면서 지금의 튀르키예 땅에 진출했다.

한때 기세등등했던 셀주크튀르크는 13세기 중반 몽골의 공격을 받고 망했다. 이후 1299년 튀르키예 동북부 지역에 오스만 장군이 나라를 세웠다. 이 나라가 점점 커져 오스만제국(오스만튀르크, 튀르크제국, 오스만튀르크제국 등으로 불린다)을 이뤘다. 튀르키예는 물론 발칸반도와 중동, 북아프리카 지역까지 영토를 확장해 600년 이상 지속하다 1922년 멸망했다.

600년을 지속하는 동안 오스만제국은 그 위세가 대단했다. 1354년에는 발칸반도를 점령했고, 1453년 콘스탄티노플(이스탄불)을 점령해 동로마제국을 멸망시켰다. 1500년대 초에는 북아프리카 지역으로 진출해 그 영토는 3개 대륙에 걸쳐 존재하게 되었다. 1526년에는 헝가리 지역을 점령했고, 3년 후인 1529년에는 신성로마제국의 수도인 빈을 포위 공격했다. 공격은 한 달 동안 계속됐다. 하지만 방어군의 사기가 높은 데다가 오스만제국군의 보급이 원활하지 못해 점령에 실패하고 퇴각했다.

150여년 후인 1683년 두 번째로 빈을 포위했다. 20만 명을 동원해 유럽 점령에 나선 것이다. 속전속결을 택했더라면 빈을 함락시킬 수도 있었다. 그랬더라면 세계의 역사는 크게 달라졌을 것이다. 빈이라는 장벽이 무너졌다면 오스만제국이 유럽의 많은 지역을 접수했을 가능성이 높다. 그런 상황이었다면 유럽은 오늘처럼 기독교가 아니라 이슬람교가 지배하는 지역이 됐을 수도 있다.

하지만 당시 오스만제국의 재상 카라 무스타파 파샤Kara Mustafa Paşa는 공성전 대신 장기 포위전을 구사했다. 포위한 채 기다리면 손들고 나올 것이라 여긴 것이다. 그렇게 두 달을 포위하고 있었다. 그 사이 다른 유럽 지역에서 원군이 도착했다. 특히 폴란드 기병대가 담대하게 오스만제국의 군대와 맞서 공격을 선도했다. 독일, 이탈리아 군대도 여기에 합세하면서 오스만제국은 패퇴했다. 유럽으로서는 인류 역사의 큰 변곡점에서 절체절명의 위기를 가까스로 벗어난 것이다. 유럽과 아시아에 걸쳐 있던 오스만제국은 양 대륙 교류의 가교 역할을 하면서 화려한 문화를 꽃피우기도 했다.

이처럼 화려한 오스만제국의 역사를 이뤄낸 데에는 세 명의 술탄(통치자)이 결정적으로 공헌했다. 첫 번째 술탄은 메흐메트 2세

Mehmed II. 1444년 술탄에 즉위해 2년을 통치한 뒤 물러났다. 그 뒤 1451년 다시 즉위해 1481년까지 30년 동안 술탄에 재위하며 오스만제국을 통치했다. 1453년 콘스탄티노플을 점령해 동로마제국을 멸망시켰고, 이후 발칸반도와 흑해 북쪽의 크림반도까지 진출해 제국의 판도를 크게 넓혔다.

두 번째 술탄은 셀렘 1세Selim I이다. 1512년부터 1520년까지 집권했다. 자신의 권력 확보에 장애가 될 만한 사람은 가차 없이 살해해 '야부즈(Yavuz, 냉혈한)'라는 별명으로 불리기도 하는 인물이다. 아버지를 독살했다는 설이 있으며, 두 형과 조카 다섯을 죽이고 술탄이 되었다. 인간으로서는 냉혹했다. 하지만 오스만제국의 역사에서는 제국의 영토를 다시 한 번 크게 확대한 술탄으로 기록되어 있다. 중동의 시리아와 아프리카의 이집트까지 차지해 영토를 두 배로 확장했다.

세 번째 술탄은 슐레이만 1세Süleyman I이다. 1520년부터 1566년까지 무려 46년 동안 술탄의 재위에 있었다. 셀렘 1세의 아들로, 아버지 사망 후 26세에 제위에 올라 종횡무진 제국의 위세를 확장했다. 1521년 유럽의 심장부 진출을 위한 전략적 요충지 베오그라드를 점령했고, 이듬해에는 지중해의 로도스섬을 차지했다. 1526년에는 헝가리를 정복했고, 이후 아프리카의 튀니지와 알제리 지역까지 점령했다. 내치에도 힘을 기울이면서 '슐레이만 법전' 등을 통해 경제와 군사, 치안 등을 제도화했다.

그렇게 승승장구하던 오스만제국도 2차 빈 공격 실패 이후 서서히 내리막길을 걸었다. 1699년에는 헝가리를 잃었다. 궁정 내부에서는 파벌 싸움이 심해졌다. 18세기에 이르러서는 예니체리의 월권과 부정부패도 많아졌다. 오스만어로 '예니yeni'는 '새롭다'는 의미이고, '체리çeri'는 '군인'을 뜻한다. '새로운 군인'이라는 이름 아래 목숨 걸고 술탄을 보호하는 역할이 주어진 친위 부대였다.

오스만제국은 정복지의 기독교 집안 소년들 가운데 인재를 선발해 어릴 적부터 궁성학교에서 교육을 시켜 예니체리 대원으로 양성했다. 예니체리의 길에 들어서면 이슬람교로 개종해야 했고, 가족들과도 인연을 끊어야 했다. 엘리트 교육을 받은 예니체리 요원들은 군에서 주요 세력이 되었고, 고위 관료가 되는 사람도 많았다. 권력이 강해진 이들이 국정을 농단하는 경우도 생겨났다. 심지어 술탄을 내쫓기까지 했다. 국세는 점점 시들어 1877년에는 러시아와의 전쟁에서 졌고, 제1차 세계대전 당시에는 독일 측으로 참전해 패전국이 됐다.

국부 케말
아타튀르크

패전국의 수도 콘스탄티노플에는 영국군이 진주했다. 연합국은 오스만제국 영토를 분할해 차지하려고 했다. 오스만제국의 잔여 군대가 이에 반발해 여기저기에서 반기를 들었다. 오스만제국의 마지막 통치자 메흐메트 6세Mehmed VI는 케말 파샤Kemal Pasha 장군에게 "봉기를 일으킨 군대를 무장 해제시켜라"라고 명했다. 하지만 케말 파샤는 반대로 움직였다. 봉기를 일으킨 제국 군대를 포섭해 새로운 튀르크 국가를 세우는 길로 들어섰다. 오스만제국을 삼키려는 연합국과 독립전쟁을 시작한 것이다.

1920년 8월 연합국과 오스만제국 사이에 세브르조약이 맺어져 오스만제국은 영토 대부분을 잃었다. 흑해 남측의 땅만을 오스만제국에 남기고 나머지 많은 영토는 영국과 프랑스, 이탈리아, 그리스 등의 차지가 되었다. 케말 파샤 세력의 독립운동은 더 격렬해졌다. 케말 파샤에 맞서는 연합국의 군대는 그리스군이 주력이었고, 영국과 프랑스, 이탈리아, 아르메니아가 돕고 있었다.

초기에는 그리스군이 우세했지만, 케말 파샤의 독립군 세력이 강해지면서 전세는 역전됐다. 그리스가 점령하고 있던 지역을 수복해 나갔다. 케말 파샤는 그 와중에 오스만제국에 종언을 고한다. 1922년 11월 1일 술탄 제도를 폐지해버린 것이다. 그러자 메흐메트 6세는 11월 17일 영국의 군함을 타고 콘스탄티노플을 빠져나가 몰타로 망명했다.

케말 파샤의 세력이 점점 커지자 영국이 중재에 나서 1922년 11월 21일 스위스 로잔에서 협상이 시작됐다. 협상 중에도 전쟁은 계속됐다. 로잔에서의 긴 협상은 1923년 7월 24일 로잔조약을 체결하면서 끝났다. 조약의 내용은 그리스를 포함한 연합국이 철수하고, 이들이 점령한 지역을 케말 파샤 세력이 수복하도록 하는 것이었다.

1923년 10월 29일에는 튀르키예공화국이 수립되었다. 케말 파샤는 초대 대통령이 되었다.

새로운 나라 튀르키예를 세운 케말 파샤는 케말 아타튀르크Kemal Atatürk라는 존칭을 얻었다. 아타튀르크는 '튀르크족의 아버지'라는 의미이다. 지금도 튀르키예 곳곳에 그의 동상이 있다.

튀르키예는 오스만 제국의 전통을 이어가면서도 체제 측면에서는 완전히 다른 나라가 되어갔다. 케말 파샤는 정치를 이슬람교

케말 아타튀르크 튀르키예 초대 대통령의 1928년 모습.

와 분리하는 세속주의 정책을 강력 추진했다. 튀르키예어를 새로 만들어 보급하고, 여성에게도 선거권과 피선거권을 부여하는 등 여성 해방 조치도 취했다. 의무교육을 실시하고 서구 문화 도입에도 힘을 쏟았다. 그래서 그는 지금도 튀르키예 국부, 근대화의 선구자로 인정받고 있다.

1938년 케말 아타튀르크가 사망한 이후 튀르키예는 많은 격랑을 겪었다. 이슬람계 정당과 세속주의 정당이 세력 다툼을 계속했다. 정치적 혼란의 와중에는 군부가 자주 등장했다. 정치와 함께 경제발전도 더디었다. 중동 국가 가운데에서도 존재감이 뚜렷하지 않았다. 그러다가 2003년 정의개발당이 집권하고 레제프 타이이프 에

르도안Recep Tayyip Erdoğan이 총리가 되면서 국제사회의 주목을 받기 시작했다.

1954년 이스탄불에서 출생한 에르도안은 어릴 적 길거리에서 탄산음료와 시미트(튀르키예식 베이글)을 팔아 살림에 보태야 할 정도로 가난했다. 일찌감치 정치에 눈을 떠 10대 후반부터 이슬람주의 정당인 민족구원당에서 활동했다. 이스탄불에 있는 2년제 아크사라이 상업학교를 졸업했다. 축구를 좋아해 1982년까지 선수 생활을 했다. 이후 민족구원당의 후신인 복지당에서 본격적으로 정치 활동을 했다.

1994년 에르도안은 이스탄불 시장에 당선되면서 튀르키예 정치의 중심인물이 되었다. 그는 2001년 정의개발당을 창당했고, 2003년 총선에 승리해 총리가 되었다. 총리가 된 뒤 그는 오스만제국의 영광을 재현하겠다고 선언하며 이슬람주의를 공공연히 추진했다. 경제성장 정책을 공격적으로 실시해 10여 년간 높은 경제성장률을 보였다. 전체적인 경계 규모와 일인당 국민소득 모두 10년 전보다 세 배로 성장했다.

경제적인 성과를 바탕으로 에르도안은 대통령 직선제를 도입해 2014년 대통령으로 선출됐다. 대통령이 된 그는 튀르키예의 국제적 위상을 높이는 데 주력했다. 중동 문제에 깊숙이 개입하고, 우크라이나 전쟁이 발생하자 중재자를 자임하고 나서기도 했다. 2018년 대통령 재선에 성공했고, 2023년 다시 대선에 나서 당선되었다. 20년 장기 집권에 반정부 인사 탄압과 언론 통제 등 독재적 측면은 점점 표면화되었다. 그래서 에르도안은 지금 '21세기 술탄'으로 불

레제프 타이이프 에르도안 튀르키예 12대 대통령.

린다. 이슬람 제도의 확산을 추진하면서 케말리즘과도 거리가 멀어지고 있다. 오스만제국의 영광 재현을 주장하며 민족주의를 자극하고 있고, 그러면서 유럽연합이 추구하는 민주화, 자유주의 확산, 인권 존중 등과는 다른 방향으로 가고 있다.

그러면서도 튀르키예는 EU에 가입하려 하고 있고, 경제성장과 함께 국제적 영향력 확대도 도모하고 있다. 통제는 강화하면서도 이러한 욕구는 충족시키려 하는 에르도안의 '두 마리 토끼 잡기'는 험난한 앞길이 예상된다.

적이면서
친구인 러시아

에르도안 시대 튀르키예의 가장 특징적인 부분은 외교라고 할 수 있다. 외교의 실행 양식이 변화무쌍이다. 러시아에 대한 외교를 먼저 보자. 나토 회원국이면서 튀르키예는 러시아와 원만한 관계를 유지해오고 있다. 물론 부침이 있었지만 아주 나빠지는 것은 막아왔고, 최근에는 꽤 우호적인 관계를 형성하고 있다. 아이러니한 일이다. 나토라는 것이 원래 소련 때문에 생겼다. 제2차 세계대전이 끝나고 미국-소련 사이 냉전이 시작되면서 소련을 적국으로 상정해 미국과 유럽의 주요 국가들이 나토라는 '집단 방위 체제collective defense system'를 만들어낸 것이다.

　여러 나라가 힘을 합쳐 공동으로 침략을 막는 방법은 두 가지가 있다. 하나는 '집단 방위 체제', 다른 하나는 '집단 안보 체제 collective security system'이다. 전자는 공동의 적을 상정해놓고 구축되는 체제이다. 나토가 대표적이다. 후자는 상정된 적국은 없고 만약 어떤 나라가 침략하면 함께 대응하기 위한 체제이다. 국제연합UN이 그것이다.

　튀르키예는 나토 안에 있으면서 나토가 상정한 적국 러시아와 비교적 잘 지내고 있는 것이다. 튀르키예에 러시아는 '적이면서 친구'인 묘한 존재가 아닐 수 없다. 심지어 2019년에는 러시아의 미사일 방어 체제 S-400을 도입했다. 물론 미국은 강력하게 반발했다. 더욱이 튀르키예는 미국의 첨단 스텔스 전투기 F-35를 공동 개발한 국가다. 러시아의 S-400을 도입, 운용하면서 F-35의 개발에 계속 참여하면 미국의 첨단 기술이 러시아로 넘어갈 수 있기 때문에 미국은 반발하지 않을 수 없었다. 더욱이 S-400 시스템은 F-35와 같은 스텔스 전투기를 탐지하는 능력을 갖추고 있다. 하지만 튀르키예는 미국의 반발에 크게 신경 쓰지 않았다. 결국 미국은 F-35 공동 개발국에서 튀르키예를 빼버렸다. F-15 전투기 판매도 막았다.

러시아와는 경제협력도 계속하고 있다. 러시아에서 석유와 천연가스, 구리, 알루미늄, 곡물 등을 수입하고 있고, 결제 대금의 일부는 러시아 화폐 루블로 지불하고 있다. 관광 교류도 지속적으로 진행하고, 러시아의 국영 에너지기업 로사톰은 튀르키예 남부에 원전을 짓고 있다. 튀르키예는 러시아에 석유화학 제품과 건설 장비, 자동차 부품, 농수산물 등을 수출하고 있다. 러시아 내 방대한 건설 사업에 튀르키예도 적극 참여하고 있다. 2023년 1년 동안 양국의 교역 규모가 565억 달러에 달했다.

이러한 교류 협력에도 불구하고, 튀르키예는 필요하면 러시아가 싫어하는 정책도 서슴없이 실행한다. 2022년 2월 24일 러시아가 우크라이나를 침공하면서 우크라이나 전쟁을 시작됐다. 초기에 러시아의 공세는 거셌다. 헤르손을 위시한 흑해 연안 지역이 쉽게 러시아의 손아귀에 들어갔다. 하지만 흑해에서의 상황은 많이 달랐다. 4월 초 우크라이나는 미사일로 러시아 흑해 함대의 기함인 모스크바함을 공격해 침몰시켰다. 러시아로서는 충격이 아닐 수 없었다. 양국의 격전지였던 흑해 서북부의 즈미이니섬에서도 러시아는 철수했다. 이로써 우크라이나는 곡물 수출항인 오데사의 함락을 막았고,

곧 곡물을 수출할 수 있게 되었다.

그런데 이러한 흑해의 역학 관계에 튀르키예가 깊숙이 개입하고 있었다. 러시아가 흑해 제해권을 탄탄하게 유지하기 위해서는 지중해-에게해-흑해 항로를 확보해 필요할 때 북해 함대의 지원을 쉽게 받을 수 있어야 했다. 문제는 지중해를 지나 에게해에서 흑해로 가는 항로를 튀르키예가 통제하고 있다는 것이다.

에게해에서 흑해로 들어가기 위해서는 두 개의 관문을 통과해야 한다. 첫째는 다다넬스해협, 둘째는 보스포러스해협이다. 이 두 해협에 대한 통제권이 튀르키예에 있다. 1936년 체결된 몽트뢰 Montreux협정에 따른 것이다. 러시아와 우크라이나가 전쟁을 벌이는 상황에서 튀르키예는 러시아에 이 문을 열어주지 않았다. 그 바람에 러시아는 흑해 함대에 대한 지원 세력을 마음대로 확보하지 못했고, 결국 흑해 제해권을 잃어 바다를 통한 우크라이나 봉쇄 전략도 실패했다.

뿐만 아니라 튀르키예는 우크라이나에 무기도 노골적으로 제공해왔다. 무인기 바이락타르가 대표적인데, 우크라이나는 이 무인기를 이용해 러시아의 탱크를 폭파시키고는 했다. 러시아의 공세를 약화시키는 데 큰 기여를 한 것이다. 2014년 러시아는 크림반도를 점령해 자국의 영토로 만들어버렸는데, 튀르키예는 이것도 인정하지 않고 있다.

나토 회원국인 튀르키예로서는 우크라이나를 지원하는 나토의 방침에 어느 정도 협조할 필요가 있다. 러시아의 침공을 돕지 않고 우크라이나를 돕는 것은 나토에 대한 협조의 일환이라 할 수 있다. 1923년 건국 이후 튀르키예는 유럽을 지향해왔고, 큰 틀에서 유럽과 협조를 유지하는 것이 튀르키예의 미래를 위해서 유리하다고 판단한 것이라 할 수 있다.

종종 미국과도
다른 노선

제2차 세계대전 직후 유럽의 국제질서는 큰 격동기를 겪고 있었다. 연합국은 독일에 대한 통치를 둘러싸고 갈등 중이었다. 특히 미국과 소련은 냉전 상황으로 돌입하면서 대립이 심화되었다. 미국은 서유럽 자유민주주의 세계를 보호하려 했고, 소련은 사회주의 세력의 팽창을 추구하고 있었다. 소련은 특히 튀르키예 통제 아래 있는 다다넬스해협과 보스포러스해협에서 종종 무력시위를 벌이기도 했다.

이에 위협을 느낀 튀르키예는 미국에 도움을 청했다. 미국은 1947년 마셜 계획의 대상 국가에 튀르키예를 포함시켜 지원하기 시작했다. 튀르키예는 냉전의 와중에 미국에 편승한 것이다. 1950년 한국전쟁이 발발하자 미국, 영국 다음으로 많은 병력을 파견했다. 덕분에 1952년 나토 회원국이 되었다. 이후 튀르키예는 미국과 대체로 우호적인 관계를 계속 이어왔다.

1991년 걸프전 당시에는 미국에 자국의 군사기지를 사용할 수 있도록 해주었다. 자국을 통과하는 이라크의 송유관을 봉쇄하고, 대규모 병력을 이라크 국경 지대에 배치해 이라크를 압박했다. 이후 미국의 이라크·이란에 대한 제재에도 동참했다.

이렇게 협력적 관계를 유지해오고 있지만, 마냥 미국을 추종하는 것은 아니다. 필요할 때는 미국의 정책 방향과 다른 노선을 가는 것도 서슴지 않는다. 1990년대 말 미국이 이라크에 거주하는 쿠르드족을 지원하자 이에 반발해 튀르키예와 미국의 관계가 경색되기도 했다. 2003년 이라크전쟁 당시에는 미국의 파병 요청을 거부했다. 다만 미 공군기의 튀르키예 영공 통과는 허용했다. 절반의 합의에 양국 관계는 다소 소원해지기도 했다.

러시아가 우크라이나를 침공한 직후 미국은 대러시아 경제제재를 주도했다. 러시아에 수출도 하지 말고 러시아산 석유나 곡물 등을 수입하지도 말자는 것이었다. 러시아를 '침략자', '평화 파괴자'로 규정하고 국제사회가 똘똘 뭉쳐 비난과 압박을 강화해 전쟁을 조기에 종식시키려는 게 미국의 전략이었다. 하지만 튀르키예는 미국이 주도하는 경제제재에 참여하지 않았다. 경제적으로 어려운 상황에서 러시아산 석유와 천연가스, 밀 등을 수입하지 않을 수 없다는 논리였다.

게다가 러시아는 시리아와 친밀한 관계를 유지하고 있다. 만약 러시아와 시리아가 협의해 시리아 이들리브에 있는 난민 수십만 명을 풀어준다면, 이들이 튀르키예로 넘어와 큰 부담이 될 수 있다. 그러니 튀르키예는 러시아와 척지고 싶지 않은 것이다.

그야말로 철저한 국익 확보 외교가 아닐 수 없다. 세계 최강대국의 요구라 해도 자신의 국익을 해치는 것이면 들어줄 수 없다는 태도이다. 실제로 튀르키예는 경제제재에 참여하지 않고 러시아산 석유와 천연가스를 국제가격보다 싸게 수입해 2023년 한 해 동안 에너지 비용을 2조 6000억 원 정도 절감했다. 2023년 10월 자료를 보면, 튀르키예가 수입한 석유의 50퍼센트, 천연가스의 59퍼센트가 러시아산이었다. 튀르키예와 러시아는 지리적으로도 가까워 튀르키예의 러시아산 에너지 수입은 앞으로도 증가하면 증가했지 줄어들지는 않을 것으로 보인다.

튀르키예는 러시아에 대한 경제제재에 참여하지 않은 채 경제 교류를 하는 정도에 그치지 않고, 러시아를 위해 군수품이 될 수 있는 것들을 조달해주는 역할까지 해왔다. 반도체 칩, 통신장비 등을 러시아에 수출한 것이다. 튀르키예에서 생산한 것뿐만 아니라 선진국에서 생산한 것을 수입한 뒤 러시아와 가까운 아제르바이잔, 조지아, 카자흐스탄, 키르기스스탄, 우즈베키스탄 등에 수출하고, 이들 국가가 다시 러시아로 수출하는 형태로 경제제재의 망을 우회하면서 러시아에 협조했다.

러시아가 전쟁 수행에 필요한 물자를 수출하면서, 동시에 우크라이나에는 무기를 수출하는 튀르키예. 이 나라를 어떻게 보아야 할지 헷갈린다. 원래 전쟁이 일어나면 주변국은 돈을 번다. 전쟁하는 나라들은 무기, 군복, 군화, 식량 등을 계속 조달해야 하기 때문이다. 베트남전쟁 당시 일본과 한국이 득을 본 것이 비근한 예이다.

튀르키예도 전쟁을 하고 있는 러시아, 우크라이나 모두에 필요 물자들을 팔면서 이익을 챙기고 있다. 물론 이것도 국익을 위한 교역이고, 실용 외교의 일환이라고 할 수 있다. 하지만 전쟁으로 고통 받고 있는 사람들, 특히 여성, 노인, 어린이 등 전쟁 약자들을 생각하면,

그 전쟁으로 잇속을 챙기는 이웃 국가는 얄밉고 야속한 존재가 아닐 수 없다. 그러나 어쩌랴. 그것이 냉혹한 국제정치의 현실인 것을.

튀르키예는 미국이 주도하는 나토의 확장도, 미국이 지원하는 국가의 대외 정책도 자신의 국익과 배치되면 지원하지 않는 모습을 보여왔다. 예를 들면 이런 식이다. 러시아의 팽창주의에 자극받은 핀란드와 스웨덴이 나토 가입을 추진했다. 2022년 5월 동시에 가입 신청서를 제출했다. 회원국 모두가 찬성해야 가입할 수 있는데, 튀르키예는 반대했다. 나토를 주도하는 미국과 유럽 주요 국가들의 바람과는 다른 길을 간 것이다. '어깃장 외교'라고나 할까. 튀르키예가 반대한 이유는 이 나라들이 쿠르드족을 지원한다는 것이었다. 쿠르드족은 튀르키예의 소수민족으로 튀르키예 정부와 오랫동안 알력 관계이다.

미국과 핀란드, 스웨덴 등이 나서서 튀르키예를 설득했다. 튀르키예는 쉽게 동의해주지 않았다. 대신 요구 사항을 제시했다. 핀란드에 반테러리즘 법안 강화를 비판하지 말라고 요구했다. '쿠르르족 문제는 우리가 알아서 할 테니 간섭하지 말라'는 의미였다. 무기 수출에 대해서도 비판하지 말 것을 요구했다. 1년간의 긴 논의 끝에 핀란드는 이 요구들을 들어주었다. 그러고는 2023년 4월 나토에 가입할 수 있었다.

튀르키예는 스웨덴에도 반테러리즘 법안을 두고 왈가왈부하지 말라고 요구했다. EU에 가입하려는 자신들의 입장을 지지해달라는 요구도 했다. 2년 가까이 실랑이를 한 뒤 스웨덴은 튀르키예의 요구를 수용했다. 거기에 더해 미국은 튀르키예에 F-16 최신 사양 40

대를 판매하기로 하고, 튀르키예가 이미 보유한 F-16 79대에도 최신 장비를 제공하기로 했다. 2019년 튀르키예의 러시아 S-400 미사일 도입에 대한 보복 조치를 일부 해제한 것이다. 에르도안 튀르키예 대통령은 스웨덴의 나토 가입 승인을 카드로 활용해 미국과 정상회담을 열고 이 같은 미국의 양보를 얻어냈다. 스웨덴과 미국의 이런 조치 이후 2024년 3월에야 스웨덴은 나토에 가입할 수 있었다.

팔색조 외교로
국익 최대화

이러한 변화무쌍한 외교는 '팔색조 외교'로 표현된다. 시기에 따라 상황에 따라 여러 가지 색깔로 바뀌니 그렇게 표현하는 것이다. 그렇게 무시로 변하는 튀르키예 외교지만 지향점은 단 하나이다. 바로 국가 이익이다. 튀르키예가 국익을 최대로 확보할 수 있는 쪽은 어디인지를 시시각각 주시하면서 그에 맞게 변형을 가하는 것이다. "국제정치에서는 영원한 친구도 영원한 적도 없다. 오직 국가 이익이 있을 뿐이다"라는 파머스톤 경의 격언이 이처럼 잘 적용되는 나라도 흔치 않을 것이다. 어느 쪽에 편승하는 것도 아니고, 어느 한 나라에만 균형을 추구하는 것도 아니다. 때로는 러시아에, 때로는 미국에, 어떤 때는 유럽의 강대국들에 균형을 취한다. 그런 면에서 '다원적 균형 정책'이라고 할 수도 있겠다.

　뿐만 아니라 튀르키예는 국제적인 중대 사안, 특히 중동과 관련된 주요 이슈에는 중재자를 자임하면서 문제 해결사로 나서고 있다. 시리아 내전, 이란 핵과 관련된 협상, 이스라엘-팔레스타인 분쟁, 팔레스타인의 정파 하마스와 타파 사이의 알력 등에 깊이 개입해 문제를 해결하려는 노력을 보여왔다. 국익 중심의 실용 외교를 하면서도 중동과 관련한 이슈는 적극 해결해 중동과 세계평화에 기여하려는 외교를 전개하고 있는 것이다.

이렇게 튀르키예는 미국서방과의 돈독한 관계를 계속 유지하면서, 동시에 러시아와의 특수 관계도 포기하지 않으려 한다. 그래서 갈등·불화의 국면을 겪는 일도 많다. 때로는 러시아와 때로는 미국과. 그런 가운데 현재 미국과 대화가 되면서 러시아와도 소통되는 면이 있고, 또 우크라이나와도 협의가 가능한 세계 유일의 국가가 튀르키예라 할 수 있다. 우크라이나 전쟁을 끝내기 위한 평화 협상을 만들어내려는 에르도안의 움직임을 우리가 계속 주목해야 하는 이유가 여기에 있다.

이처럼 국익을 확장하기 위해, 또 국제평화라는 명분을 위해 동분서주하고 있는 튀르키예의 팔색조 외교가 앞으로 얼마나 더 많은 색깔을 내면서 진화할지 주목해볼 일이다.

Chapter 12

화려한 군사기지 외교, 지부티

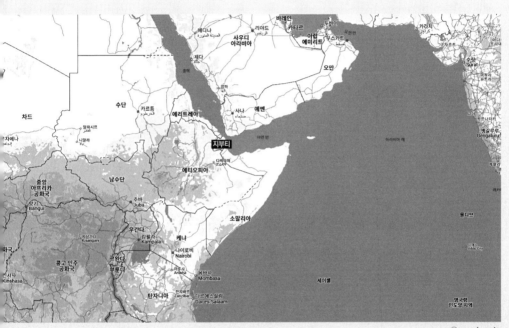

지부티 위치

80년간
프랑스 식민지

지금의 지부티 지역에는 기원전 3세기경 아파르족이 다나킬사막(에티오피아와 에리트레아에 걸쳐 있는 사막)에서 이주해 살았다. 이후 소말리계인 이사족이 대부분의 아파르족을 내쫓고 이 지역을 차지했다. 그래서 지금도 두 부족 사이에 갈등이 존재한다. 9세기에 이슬람교가 전파되어 대세가 되었다. 지금도 국민의 94퍼센트가 이슬람교도이다. 나머지 6퍼센트는 기독교도이다. 16세기부터는 아랍인들이 적극 진출해 이 지역 상권을 대부분 차지했다. 19세기 후반 유럽 강대국들이 식민지 건설에 나서면서 지부티도 그 희생양이 되었다. 아프리카의 뿔(아프리카 동부에서 코뿔소 뿔처럼 튀어나온 지역. 에티오피아, 에리트레아, 소말리아, 지부티 등이 여기에 속한다) 지역에 먼저 진출한 나라는 영국이다. 영국은 1840년 소말리아 북부 지역을 점령했다. 그러자 1862년 프랑스는 지부티 북쪽으로 들어왔다. 1896년에는 프랑스가 지부티를 모두 차지해 식민지로 만들었다. 이후 1880년에는 이탈리아가 나서 소말리아 남부와 에티오피아 일부, 에리트레아 일부 지역을 차지했다.

제2차 세계대전 당시에는 영국이 동아프리카 대부분을 점령함에 따라 지부티도 영국의 통치를 받았다. 제2차 세계대전 직후 지부티는 영국에서 프랑스로 반환됐고, 1946년에는 프랑스의 해외 영토가 되었다. 1958년에는 독립 여부를 놓고 국민투표를 실시했는데, 프랑스의 영토로 남겠다는 의견이 다수를 차지해 독립은 미뤄졌다. 1967년 두 번째 국민투표에서도 결과는 마찬가지였다.

1970년대에는 분위기가 달라졌다. 당시 아프리카의 여러 나라가 독립을 추진하고 있었다. 지부티도 그런 흐름에 따라 독립 여론이 높아졌다. 1977년 세 번째 국민투표가 실시되었다. 투표자의 98.7퍼센트가 독립에 찬성했다. 그 결과 프랑스에서 독립하게 되었고, 이사족 출신의 하산 굴레드 압티돈Hassan Gouled Aptidon이 초대 대통령으로 선출되었다.

이사족 출신의 대통령과 이사족 중심의 정부는 독재를 자행했고, 부패가 심했다. 아파르족은 불만이 높아졌고, 반군을 결성했다. 1991년부터는 정부군과 반군 사이에 내전이 시작되었다. 1994년 휴전이 성립되기도 했지만, 반군 강경파의 무력투쟁으로 곧 내전이 재개되었다. 그 사이 압티돈은 1993년 4선에 성공했고, 1999년 퇴임했다.

압티돈의 뒤를 이은 인물은 그의 조카 이스마일 오마르 겔레Ismail Omar Guelleh였다. 1999년 5월 대통령에 취임한 겔레는 반정부 인사들을 수감하고 언론을 탄압했다. 반군과는 평화협상을 벌여 2001년 내전을 끝냈다. 하지만 이사족이 계속 집권하고 있고, 아파

이스마일 오마르 겔레 지부티 대통령. 1999년 이후 계속 집권하고 있다.

르족은 소수파에 머물러 갈등이 커질 가능성이 여전히 남아 있다. 겔레는 재선까지만 허용하던 헌법을 2010년 개정해 계속 출마할 수 있도록 했다. 그는 2011년 3선, 2016년 4선, 2021년 5선에 성 공했다. 20년을 훨씬 넘겨 집권하고 있는 것이다.

장기 독재와 부패

1977년 독립 이후 지부티의 정치는 후진을 벗어나지 못하고 있다. 권력은 소수 엘리트에 집중되어 있고 부패는 심하다. 야당은 기능을 못하고, 시민사회도 성장하지 못했다. 한 집안의 독재가 오랫동안 계 속되어온 만큼 대통령 주변의 권력 집중과 부패는 특히 놀라울 정도이다. 대통령 부인 카드라 마하무드 하이드Kadra Mahamoud Haid가 그 정점에 있다. 그녀는 사실상 부통령처럼 행동하고 있다. 두 딸도 비슷한 권력을 행사한다. 큰딸은 대통령의 핵심 참모 역할을 하고, 작은딸은 재계에 큰 영향력을 발휘하고 있다.

대통령의 이복동생 중 한 명인 사드 오마르 겔레Saad Omar Guelleh는 지부티항의 운영을 맡고 있다. 지부티항은 지부티의 가장 중요한 경제 시설 중 하나인데, 그 운영을 이복동생에게 맡겨두고 있는 것이다. 대통령의 사촌인 자마 알리 겔레Djama Ali Guelleh는 지부티전기공사의 사장 자리를 차지하고 있다.

집안 식구들에게 중요한 자리를 맡기는 방식으로 겔레 대통령은 정치와 경제는 물론 사법부도 장악하고 있다. 경찰, 보안 기관, 군도 마찬가지로 그의 손아귀에 있다. 언론과 인터넷에 대한 통제도 물론 심하다. 독단적이고 불법적인 법 집행도 비일비재하다. 국제적인 인권 단체들이 이런 문제들을 지적하고 있지만, 잘 개선되지 않는다다.

2011년 겔레가 헌법을 고쳐 3선에 나섰을 때는 반정부 시위가 거세었다. 당시 '아랍의 봄' 바람이 지부티까지 미쳤던 것이다. 겔레는 이를 강경 진압했다. 시위 지도자들을 체포하고, 외국에서 온 선거 참관인들을 추방했다. 그렇게 겨우 위기를 넘겼다. 이후에도 겔레의 집권이 계속되고 있고, 겔레 집안의 권력 남용과 부패도 계속되고 있다. 도시국가처럼 인구 110만 명밖에 안 되는 작은 나라 지부티를 겔레는 자신의 손바닥 위에 올려놓고 쥐었다 놓았다 하고 있는 것이다.

요컨대 지부티의 국내 정치는 위태위태한 상황이다. 소수파 아파르족이 불만을 가득 안은 채 좌우를 살피고 있다. 정권의 독재와 부패에는 큰 반대 시위가 존재했었고, 정권의 행태는 시위 당시와 다른 것이 없다. 다시 시위가 일어나도 전혀 놀라운 일이 아니다.

미국 요구도 거절…
중국 기지 유치

지부티의 정치 상황은 가혹한데, 외교로 얘기를 한정하면 아주 흥미로운 면이 많다. 지정학적 이해가 매우 빠르다. 사고도 아주 전략적이다. 그리고 매우 실리적이다. 실제로 철저한 실리 외교로 많은 경제적 이익을 확보하고 있다.

크기가 한국의 4분의 1정도밖에 안 되는 지부티는 천혜의 전략적 입지를 가졌다. 바로 앞에 바브엘만데브해협이 있는 것이다. 이 해협은 반대편 예멘과의 거리가 29킬로미터밖에 안 된다. 서쪽에는 홍해, 동쪽에는 아덴만이 있다. 수에즈운하를 통과해 인도양으로 가려면 반드시 이 좁은 해협을 지나야 된다. 물론 반대로 인도양에서 수에즈운하로 가려고 해도 여기를 지나야 한다. 세계무역의 10퍼센트가 이곳을 통과하면서 이루어진다. 지금도 매일 수백만 톤의 원유와 공산품, 농산품들이 이곳을 통과한다. 좁은 곳인 만큼 배들은 속도를 줄이게 되고 이를 노려 해적들이 출몰하기 쉬운 곳이다.

강대국들은 바브엘만데브해협과 지부티의 지정학적 가치를

너무 잘 알고 있다. 그래서 프랑스의 드골 대통령은 지부티를 끝까지 프랑스 영토로 보유하려 했다. 프랑스는 1977년 지부티가 독립한 이후에도 군사기지를 철수하지 않았다. 지부티가 독립 직후 국가를 건설하는 작업을 도우면서 계속 주둔했다.

강대국들이 관심을 갖는 지역인 만큼 지부티 입장에서도 자국의 안보를 지속적으로 확보하려면 든든한 뒷배가 필요했다. 작고 약한 신생국이기 때문에 강대국의 힘이 필요하다고 느낀 것이다. 그래서 프랑스군의 주둔을 허용해 다른 강대국이 넘보는 일이 없도록 해야겠다고 판단했다. 1991년에는 방위 협정을 개정해 프랑스가 보다 많은 역할을 할 수 있도록 했다. 육상뿐만 아니라 해상과 공중의 안보도 책임지도록 했고, 민간 수송에 대한 모니터링도 할 수 있도록 한 것이다. 이처럼 양측의 방위협력은 시간이 지나면서 더 강화되는 가운데, 7000명의 프랑스 병력이 지부티에 상주하고 있다.

독일은 2002년부터 프랑스 해군기지에 해군을 주둔시키고 있다. 여기에 주둔하는 독일 해군은 독일의 상선을 에스코트할 뿐만 아니라 해적 퇴치를 위한 EU(유럽연합)의 활동을 지원하는 역할도 하고 있다. 스페인은 2008년부터 프랑스 해군기지에 해병대 병력을 주둔시키고 있다. 특히 스페인은 해병 정찰기를 여기에 배치에 아덴만과 인도양에서 해적이 출몰하는 상황을 면밀히 정찰하는 역할을 하면서 EU의 해적 퇴치 활동을 지원하고 있다.

2000년대 들어 소말리아 해역을 중심으로 해적이 많아졌다. 오랜 내전에 시달리던 소말리아 사람들이 생존의 수단으로 해적질을 많이 하게 된 것이다. 해적질도 진화해 심지어 해적펀드까지 생겨날 정도였다. 부호들로부터 미리 투자를 받고 해적질을 해서 번 돈으로 투자금에 이자까지 붙여 갚는 펀드를 만들 정도로 해적 비즈니스가 진화한 것이다. 해적단은 법률 전문가까지 고용해 나포 선박과 인질에 대한 협상 전략을 컨설팅받기도 했다. 번 돈을 부동산과 벤처기업에 투자해 사업 규모를 확대하기도 했다.

이렇게 해적이 횡행하자 강대국들은 지부티에 군사기지 설치를 서둘렀다. 지부티는 이러한 정세를 면밀히 파악하면서 상황을 십분 이용했다. 미국은 1977년 지부티가 독립하자마자 수교하고 원만한 관계를 유지했으며, 2003년에는 군사기지 설치를 추진했다. 지부티는 이를 수용했다. 경제적인 이유와 함께 정치적 이유도 작용했다. 2001년 내전이 끝났지만, 다시 일어나지 말란 법이 없었다.

지부티 정부는 미군을 주둔시키면 내전 재발 방지에 크게 도움이 될 것으로 판단했다. 내전으로 미군 기지가 위험해지는 것을 미국이 가만히 보고 있지는 않을 것으로 본 것이다. 프랑스는 내전 당시 의료와 병참 등의 지원만 했고 직접적인 개입은 하지 않았다. 이에 비해 미군은 내전에 더 민감하게 대응할 것으로 기대한 것이다.

그렇게 2003년 미군 기지가 설치돼 병력 4000명을 주둔시키기 시작했다. 아프리카에 있는 미군의 유일한 상주 기지이다. 처음엔 37헥타르였는데, 점점 커져서 지금은 200헥타르에 이른다. 미군의 아프리카 사령부도 여기에 자리를 잡았다. 본 기지와 좀 떨어진 곳에 비행장도 따로 가지고 있다.

영국은 미군 기지에 작은 규모의 주둔군을 유지하고 있다. 여기에 주둔한 영국군은 예멘을 상대로 한 특수부대 작전이나 드론 작전에 주로 참여한다. 여기에 배치된 영국군 정보 장교가 미군의 교육을 담당하기도 한다.

일본은 2011년 12헥타르를 확보해 군기지를 만들었다. 제2차 세계대전 패전 이후 첫 해외 군사기지를 지부티에 건설한 것이다. 자위대 병력 180명을 배치해놓고 있다. 일본 헌법은 군대 자체를 갖지 못하도록 하고 있다. 하지만 일본은 자위대라는 이름으로 군대를 갖고 있고, 해외 군사기지까지 만들어 병력을 파견해놓은 것이다. 더욱이 일본은 지부티 기지의 군사적인 능력을 계속 증대시키고 있다. 첨단 호위함까지 배치해놓았다.

물론 일본 정부의 공식적인 목적은 해적에 대응하기 위한 것이다. 하지만 일본은 2015년 집단자위권을 합헌으로 해석해 동맹국이 전쟁에 개입하면 자위대도 전쟁을 할 수 있도록 했다. 만약 작전 중 미국과 중국이 충돌한다면 일본은 미국 편으로 전쟁에 개입할 수 있게 된 것이다. 지부티 앞바다에서, 아덴만에서 이런 상황이 발생하지 말란 법이 없다. 일본 등 동맹국을 활용해 중국을 포위하려는 미국의 인도태평양 전략이 지부티에서도 펼쳐지고 있는 것이다.

2014년에는 이탈리아가 군사기지를 마련했다. 지부티 국제공항 바로 옆에 부지를 마련해 기지를 건설한 것이다. 이탈리아 기지는 해적에 대한 대응과 함께 내정이 불안한 소말리아의 정세에도 주목하고 있다. 19세기 후반부터 동아프리카에 지대한 관심을 가져온 이탈리아는 소말리아의 안정화에도 늘 관심을 갖고 있다. 필요한 경우 소말리아에 개입하는 일을 지부티의 이탈리아 군기지에 맡겨놓고 있는 것이다.

중국은 프랑스, 독일, 스페인, 미국, 영국, 일본, 이탈리아에 이어 여덟 번째로 지부티에 자국 군을 주둔시킨 나라가 되었다. 2017년 지부티에 해군기지를 세운 것이다. 물론 중국의 해군기지는 자국 상선을 해적으로부터 보호하는 데 첫 번째 목적이 있다. 주변에 긴급 상황이 발생했을 때 도움을 주는 인도주의적 작전을 수행하는 것도 해군기지 설치 이유 중 하나이다.

중국은 남수단 유전에 대규모 투자를 해놓고 700여 명의 병력을 파견해 현장을 지키고 있다. 아프리카와는 교역을 계속 확대해 나가면서 아프리카에 대한 영향력과 인도양에 대한 접근권도 증대시켜 나갈 계획이다. 중국군의 지부티 기지는 이러한 중국의 아프리카 전략을 위한 전초기지 역할도 하고 있다.

하지만 중국이 공개적으로 밝히지 않는 목적은 따로 있다. 바로 미국에 대한 견제이다. 미국이 지부티 앞바다를 장악하고 힘을 행사하면 중국 상선의 움직임은 제한될 수밖에 없다. 이는 중국의 경제에 막대한 타격을 주게 된다. 중국은 이러한 상황을 막고 싶은 것이다. 그래서 그 많은 자원을 지부티에 투여하고 해군기지를 설치한 것이다.

2014년 지부티-중국 국방안보합의가 체결되면서 양국의 군기지 설치에 대한 논의가 본격화되었다. 미국은 이에 강경하게 반대했다. 하지만 소용이 없었다. 지부티는 제 갈 길을 갔다. 중국의 기지 설치를 허용하고 경제적 실리를 얻는 쪽을 택한 것이다. 물론 미국과의 관계를 걱정하지 않는 것은 아닐 것이다. 하지만 전략적으로 워낙 중요한 입지를 확보하고 있는 만큼 크게 걱정할 필요는 없다고 생각한 것 같다. '기분이 좀 나쁘겠지만, 그렇다고 어쩔 거야. 너희도 우리나라에 군기지를 계속 유지해야 되잖아. 영 언짢으면 기지를 빼든지.' 이런 인식이었을 것이다.

결국 미국도 어쩔 수 없었다. "중국을 받지 말라"고 요구는 했지만, 그렇다고 이를 거부하는 지부티를 군사적으로 위협할 수 있는 상황도 못 되었다. 프랑스, 이탈리아, 일본 등 다른 나라들이 바로 옆에서 지켜보고 있었으니 더 이상 강하게 요구하기도 어려웠다. 2015년 지부티와 중국은 군기지 설치에 합의했고, 2017년 8월 실제로 해군기지를 설립했다. 중국의 첫 해외 군사기지인데, 미군 기지와의 거리는 10킬로미터 정도밖에 되지 않는다. 1만 명 정도를 수용할 수 있는 규모이고, 첨단의 육해공군 장비와 무기들을 갖추고 있다.

그밖에도 여러 나라가 지부티에 군사기지를 설치하려 하고 있다. 사우디아라비아는 군사기지 설치를 위해 지부티와 협상 중이다. 러시아도 여전히 군기지를 설치하고 싶어 한다. 2014년 군사기지 설치를 요청했었다. 하지만 거절당했다. 미국이 강력히 반대했기 때문이다. 당시는 러시아가 우크라이나 땅인 크림반도를 강제 점령한 직후여서 미국의 반대가 강했고, 지부티가 이에 따르면서 러시아의 지부티 군사기지 확보 사업은 무산되었다. 하지만 강대국 국익의 각축장이 된 지부티에 러시아는 계속 진출하려 하고 있다.

인도도 지부티에 군사기지를 가진 나라의 대열에 참여하려 한다. 지부티는 계속 강대국들의 각축장으로 남아 있을 것 같다. 그 속에서 지부티는 더 많은 경제적 이익을 확보하기 위해 더 현란한 외교술을 펼쳐 나갈 것이다.

실리 외교의 극치

지부티는 중국과 2013년부터 관계가 돈독해졌다. 중국이 일대일로 전략을 실행하기 시작할 때이다. 중국의 투자는 교류가 중심이었다. 중국은 지부티-아디스아바바(에티오피아) 철도 건설, 지부티-에티오피아 수도관 건설, 신공항 건설, 신항만 건설, 자유무역 지대 구축 등 대규모 투자를 차근차근 진행했다. 철도 건설은 40억 달러짜리, 많은 제조업체와 물류업체가 들어가 1만 5000개의 일자리를 만들어내는 자유무역 지대 구축은 3억 4000만 달러가 투여된 큰 사업이다. 도랄레 다목적항 개발 사업은 5800만 달러가 들어갔다. 이밖에도 중국의 건설회사와 은행들이 대규모 투자 계획을 계속 세우고 있다.

이런 사업들을 진행하면서 중국은 2017년 지부티에 해군기지를 건설했다. 해군기지 임대료로 내는 돈만 따지면 3000만 달러 정도 된다. 하지만 중국과의 관계는 기지 임대료보다 훨씬 큰 투자를 중심을 점점 더 강화되고 있다.

미국은 임대료로 매년 6300만 달러를 지부티에 준다. 2003년 기지 설립 이후 3억 3000만 달러의 원조도 제공했다. 프랑스는 임대료로 매년 3600만 달러를 낸다. 여기에 더해 2006년 8200만 달러의 원조를 제공한 것처럼 가끔 무상원조를 지부티에 준다. 일본도 매년 임대료 3000만 달러 정도를 내는 것으로 알려져 있다. 게다가 2021년 2600만 달러, 2023년 400만 달러 등 원조도 계속 제공하고 있다. 이탈리아도 매년 임대료가 3000만 달러 정도 된다. 지부티가 벌어들이는 군사기지 임대료를 모두 합치면 연 2억 달러 정도 된다. 지부티 1년 예산의 15퍼센트에 해당하는 거액이다.

우리는 주한미군에 대한 방위분담금으로 매년 1조 2000여억 원을 낸다. 안보를 확보해주니 돈을 내라는 미국의 요구에 따라 내는 것이다. 원래는 안 냈다. 미군이 주둔하기 시작한 것은 해방 직후부터이다. 1949년 6월 30일 철수 이후 한국전쟁 발발 때까지 잠깐을 제외하고 계속 미군이 있어 왔다.

그런데 1991년부터 미국의 요구로 방위분담금을 내기 시작했다. 1000억여 원으로 시작했는데, 점점 늘어 2000년에는 4000여억 원, 2010년에는 7900여억 원이 되었다. 지금은 1조 원이 넘은 것이다. 심지어 트럼프 대통령은 재임 시절 50억 달러(약 6조 5000억 원)을 내야 한다고 주장하기도 했다. 미국은 계속 더 많은 분담금을 요구하고 있다.

미군을 주둔시키고 지부티는 돈을 받는데 우리는 돈을 낸다. 미군 주둔으로 안보를 증진시키는 것은 지부티도 마찬가지이다. 그런데 지부티는 거액의 임대료를 받고 군사기지를 빌려준다. 물론 우리는 사정이 다르긴 하다. 한국전쟁 당시 미군이 참전해 전쟁을 해줬다. 한미 동맹이라는 안보 확보의 제도를 유지하는 것도 우리에게 중요하다. 하지만 생각해보면 많이 억울하다. 우리만 필요한가? 미국은 한반도에 군사기지가 필요하지 않은가?

특히 중국과의 전략 경쟁이 심화되고 있는 상황에서 우리의 지정학적 입지는 그 가치가 점점 높아지고 있다. 이런 전략적 자산은 충분히 활용해야 한다. 우리가 미군을 필요로 하는 만큼 미국도 한반도의 군사기지가 필요하다. 이런 점을 당당하게 말해야 한다. '안보를 보장해주는 것은 고맙다. 하지만 요구 액수가 너무 많다. 그러니 좀 낮추자.' 그러나 이런 주장은 미국에 먹히지 않는다. 강대국 치고 온정적인 나라가 있던가? 가진 것을 충분히 활용해 주고받기를 할 수 있어야 한다. 선의에 기대어서는 늘 손해만 보고 이용만 당한다.

윤석열 정부는 2023년 3월 일제 강제징용 피해자에 대해 제3자 변제 방식으로 문제를 해결하겠다고 발표하면서 우리의 선의에 일본이 선의로 응답해 올 것을 기대했다. 물 잔의 반을 우리가 채우면 나머지 반은 일본이 채울 것으로 기대한 것이다. 하지만 일본이 잔을 채우는 일을 했던가? 여전히 일본은 '강제징용은 없었다', '종군위안부도 강제성이 없었다'는 입장이다. 참 어리석고 아마추어적인 외교다. 일본이 어떤 나라인데 그런 나라의 선의를 기대하며 양보를 하다니…….

아무튼 지부티는 지나치리만큼 실리적이다. 돈 아니면 쥐뿔도 없다는 식이다. 과하다 싶지만, 국가 간의 관계에서 과한 실리란 없다. 과하다 싶으면 상대국이 응할 리 없기 때문이다. 과하다 싶지만 상대국도 그만한 대가를 치를 만하기 때문에 내놓은 것이다. 그렇게 상대국에서 최대한을 내도록 하는 게 실리 외교술이기도 하다. 그래서 소국 지부티의 외교술이 주목을 받고 있는 것이다.

이이제이

구한말 중국은 조선이 미국, 영국과 통상조약을 체결하도록 종용하고 알선했다. 바로 적으로 적을 견제하는 이이제이以夷制夷 전략에 따른 것이다. 일본은 힘이 커지면서 조선을 호시탐탐 노리고 있었다. 1876년에는 강화도조약을 맺고 조선에 본격 진출하고 있었다. 러시아도 조선을 노리고 있었다. 청나라의 북양통상 대신 이홍장李鴻章의 눈에 일본과 러시아의 움직임이 훤히 보였다. 그는 미국과 영국을 이용했다. 미국과 영국이 조선과 통상조약을 체결하도록 한 것이다. 그들 나라가 일본과 러시아를 견제하도록 한 것이다.

이이제이는 지금도 전쟁에서, 외교에서 애용된다. 지부티도 군사기지를 이용해 강대국을 강대국으로 견제하고 있다. 프랑스에 이어 미국 등 여러 강대국을 끌어들이면서 어느 한 나라가 지부티에 절대적인 영향력을 행사하지는 못하게 하고 있다. 미군에 기지를 허용한 데에는 프랑스를 견제하기 위한 목적도 있었고, 중국을 받아들인 데에는 미국을 견제할 목적도 작용한 것이다. 이렇게 지부티는 강대국을 이이제이에 활용해 서로 간의 세력 균형을 이루도록 하고 있다. 세력 균형을 이루고 있는 강대국 사이에서 약소국은 평화를 유지하기가 비교적 쉬운 것이니, 그런 구도를 만들어 나가려 하고 있는 것이다.

지부티는 이와 함께 국경을 접한 소말리아나 에티오피아, 에리트레아 등에도 강한 경계심을 갖고 있다. 너무 작은 나라이다 보니 주변의 큰 나라들이 어느 순간 집어삼키지 않을까 하는 안보 불안이

상존하고 있는 것이다. 특히 사이가 좋지 않은 에리트레아에 대한 염려가 크다. 두 나라는 2008년 국경 분쟁의 경험도 있어 감정의 골이 꽤 깊다. 2008년 발생한 국경 전쟁에서 지부티는 44명이 전사했고, 에리트레아는 100명이 사망한 것으로 알려졌다. 유엔의 중재로 분쟁이 일단락되고, 2018년에는 양국의 외교 관계가 정상화됐지만, 전쟁을 겪은 만큼 두 나라 사이가 여전히 우호적이지는 않다.

지부티는 강대국을 여럿 끌어들임으로써 주변국으로부터의 침략도 사전에 예방하려 하고 있다. 남의 힘으로 안보를 확보하려는 것이니 결코 바람직한 것도, 결코 온전한 것도 될 수 없다. 하지만 약하디약한 지부티로서는 그런 고육지책을 채택하는 것이다.

이러한 전략 덕분에 침략을 받지 않는 지부티, 어느 강대국도 지배하지 않는 지부티를 건설하는 것은 안보적 차원의 목표이다. 이를 바탕으로 실제로 지부티가 하려는 것은 유럽과 아시아를 잇는 물류의 중심이 되는 것이다. '인도양의 싱가포르'를 지향하는 것이다. 실제로 세계적인 물류회사들이 지부티항, 도랄레항 등에 자리를 잡고 있고, 그 수요는 점점 늘고 있다. 말하자면 강대국 군대를 통해 안보를 확보하고, 그 바탕 위에서 경제적 번영을 추구하는 것이다.

부의 편재가 문제

지부티는 철저한 실리 외교로 분명 많은 경제적 이익을 확보해왔다. 문제는 그 이익이 어떻게 활용되는가 하는 것이다. 국가 전체를 위해, 저소득층의 생활을 보장하기 위해, 아니면 과학기술의 발전을 위해 쓰인다면 얼마나 좋을까. 안타깝게도 그렇질 못하다. 겔레 정권을 위해 주로 쓰인다. 가난한 사람들은 여전히 가난하다. 아프리카 대부분의 국가가 그런 것처럼.

아프리카의 많은 국가들의 문제는 부의 편재偏在이다. 자원과 재산이 한쪽으로 치우쳐 있다. 자원은 많다. 다이아몬드, 구리, 코발트, 우라늄 등 많은 지하자원이 아프리카에서 채굴된다. 하지만 이를 차지하는 사람들은 소수다. 권력을 쥔 자, 또는 그와 가까운 자들이다. 이들은 자원을 팔아 생긴 돈을 독차지하면서 그 부를 지키기 위해 권력을 유지하고 무기를 산다. 대부분 내전도 이런 이유 때문에 계속된다. 대표적인 나라가 콩고민주공화국(민주콩고)이다.

민주콩고는 1960년 벨기에에서 독립한 이후 내전이 계속되고 있다. 바로 자원 때문이다. 동쪽 지역에서 다이아몬드와 금, 구리, 코발트, 리튬, 콜탄, 탈타늄, 주석 등 자원이 많이 난다. 이 자원을 서로 차지하려 하면서 분쟁이 끊이지 않는다. 지금도 민주군사동맹ADF, M23, 코데코 등 120여 개 반군 단체가 활동하면서 정부군과 민간인들을 수시로 공격하고 있다. 심지어는 현지에 파견된 유엔평화유지군도 공격해왔다.

지부티는 국토의 90퍼센트가 사막이어서 자원이 없다. 그래서 군사기지를 빌려주고 돈을 받는다. 그런데 그렇게 번 돈이 한쪽으로 치우쳐 있고 고루 흐르지 않는다. 국민의 42퍼센트가 극심한 가난에 시달리고, 실업률이 40퍼센트에 이른다. 자원 많은 아프리카 국가들에서 나타나는 현상이 자원 없는 지부티에서도 나타나고 있는 것이다.

'자원의 저주resource curse'라는 말이 있다. 자원이 많은 나라들이 못사는 경우가 많다는 것이다. 자원이 많은 나라는 자원 개발에만 투자를 하고, 부가가치가 더 높은 다른 산업에는 투자를 게을리한다. 이 때문에 산업구조의 고도화가 이루어지지 않고, 결국 선진국이 못 되는 경우가 많다. 아프리카의 많은 나라가 이 자원의 저주에 빠져 있다. 그런데 지부티는 자원도 없는 상태에서, 만들어낸 자원인 군사기지 임대료에 경제의 많은 부분을 의존하고 있으니 '천연자원의 저주'와는 다른 '인공자원의 저주'라고 할 수 있겠다.

외치 따라가야
할 내치

다른 나라와 마찬가지로 지부티도 생존과 주권 유지, 경제적 번영을 국가의 목표로 제시하고 있다. 지부티의 장기 전략을 담은 '지부티 비전 2035Djibouti Vision 2035'는 국가의 장기 목표와 함께 경제적 목표도 제시하고 있다. '아프리카 경제의 허브', '홍해의 등대'가 되겠다는 것이다. 이러한 중장기 목표를 실현하는 핵심 수단은 군사기지이다. 군사기지로 직접 임대료 수입을 올리면서, 이를 매개로 대규모 투자를 유인하고, 이를 바탕으로 동서 물류의 중심이 되어 경제적 번영을 이루어보겠다는 것이다.

지부티의 이러한 전략은 어느 정도 실현되고 있다. 안보상 큰 문제는 없어 보이고, 경제성장도 지속적으로 이루어지고 있다. 하지만 내부로 깊숙이 들어가 보면 상황은 완전히 달라진다. 외교 전략의 성공과 내치의 성공은 다른 이야기이다. 외교로 안보를 확보할 수 있고, 국부를 늘려갈 수는 있지만, 그걸 내부적으로 어떻게 활용하는가는 다른 차원의 문제이다. 겔레 정권은 고도의 외치 전략과는 판이하게 내치에는 실패와 실정투성이다. 부를 독점하면서 장기 독재를 계속하고 있다. 헌법까지 함부로 바꿔 정권을 연장하고 있다. 외치를 통해 얻은 부가 겔레 일가의 축재에 봉사하고 있는 것이다.

전형적인 '지대 추구rent-seeking 국가'가 아닐 수 없다. 지대 추구는 기존의 부에서 자신의 몫을 늘리는 방안만 찾고 새로운 부를 창출하는 데에는 관심을 두지 않는 행위를 말한다. 정부가 지대 추구에 나서면 자원의 불공평한 분배, 소득 불균형 심화, 정부 세입 감소, 사회적 동력 상실 등의 현상이 만연해진다. 겔레 정권은 군사기지 임대료라는 지대를 활용해 가족의 부를 축적하는 데에 우선적인 관심을 두고 있다. 그래서 지부티에서도 지대 추구의 부작용들이 여실히 나타나고 있다.

미국을 비롯한 강대국들은 이러한 부정과 부패에 눈을 감는다. 군사기지에 발목이 잡혀 있기 때문이다. 그런 점으로 보면 겔레의 외교술은 다시 빛난다. 하지만 국방은 적은 비용으로 평화를 지키는 게 최선이고, 외교는 뛰어난 전략으로 안보와 경제적 이익을 확보해 모든 국민이 골고루 혜택을 입도록 하는 게 최선이다. 얻는 것이 있어도 국민들은 그게 어디로 가는지 모르고, 오히려 국민 생활이 피폐해지는 결과로 이어진다면 얻지 않는 것만 못하다.

겔레의 태도와 의식이 중요하지만, 강대국도 제 역할을 좀 해야 할 것 같다. 군사기지를 유지하겠다고 그 나라 정부의 부정부패와 시민들의 고통을 외면해서야 어찌 강한 나라라고 할 수 있겠는가. 이럴 때는 담합을 해도 괜찮다. 나폴레옹전쟁 이후 빈 체제를 만들어서 유럽의 자유주의를 억압할 때는 담합을 잘하던 강대국들 아니던가. 청나라가 망해갈 때는 똘똘 뭉쳐 청나라를 압박해 자신들의 군대를 상주시키도록 한 뒤, 영토를 분할해가던 강대국들 아닌가.

그런 결속을 좀 보여줘야 할 때이다. 지부티에 군사기지를 가진 나라들이 모여서 '우리 군사기지 안 가져도 좋으니 독재 정치 끝내라.' 이런 압박을 세게 해보라. 북한에 대고는 "핵실험 하지 말라", "미사일 시험발사 하지 말라", "인권 개선하라"는 요구를 많이 하면서 북한 못지않게 독재를 하는 지부티에는 찍소리를 못하는 것은 너무 적나라한 이중 기준double standard이다.

물론 다른 나라의 내정에는 개입하지 않는 것이 국제정치의 기본적인 원칙 중 하나이다. 하지만 개입을 해야 할 때가 있다. 정권이 '보호의 책임responsibility to protect'를 다하지 못할 때이다. 대표적인 경우가 대량학살이다. 대량학살이 발생하고 있는데 정권이 방기하고 있거나, 정권이 대량학살에 개입할 때는 국제사회가 개입할 수 있다.

겔레 정권도 보호의 책임을 기대하기 어렵다. 부가 증대되는 만큼 부패는 심해지고, 시민들의 상대적 박탈감, 정권으로부터의 핍박은 더 커질 것이다. 더욱이 그 부를 증대시키는 데 직접 기여하는 것이 강대국들이다. 그러니 그들은 겔레 정권에 일정한 요구를 할

수 있다. 그것도 선한 요구, 바람직한 요구 아닌가. 고차원의 외교
술로 얻는 자원이 모두에게 환영받는 날이 지부티에 올 수 있을는
지……

중립 외교

Chapter 13

고슴도치 중립, 스위스

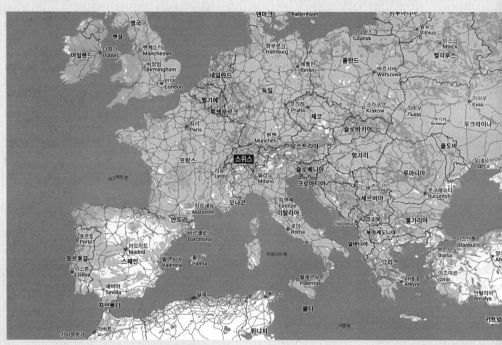

스위스 위치

© google.co.kr

16세기부터
중립 표방

스위스는 게르만족의 일파인 부르군트족과 알라만족이 중세시대 유럽에서 아주 큰 세력이었던 합스부르크 왕가로부터 독립을 시도하면서 형성되기 시작했다. 1291년 3개 지역이 동맹을 맺어 독립운동을 전개했다. 1513년에는 인근 지역이 합세해 13개 칸톤(주에 해당하는 행정구역)을 구성했다.

1515년 13개 칸톤 연합체는 프랑스와 베니스의 연합군과 마리냐노에서 전투를 벌였는데 패했다. 이 전쟁에서 패전하면서 스위스는 중립을 표방했다. 주변국과의 전쟁에서 벗어나 독자적인 길을 가겠다는 의지의 표명이었다. 패전의 영향으로 국내에서는 신교와 구교 사이에 갈등이 심해졌다. 1520년대 울리히 츠빙글리Ulrich Zwingli가 구교의 부패를 개혁해야 한다고 주장하고, 1530년대에는 프랑스에서 망명한 장 칼뱅Jean Calvin까지 가세하면서 신·구교 갈등이 커진 것이다.

종교 분쟁의 와중에도 칸톤 연합체는 중립을 지키며 신·구교

간 합의를 이끌어냈다. 이때 갈등을 자신들의 능력으로 극복하면서 자결주의self-determination가 스위스 정치 문화의 중요한 부분으로 자리 잡게 되었다. 1617년 유럽이 신·구교 간 전쟁인 30년 전쟁에 돌입했지만, 스위스는 개입하지 않았다. 전쟁이 진행되는 과정에서 스위스는 중립의 이점과 필요성을 체감하게 되었다. 다른 유럽 국가들이 전쟁을 하는 동안 칸톤 연합체는 연방 단위의 의회를 구성하고, 전체의 지도자를 선출해 연방 국가가 되는 바탕을 마련했다.

30년 전쟁이 끝나고 1648년 체결된 베스트팔렌조약은 스위스를 국가로 인정하고, 동시에 스위스의 중립도 인정했다. 프랑스는 합스부르크 왕가가 집권하는 신성로마제국을 견제했고, 스위스는 합스부르크 왕가와 거리를 두고 있었다. 프랑스 입장에서는 스위스를 독립시켜 중립으로 만들면, 합스부르크 왕가와 스위스를 완전히 멀어지게 할 수 있다고 생각했다. 그래서 베스트팔렌조약에 스위스를 국가로 인정하고 중립화하는 조항이 들어간 것이다.

분쟁에 개입하지 않으면서 중립을 유지하던 스위스였지만, 18세기 말에서 19세기 초에 걸쳐 일어난 유럽의 광풍을 피해가지는 못했다. 유럽 지배에 나선 나폴레옹이 1798년 스위스를 침공했다. 30년 전쟁을 끝내면서 스위스를 중립국으로 인정해주었던 프랑스가 중립국 스위스를 침략했으니 아이러니가 아닐 수 없다. 나라와 나라 사이는 시대와 국제환경에 따라 180도 바뀔 수 있음을 여실히 보여주는 사례이기도 하다.

나폴레옹은 스위스의 국호를 헬베치아공화국으로 바꾸게 하고, 프랑스와 동맹 관계도 억지로 맺게 했다. 이러한 프랑스의 침공과 강압이 스위스에는 중립의 실익을 더욱 실감하게 만들었다. 1812년 나폴레옹이 러시아 원정에 실패하자 스위스는 민첩하게 중립을 선포했다. 나폴레옹이 반프랑스 연합군에 패배하고 엘바섬으로 귀양을 가게 되면서 유럽 국가들은 전쟁을 정리하는 대규모 회의를 열었다. '비엔나회의'이다.

오스트리아의 재상 클레멘스 폰 메테르니히Klemens von Metternich의 주재로 1814년 9월부터 1815년 6월까지 길게 진행된 회의 결과 '비엔나의정서'가 체결되었다. 이 의정서로 스위스는 다시 중립국으로 인정되었다. 영국과 프로이센, 오스트리아, 러시아, 프랑스, 스웨덴, 스페인, 포르투갈이 중립을 보장한다는 내용이었다. 이렇게 스위스는 스웨덴의 정책적 중립과 대조되는 제도적 중립 지위를 확보하게 되었다. 제도적 중립국의 첫 번째 사례가 된 것이다.

메테르니히를 비롯한 당시 유럽 리더들의 최대 관심은 세력 균형이었다. 나폴레옹의 횡포를 경험한 이후 당시의 강대국인 영국과 프랑스, 프로이센, 오스트리아, 러시아 사이의 힘의 평형이 견지되어야 유럽의 평화가 유지될 수 있다고 생각한 것이다. 스위스는 프랑스와 프로이센, 오스트리아, 이탈리아 사이에 위치해 전략적 가치가 높은 나라이다. 그래서 이들 국가들은 스위스에 눈독을 들일 수밖에 없었다. 이러한 경쟁 상태를 해소하기 위해 비엔나회의는 스위스를 중립국으로 인정하고 이를 보장하기로 한 것이다.

인도주의로
중립 지위 강화

스위스는 영세중립을 표방하면서도 고립주의와는 거리를 두어왔다. 오히려 명분 있는 국제적 활동에 적극 나섰다. 대표적인 것이 국제적십자사ICRC이다. ICRC는 청년 사업가 앙리 뒤낭Henry Dunant이 1863년 창립한 국제 구호단체이다. 1828년 제네바의 칼뱅교도 집안에서 출생한 뒤낭은 어릴 적부터 어머니의 고아원 봉사활동을 보고 자랐다.

청년 시절부터 사업을 한 그는 1859년 솔페리노 전투에서 수만 명의 사망자와 부상자를 목격한 뒤, 사업보다는 사회활동에 더 관심을 갖게 되었다. 1859년 초 오스트리아 영향권에 있던 이탈리아가 독립 움직임을 보이자 오스트리아가 이탈리아를 공격했다. 프랑스는 이탈리아를 도와 함께 전쟁을 했다. 1859년 6월 이탈리아 북구 솔페리노에서 대규모 전투가 벌어졌고, 이 전투에서 이탈리아-프랑스 연합군이 승리하면서 이탈리아는 오스트리아의 영향권에서 벗어났다.

뒤낭은 이 전투에 직접 참여해 당시 프랑스군을 지휘하던 나폴레옹 3세를 찾아갔다. 프랑스의 식민지인 알제리에 설립한 제분회사에 지원을 요청하기 위해서였다. 전투 지휘에 분주한 나폴레옹 3세를 만나지는 못했지만, 뒤낭은 전쟁의 참상을 현장에서 직접 볼 수 있었다. 이후 그는 전시 부상자 구호 등 사회활동을 계속했고, 1863년에는 국제적십자를 창립했다.

앙리 뒤낭의 1901년 모습.

이듬해에는 적십자조약도 체결되었다. 전쟁터에서 부상자를 돌보는 사람들의 활동을 방해하거나 이들을 공격하면 안 된다는 것을 핵심 내용으로 한 조약이다. 그런 지속적인 구호활동을 인정받아 1901년 노벨 평화상을 받았다. 사회활동에 전념하면서 개인 사업은 힘들어져 1910년 10월 스위스 하이덴에서 쓸쓸히 죽음을 맞이했다.

뒤낭의 활동은 스위스의 인도적 지원 전통을 형성했고, 이후 스위스의 국제 인도적 지원활동은 계속되었다. 1871년 프로이센-프랑스 전쟁 당시에는 이 전쟁에서 발생한 부상자를 수용해 치료하고 보호했다. 창립 당시 제네바에 세워진 국제적십자사 본부를 중심으로 전쟁 부상자 구호는 물론, 빈민국의 보건환경 개선 등의 사업을 지속적으로 전개했다. 이러한 스위스의 인도적 지원활동은 스위스의 국제적인 이미지를 크게 높여주었고, 스위스가 인도주의적 중립국이라는 정체성을 튼실하게 자리 잡도록 해주었다.

제1차 세계대전 당시
위기 속 중립

제1차 세계대전은 스위스의 중립에 중대한 시험대가 되었다. 북쪽에는 독일, 동쪽에는 오스트리아, 남쪽에는 이탈리아, 서쪽에는 프랑스가 스위스를 포위하고 있었다. 독일, 오스트리아, 이탈리아는 추축국, 프랑스는 연합국으로 전쟁의 큰 틀을 형성한 국가들이었다. 어느 나라가 침략할지 모르는 상황이었다. 이런 상황에 맞닥뜨려 스위스는 자국의 입장을 다시 한 번 분명히 했다. 새삼 중립을 선언한 것이다. 전쟁에 개입한 나라는 스위스에 간섭할 수 없고, 영토를 통과할 수도 없다고 공표했다. 중립의 구체적인 양태는 무장중립이었다. 군을 동원하고 요새를 만들었다.

전쟁 당사국은 이성적인 의사 결정의 테두리를 벗어나는 경우가 많다. 제2차 세계대전 당시 일본이 대표적이다. 동북아와 동남아 국가들을 점령한 일본은 1941년 12월 7일 미국의 하와이를 공격했다. 당시 일본은 미국을 기습 공격해 결정적인 타격을 주면, 미국과 강화 협정을 맺을 수 있을 것이라 생각했다. 그러면 미국의 태평양

전쟁 참전을 막고, 동북아·동남아에 대한 지배권을 보다 분명히 확보할 수 있겠다는 계산이었다. 하지만 어림없는 생각이었다. 일본의 기습 공격으로 미국의 결전 의지는 확고해졌고, 태평양전쟁에 직접 참전해 핵무기까지 사용해 일본을 패배시켰다. 스위스를 둘러싸고 있던 전쟁 당사국들이 그런 비이성적인 결정을 하지 말란 법은 없었다. 스위스는 자체 방위력 강화로 그런 상황에 대처하고 있었다.

하지만 제1차 세계대전 발발 당시만 하더라도 스위스의 정계가 하나로 결속되지는 못했다. 내각이 독일계와 프랑스계로 분열돼 있었다. 독일계 각료와 독일계인 군 최고사령관은 독일과 오스트리아에 우호적이었다. 이에 대해 프랑스계의 반발은 컸다. 전쟁 초기 교역의 어려움으로 경제는 어려웠고, 노동자들의 투쟁 열기는 높았다. 정치적으로 사회적으로 격랑이 이어졌다.

오래지 않아 분열에 따른 위기감이 높아졌고, 사회적인 통합의 필요성에 대한 인식이 확산되었다. 그런 사회적인 분위기에 부응해 친독일적인 각료들이 물러나고 스위스는 정치적·사회적 타협과 통합 국면으로 전환되었다. 그 결과 독일 쪽에도 프랑스 쪽에도 가담하지 않는 중립 정책이 재차 확인되었다. 제1차 세계대전이 끝날 때까지 그런 입장은 견지될 수 있었다.

제1차 세계대전이 끝나고 국제연맹이 창설되었을 때 스위스는 고민했다. 세계평화를 위해 출범한 국제기구라는 점에서는 가입해야 할 것 같고, 집단 안보 체제라는 점에서는 가입 자체가 중립성을 훼손할 수도 있었기 때문이다. 고민을 거듭한 끝에 스위스가 선택한 것은 가입하되 군사적 조치에는 참여하지 않는다는 것이었다. 무장 중립을 계속 인정받는다는 조건도 있었다.

중립에는 타국에 대한 군사적 조치와 경체제제에 모두 개입하지 않는 통합적 중립integral neutrality과 군사 조치에는 참여하지 않지만 경제제재에는 참여하는 차별적 중립differential neutrality이 있다. 그 중 스위스는 차별적 중립을 택한 것이다. 이후 1935년 에티오피아를 침략한 이탈리아에 대한 경제제재가 효과를 내지 못하는 것을 본 스위스는 더 이상 경제제재에 참여하지 않았다. 차별적 중립에서 통합적 중립으로 방향을 바꾼 것이다.

제2차 세계대전 당시
고슴도치 중립 전략

제2차 세계대전이 발생하면서 스위스는 다시 안보 위기에 처했다. 유럽과 세계질서를 좌지우지하려는 강대국에 둘러싸인 작은 나라의 숙명이었다. 실제로 독일은 스위스를 침공하려고 했다. 이에 스위스는 제1차 세계대전 당시와는 다른 모습으로 제2차 세계대전을 대했다. 보다 철저한 무장중립을 실행한 것이다. 우선 군총사령관에 원칙주의자인 앙리 기장Henry Guisan을 임명했다. 스위스 정계는 방위 계획을 그에게 전적으로 맡기고 간섭하지 않았다. 프랑스계인 기장은 어느 정파에도 휘둘리지 않는 제대로 된 군인이었다. 군을 강화해 스위스를 지키는 일에만 전념했다.

스위스가 독일의 침공에 대비해 실행한 전략은 크게 두 가지였다. 하나는 알프스 요새화 전략, 다른 하나는 자립 경제 전략이었다. 알프스 요새화 전략은 말 그대로 스위스가 가지고 있는 알프스 산맥을 스위스 방위를 위한 거대한 요새로 구축하는 것이었다. 산맥 곳곳에 굴을 파서 사람이 대피할 수 있도록 했고, 무기와 식량을 숨길 수 있게 했다.

스위스는 민병대 50만 명(당시 스위스 전체 인구는 420만 명)을 현역화해 실재적 군사력도 강화했다. 거기에다 노인과 여성 중심의 20만 지역방위대(예비군)도 동원 태세에 돌입했다. 뿐만 아니라 프랑스와 비밀 군사 교류도 진행했다. 스위스 대표단이 프랑스의 대독일 방어선인 마지노선을 찾아가 군사 대비 태세를 관찰하고 스위스의 방위 전략 수립에 참고하기도 했다.

치밀한 점령 작전을 세워놓고 침공을 준비하던 독일이 이런 사실을 모를 수 없었다. 나치는 스위스를 점령하자면 대규모 군을 동원해야 하고, 그러더라도 단시간에 점령하는 것은 불가능하고 많은 시간과 대가를 지불해야 함을 알게 되었다. 결국 나치는 스위스 점령 계획을 포기할 수밖에 없었다.

안보 전략으로 중요한 것 중 하나가 억지deterrence인데, 상대의 공격을 사전에 방지하는 것이다. 공격을 방지하는 방법은 다양하다. 핵무기, 장거리 미사일과 같은 비대칭 무기를 만들어 상대가 감히 공격하지 못하게 하는 방법이 있다. 또 스위스처럼 국민이 똘똘 뭉쳐 항거하는 자세를 취해 침략 비용의 증대를 노리는 방안도 있다. 총사령관 기장은 이를 잘 알고 있었음에 틀림없다. 스위스 전체를 요새화해 히틀러가 고개를 절레절레 흔들게 만들면 된다고 생각하고 이를 실행했던 것이다.

이러한 방위 전략에다 독일군과 연합군이 영공을 침범했을 때는 실제 공격을 감행하기도 했다. 독일군과 프랑스군이 공중전을 벌이면서 스위스 영공을 침범하기도 하고, 미군은 독일을 공격하려다 스위스 북부 지역에 오폭을 하기도 했다. 이러한 행위에 스위스는 보유한 항공기 210여 대를 활용해 강력 대응했다. 침범한 독일이나 연합군 항공기를 강제로 착륙시켰다. 최악의 경우에는 침범 항공기를 격추시키기도 했다.

자립 경제 전략은 취리히대학 교수 프리드리히 발렌Friedrich Wahlen이 주도한 '발렌 계획'에 따라 진행됐다. 스위스 대부분을 차지하는 삼림을 대규모로 개간하고, 많은 호수 주변의 습지를 매립해 농지로 만드는 것이 핵심이었다. 이렇게 해서 두 배로 늘어난 경작지에 감자와 밀, 콩, 채소 등을 심었다. 뿐만 아니라 부존자원 개발에도 주력해 무기 생산에 필용한 망간을 알프스 산지에서 새롭게 채굴하기 시작했고, 석탄과 석회암을 이용해 자동차용 연료를 개발하기도 했다. 그렇게 언제 전쟁에 돌입해도 스위스 국민들이 생명을 유지하는 데 큰 문제가 없도록 만든 것이다.

작은 나라이지만 그런 것이 스위스의 힘이었다. 강대국의 침략 위기에 직면해 올곧은 지도자를 중심으로 전 국민이 하나가 되어 가시를 바싹 세운 고슴도치와 같은 태세를 취한 것이다. 작은 고슴도치이지만 가시를 세우면 제 아무리 힘 좋은 동물이라 하더라도 쉽게 잡을 수는 없다. 잡자면 가시에 찔릴 수밖에 없고, 시간도 많이 걸리기 마련이다. 동물의 왕 사자라도 '차라리 건드리지 않는 게 좋겠다'

고 판단할 수밖에 없을 것이다.

독일도 당시 스위스를 점령하려면 독일군 사상자가 20만 이상 발생할 것으로 예상했다. 시간적으로도 매우 긴 시간이 필요할 것으로 추산했다. 그래서 그런 희생을 치르기보다 차라리 스위스는 그대로 두는 것이 좋겠다는 결정을 했다. 스위스는 그렇게 전란의 위기에 맞서 '고슴도치 전략'을 전개해 침략을 막고 중립을 지킬 수 있었다.

제2차 세계대전 이후
능동적 중립

두 차례의 세계대전을 통해 국제평화의 가치를 온몸으로 체감한 스위스는 제2차 세계대전 이후 보다 적극적으로 평화를 실현하기 위한 정책을 펼쳐 나갔다. 그동안 해오던 인도적 구호활동에 더해 국제분쟁의 평화적 해결과 평화를 유지하기 위한 활동에 적극 나선 것이다. '수동적 중립passive neutrality'에서 '능동적 중립active neutrality'으로 방향을 전환한 것이다.

'수동적 중립'은 분쟁에 개입하지 않고, 분쟁 당사국 어느 쪽과도 협력 관계를 형성하지 않는 '팔짱 끼고 지켜보는 전략'이다. '능동적 중립'은 분쟁이 발생하지 않도록 사전 예방 활동에 적극 나서고, 분쟁이 생기면 적극 나서서 중재해 평화를 만들어내고, 평화를 지속적으로 유지하기 위한 활동을 활력 있게 지속하는 '팔 걷고 나서기 전략'이다. 제2차 세계대전 이후 스위스는 후자를 택해 실제로 국제평화에 많은 공헌을 해왔다.

능동적 중립의 모습은 사실 제2차 세계대전 끝 무렵부터 시작되었다. 이탈리아에 주둔하던 독일군의 항복을 중재하는 외교를 전개한 것이다. 전쟁 종식 단계에 이탈리아에는 독일군 서남 집단군이 주둔하고 있었다. 1945년 3월 전쟁은 막바지였다. 독일이 패망하기 직전이었다(1945년 4월 30일 히틀러가 자살했고, 독일은 5월 8일 항복했다). 스위스군의 정보 책임자는 독일군 서남 집단군 사령관과 스위스 주재 미국 전략정보국OSS(CIA의 전신) 책임자 앨런 덜레스Allen Dulles(아이젠하워 행정부의 국무장관 존 덜레스의 친동생)의 협상을 주선했다.

1945년 3월에서 4월 사이 이들은 여러 차례 스위스에서 협상을 벌였다. 그 결과 4월 29일 오후 2시 서남 집단군이 무조건 항복하기로 하고, 바로 서명식도 가졌다. 히틀러가 자살하기 하루 전, 독일군 전체가 항복하기 9일 전 서남 집단군이 항복한 것이다. 이를 주선한 것이 스위스였다.

당시 스위스는 추축국과 연합국에 둘러싸인 영세중립국인 데다 국제기구가 많아 수도 베른과 제네바 등에 미국, 영국, 프랑스, 소련, 독일 등에서 온 스파이들이 많이 활동했다. 이들은 스위스군의 최고 지휘관들과도 수시로 접촉하고 있었다. 그런 상황이었기 때문에 스위스군이 미국과 독일군 서남 집단군의 협상을 어렵지 않게 중재할 수 있었다.

1953년 한국전쟁이 중단되고 중립국감독위원회가 구성되었을 때는 스웨덴과 함께 유엔 측 구성국이 되어(공산 측 구성국은 폴란드와 체코슬로바키아), 한반도에서 분쟁이 확산되는 것을 방지하려는 노력을 계속했다. 1991년 걸프전 당시에는 이라크에 대한 유엔의 경제제재에 참여했다. 군사적 조치에도 참여하지 않고 경제제재에도 동조하지 않는 '통합적 중립'이 아니라, 군사적 조치에는 불참하지만 경제제재에는 참여하는 '차별적 중립'을 지향하게 된 것이다.

그 연장선에서 1995년 유럽안보협력기구OSCE 창립 당시 창설 회원국이 되어 보스니아-헤르체고비나 평화정착을 위한 활동을 전개했다. 코소보 지역에 탄압 정책을 실행하던 세르비아에 대한 경제제재에도 참여했다. 2022년 2월에는 우크라이나를 침공한 러시아에 대한 EU의 경제제재에 참여했다. EU 회원국이 아니면서도 EU의 경제제재에 동참한 것이다. 전쟁을 일으킨 전범 국가에 대한 제재에 참여하는 것은 중립성을 크게 훼손하지 않으며, 오히려 전범국에 대해서는 국제사회가 함께 대응해 나가야 한다는 능동적·적극적 중립 정책을 실행하는 것이다.

스위스는 현재 지구가 직면한 최대 위기라고 할 수 있는 기후 위기에 대응하는 전 세계적인 활동도 적극 펼치고 있다. 국내적으로 탄소가스배출감축법을 제정하고, 프레온가스 사용 금지 등 친환경 정책을 적극 실행하면서 국제적 환경보호 활동도 함께하는 것이다. 2000년에는 환경건전성그룹(EIG)을 한국, 멕시코, 모나코 등과 함께 구성해 환경보호와 이를 위한 공동 협력의 필요성을 강조하고, 특히 선진국의 솔선수범을 역설하고 있다. 이렇듯 제2차 세계대전 이후 스위스는 지구적으로 대응해야 할 문제, 세계가 함께 해결해 나가야 할 문제 등에 발 벗고 나서면서 능동 중립의 길을 계속 개척해 나가고 있다.

2002년
유엔에 가입

유엔에 가입하면 중립성은 훼손되는 것 아닌가? 스위스도 국제사회
도 꽤 오랫동안 그렇게 생각했다. 유엔의 기본적인 성격이 집단 안
보 체제이고, 이 체제의 특성은 한 나라가 침략을 받았을 때 다른 회
원국이 모두 공동 대응한다는 것이다. 각 나라의 입장에서 보면 분
쟁에 개입하고 싶지 않은데도 개입하게 되는 상황이 발생할 수 있는
것이다. 그래서 중립국은 유엔에 가입하지 않는 것이 옳다는 주장이
힘을 얻었었다.

　하지만 이런 주장은 곧 반격을 받았다. 유엔의 집단 안보 체제
는 국제분쟁 억제와 세계평화라는 대의를 위한 것이기 때문에 이러
한 대의에 동조하는 것은 중립성을 해치지 않는다는 해석이 우세해
진 것이다. 이러한 주장을 바탕으로 영세중립국 오스트리아가 1955
년 유엔에 가입했다. 이후 스위스에서도 꾸준히 관련 논의가 진행되
었다. 1986년에는 유엔 가입 문제를 국민투표에 붙였다. 하지만 85
퍼센트가 반대해 가입은 무산되었다. 그럼에도 논의는 끊이지 않았
고, 국제정세의 변화에 따라 여론의 동향은 변화했다.

　2000년대 들어서는 2001년 9월 미국에서 발생한 9·11 테러
의 영향으로 국제적인 협력을 통한 안보 확보의 필요성에 공감하는

여론이 확산되었다. 세계적인 현상이 스위스에도 영향을 미친 것이다. 2002년 다시 국민투표가 실시되었다. 이번에는 찬성이 54퍼센트를 얻어 유엔에 가입하게 되었다. 단순하게 생각하면 유엔은 세계의 거의 모든 나라가 참여하는 국제기구이고, 지구상의 국가라면 당연히 유엔에 가입하는 게 아니냐고 할 수 있다. 하지만 스위스는 유엔에 가입하는 것조차 중립성 훼손 여부를 심각하게 따져볼 만큼 중립국가로서의 정체성 견지에 심혈을 기울여왔다고 할 수 있겠다.

한 국가의 정체성identity과 이익interest을 분명히 하는 것은 그만큼 어려운 과제이다. 그렇다면 우리의 정체성과 이익은 어디를 향하고 있을까? 북한을 대하는 측면에서 보면 우리의 정체성은 무엇인가? 북한과 친선·교류·협력·동질성 증진을 지향하는 국가인가, 아니면 북한을 압박하고 흡수통일을 지향하는 국가인가? 미국에는 편승 지향인가, 아니면 '보다 균형적인 관계more balanced relations' 지향인가? 이런 문제를 정부가 얼마나 고민하고 있는지 의문이다.

분명한 것은 최소한 대통령, 외교안보 고위 관계자라면 이런 문제를 오늘도 내일도 쉴 없이 고심해야 한다는 것이다. 그런 고민과 고뇌의 결과들이 하나하나 정책으로 나타나고, 그에 대한 시민들의 평가도 자유롭게 나와서 시간이 지날수록 보다 합리적이고 보다 발전적인 정책이 지속적으로 전개되어야 한다. 지금의 우리 정부는 거기에 한참 못 미친다. 답답하고 안타까운 일이다.

견고한 중립의 원동력은 자결,
정치적 합의, 그리고 무장

그렇다면 스위스가 이렇게 오랫동안 영세중립을 지켜올 수 있는 원동력은 무엇일까? 여러 가지 요인을 생각해 볼 수 있겠지만, 심플하게 정리하자면 헌정 애국심constitutional patriotism과 자결self-determination, 정치적 합의political consensus, 그리고 무장armament이라고 할 수 있다.

헌정 애국심은 헌법에 근거한 애국심을 말한다. 스위스 헌법의 특징은 연방국가, 지방자치, 직접민주주의에 있다. 스위스 연방은 연방평의회Federal Council가 통치한다. 연방평의회는 7명의 각료로 구성되는데, 총선 득표순으로 각 정당에서 각료를 배출한다. 대통령은 각료 7명이 입각 순서에 따라 돌아가면서 맡는다. 대통령은 연방각의를 주재하고 대외적으로 국가를 대표하는 상징적인 직책일 뿐 강한 권한이 없다.

이렇게 연방정부가 구성되어 있지만, 국방과 외교 외에는 대부분의 업무를 지자체에 이양해놓고 있다. 지자체는 칸톤(주) 27개, 코뮌(시·군) 2700여 개로 구성되어 있다. 스위스 연방은 이들 지자체의 철저한 자치에 따라 움직인다. 지자체는 쓰레기 처리부터 하수처리, 의료 서비스, 소방, 세금 문제 등 거의 모든 문제를 스스로 결정해 집행한다.

기초자치단체인 코뮌에서는 주요 사안을 주민들의 모임인 주민총회를 통해 결정한다. 주민들은 자신들의 문제를 스스로 결정하니 소속감이 안 생길 수가 없다. 자신이 속한 코뮌과 칸톤을 어떤 방향으로 끌고 갈지, 지역방위를 위해 어떤 대책들을 세울지도 스스로 결정하니 애향심과 애국심이 저절로 형성될 수밖에 없다. 인구가 880만 명 정도(2024년)인 소국이니 가능한 일이기도 하다. 이처럼 철저하게 아래로부터 형성되는 애국심은 스위스가 독립적 외교, 중립적 정책을 지속적으로 실행하는 중요한 기반이 되고 있다.

자결은 국내외 정세를 예의 주시하면서 스위스의 정책을 스스로 결정, 실행하는 것이다. 쉽게 말하면, 강대국이나 주변국의 눈치를 보지 않는다는 것이다. 주변 환경을 살피는 것은 게을리하지 않으면서도 환경에 크게 영향을 받기보다 스위스 나름의 주관과 의지로 정책을 만들어 집행한다는 얘기다.

자결이 가능한 것은 중립 전통 견지의 세 번째 원동력인 정치적 합의의 문화 덕분이다. 제1차 세계대전 당시 분열과 갈등, 이후 이에 대한 깊은 성찰, 그에 기반 한 합의의 정치 문화가 자신들의 문제를 스스로 결정해 실행하는 튼실한 초석 역할을 하고 있는 것이다. 이러한 타협과 합의 문화의 정립은 스위스 사회의 결속으로 이어졌다. 그리고 합의와 결속은 스위스가 오랫동안 추구해온 중립 외교를 큰 흔들림 없이 지키도록 해주었다.

만약 독일계는 독일계대로, 프랑스계는 프랑스계대로 각자의 목소리를 내면서 사산분리四散分離의 문화를 이어왔다면, 스위스의 중립 정책도 제대로 지켜지지 않았을 것이다. 한쪽에서 집권하면 다른 쪽 정책을 바꿔버리고, 이후 정권이 바뀌면 또다시 방향이 변화하는 정치로는 일관성 있는 정책을 추진하기 어렵다. 일관성

consistency은 정책의 신뢰를 얻기 위한 기본 조건이다. 스위스는 세련된 정치 문화로 정책의 일관성, 그에 따른 국제사회의 신뢰까지 얻고 있다.

오랜 중립 전통의 네 번째 원동력인 무장은 스위스의 오랜 전통에서 나온 것이다. 일찍이 16세기 이탈리아의 정치사상가 니콜로 마키아벨리Nicolo Machiavelli가 『군주론』에서 "가장 많이 무장되고 가장 자유로운 나라"로 묘사할 만큼 스위스의 자체 무장 전통은 오래된 것이다. 13세기 말부터 스위스 농민들은 오스트리아 합스부르크 왕가의 탄압에 맞서 싸웠다. 장창으로 무장한 농민군이 오스트리아의 귀족으로 구성된 기병대를 무찌르기도 했다.

이런 일이 유럽의 다른 지역에 알려지면서 스위스인들이 여러 나라의 용병으로 고용되기 시작했다. 좁은 땅에 경작지가 적으니 먹고살기 위한 일이기도 했다. 그런데 성실성과 철저성을 특징으로 하는 스위스인의 국민성은 그냥 돈 받고 적당히 근무하는 것을 허용하지 않았다. 어디서 누구를 위해 용병을 하든 목숨을 걸었다.

16세기 초부터 로마의 교황을 호위하는 역할도 스위스 용병들이 맡았다. 교황 율리오 2세Julius II는 이들에게 '교회의 수호자'라는 성스러운 별칭을 내려주기도 했다. 1527년 5월 클레멘스 7세 Clemens VII 교황과 신성로마제국의 카를 5세Karl V가 전쟁을 벌였다. 전세는 교황 측이 불리했다. 큰 공격을 당해 생사의 위기에 처했다. 하지만 스위스 용병들은 위기를 피할 생각이 없었다. 그저 자신들의 직분인 교황 호위에만 매달렸다. 전세의 유불리는 이들의 관심 사항이 아니었다. 결국 끝까지 교황 곁을 지키다 147명이 사망했다.

스위스 루체른에 있는 '빈사의 사자상'. 프랑스 혁명 당시 부르봉 왕가를 끝까지 지키려다 사망한 스위스 용병들을 기리는 조각이다.

프랑스혁명 당시인 1792년 8월에는 루이 16세Louis XVI와 왕비 마리 앙투아네트Marie Antoinette가 혁명군의 습격을 당했다. 당시 궁전을 지키던 병사들도 스위스 용병이었다. 이들도 자신들의 책임인 부르봉 왕가를 호위하는 데 모든 걸 걸었다. 하지만 탄약이 부족했고 중과부적이었다. 그런 상태로 혁명군에 끝까지 맞서다 786명이 목숨을 잃었다. 혁명군은 애초에 용병들을 해칠 생각이 없었다. 길을 비켜주면 살려주겠다고 했다. 하지만 이들은 항전을 택했고, 기꺼이 죽음을 맞이했다.

이들의 처절한 죽음을 후세의 작가들이 기렸다. 스위스 루체른의 호프 교회 북쪽에 암벽이 있는데, 거기에는 사자상이 조각되어 있다. '빈사瀕死의 사자상'이다. 그야말로 빈사 상태의 사자가 창

바티칸의 스위스 근위대(2021년).

에 찔려 아픔 속에 죽음을 맞는 모습이다. 1820~1821년 덴마크의 조각가 베르텔 토르발센Bertel Thorvaldsen이 설계하고, 독일의 조각가 루카스 아호른Lukas Ahorn이 조각한 것이다. 죽음의 순간에도 흰 백합이 새겨진 방패를 가슴에 안고 있다. 부르봉 왕가의 문장이다. 머리맡에는 십자가가 새겨진 방패가 놓여 있다. 스위스를 상징하는 것이다. 미국의 작가 마크 트웨인Mark Twain은 이 조각상을 두고 "세계에서 가장 감동적인 작품"이라고 말하기도 했다.

16세기 이후 지금까지 바티칸 교황청의 근위대는 스위스 출신들이 맡고 있다. 중세 당시에는 용병이었지만, 지금은 '스위스 근위대Swiss Guard'라는 이름의 경찰 조직이다. 스위스 국적의 19~30세 사이 남성 가톨릭 신자들이 지원해 선발된다. 르네상스풍의 파란색과 주황색, 빨강색의 세로 줄무늬로 이뤄진 멋진 근위대 제복은 미켈란젤로Michelangelo Buonarroti가 디자인한 것으로 알려져 있다.

이러한 스위스의 전통은 민군 관계도 친화적으로 만들었다. 주어진 방위 책임에 모든 것을 거는 문화는 스위스 방위의 주력을 민병대가 담당하도록 했고, 민병대가 중심이 되다 보니 민과 군의 구별도 의미 없게 되어 친화적 민군 관계가 형성된 것이다. 제2차 세계대전 당시 전 국민이 한마음으로 뭉쳐 독일의 침략을 사전에 막아내고 중립을 지켜낼 수 있었던 것은 스위스인 가슴에 면면히 흐르는 명분과 책임을 목숨보다 앞세우는 전통, 그에 기반 한 친화적 민군 관계, 이런 것들이 조화된 철저한 무장 덕분인 것이다.

Chapter 14

무장 중립, 스웨덴

© google.co.kr

스웨덴 위치

정책적 중립국 스웨덴

1809년 스웨덴은 러시아와 전쟁을 벌였다. 결과는 스웨덴의 패배였다. 핀란드를 빼앗겼다. 북유럽의 강국 스웨덴은 이때 약소국으로 굴러떨어졌다. 약소국 스웨덴의 생존 전력은 중립이었다. 이후 스웨덴은 유럽 강대국의 경쟁과 분쟁 사이에서 줄곧 중립 노선을 유지해 왔다.

19세기 전반에는 당시 강대국 영국과 러시아 사이에서 중립을 지향했다. 19세기 후반에는 강대국으로 부상한 독일과 전통적인 강국 러시아 사이에서 균형적인 입장을 견지하면서 중립 노선을 지킬 수 있었다. 특히 발트해의 제해권을 장악하고 있던 러시아에 독일이 도전하던 19세기 후반 이 지역의 소국들은 두 강대국 중 하나의 편을 들지 않을 수 없었다. 그 와중에도 스웨덴은 의연히 중립 노선을 지켰다.

중립 노선은 그냥 지켜지는 것이 아니다. 특히 스웨덴은 국제 조약이나 제도로 보장되는 중립국이 아니었다. 스웨덴 스스로 중립국임을 선언하고 중립 노선을 지켜가는 정책적 중립국이었다. 먹을

안드레 오스카 발렌베리.

것 없고, 입을 것 부족한 약소국으로서는 이 노선을 꿋꿋이 지켜갈 수 없었다. 그래서 19세기 후반 스웨덴은 산업화에 주력했다.

경제성장의 주역은 안드레 오스카 발렌베리Andre Oscar Wallenberg 였다. 1816년 루터교 목사의 아들로 태어난 발렌베리는 해군사관학교를 나와 해군 장교가 된 뒤 2년간 미국 연수의 기회를 가졌다. 이때 그의 눈에 포착된 것이 은행을 비롯한 미국의 금융업이었다. 돈을 모으고, 그 돈을 기업에 빌려줘 산업을 육성하는 금융업의 기능이 경제발전의 핵심이라고 파악한 것이다.

귀국 후 해군과 정계에서 경력을 쌓은 발렌베리는 1856년 스스로 은행을 설립했다. 국내의 부자들과 외국의 투자자로부터 돈을 모아 국내 기업들에 공급했다. 그의 은행업은 자신을 부자로 만들어 주었을 뿐만 아니라, 초기 단계인 스웨덴 산업의 발전에 획기적인 공헌을 했다. 발렌베리 가문은 이후에도 성장을 거듭해 지금도 스웨덴 경제의 주요 부분을 차지하고 있다. 스톡홀름엔스킬다은행, 에릭슨(통신 장비), 사브(방위산업), 일렉트로룩스(전자) 등이 발렌베리 가문의 기업들이다. 우리나라의 삼성그룹에 해당한다고 보면 맞을 것 같다.

제1차 세계대전 때
굳건한 중립

중립 노선을 지켜오던 스웨덴은 제1차 세계대전 당시에도 어느 한편에 들지 않았다. 당시 스웨덴 입장에서 중립을 지키는 게 쉽지는 않았다. 스웨덴의 산업화와 경제성장은 독일과의 긴밀한 경제 교류 덕분이었다. 성장하는 독일에 많은 자원과 물자를 수출하고 독일의 선진 기술을 받아들인 덕에 성장할 수 있었다.

그런 독일이 '3국 협상(영국, 프랑스, 러시아)'의 봉쇄에 직면했고, 그 바람에 독일과의 무역도 어려워져 스웨덴은 경제적 타격을 받지 않을 수 없었다. 경제적 측면만 고려한다면, 독일 쪽에 가담해 협력을 계속해야 했다. 하지만 스웨덴은 그런 선택을 배제했다. 3국 협상과 3국 동맹(독일, 오스트리아, 이탈리아) 사이에서 중립을 지향하며 어느 쪽에도 적극 협력하지 않았다.

정치적으로는 중립을 지키면서도 경제적으로는 양측과 무역을 할 수 있는 길을 열어갔다. 차차 그런 길을 개척해 전쟁 통에 돈을 많이 벌었다. 전쟁은 당사국에는 신음과 고통의 질곡일 수밖에 없다. 하지만 전쟁에 직접 개입하지 않는 주변국에는 구세주가 된다. 한국전쟁으로 일본은 제2차 세계대전 패배가 남긴 사직위허(社稷爲墟. 나라가 폐허가 됨)를 벗어날 수 있었다. 베트남전쟁으로 현대, 한진 등 한국의 기업들이 큰돈을 벌고, 덕분에 한국도 경제발전의 큰 변곡점을 맞을 수 있었다.

스웨덴도 이와 비슷한 전쟁의 시혜를 입었던 것이다. 제1차 세계대전의 당사국 독일, 오스트리아, 프랑스, 영국 등은 되도록 많은 물자를 확보해야 했다. 스웨덴은 이를 기화로 철과 볼베어링, 펄프, 성냥 등을 대량으로 생산, 수출해 국부를 크게 늘리는 데 성공했다. 이러한 경제력의 확대는 이후 중립 노선을 지속하는 데 주요기반이 되었다.

제1차 세계대전이 끝나고 국제질서를 정리하는 과정에서 국제연맹이 설립되자 스웨덴은 여기에 가입했다. 미국의 우드로 윌슨 Woodrow Wilson 대통령이 주도해 설립한 국제기구이지만, 국제연맹이 제공하는 집단 안보 체제에 참여하는 것이 스웨덴의 안보 확립에 꼭 필요하다는 생각이었다. 미국이 주도해 설립되었는데, 정작 미국은 의회의 반대로 가입하지 못하고 있었다. 3국 협상 측의 영국과 프랑스, 3국 동맹 측의 이탈리아 등이 초기 운영에 주요 역할을 해 한쪽으로 치우치지 않은 면도 스웨덴의 가입을 쉽게 해주었다. 중립을 해치지 않으면서 안보를 확보할 수 있겠다고 생각한 것이다.

그렇지만 미국이 참여하지 않은 국제연맹은 종이호랑이였다. 1931년 일본의 만주 침략, 1935년 이탈리아의 에티오피아 침공과 독일의 베르사유조약(제1차 세계대전 후 국제관계를 규정한 국제조약. 패전국 독일의 영토 축소와 군비 제한, 배상금 지불 등이 주요 내용) 파기 선언 등을 막지 못했고, 이에 대한 대응도 무기력했다.

국제연맹의 무능력을 확인한 스웨덴은 북유럽의 지역 안보 체제를 마련하려 했다. 하지만 노르웨이, 핀란드, 덴마크 등 북유럽 국가들과 안보 정책의 지향점이 달라 지역 안보 체제 설립은 쉽게 이루어지지 않았다. 그러는 사이 1930년대 후반 히틀러의 재무장이 노골화되면서 스웨덴의 안보 우려는 더 커지게 되었다.

스웨덴의 대응책은 국제연대를 통해 중립을 더 강화하는 것이었다. 네덜란드, 벨기에, 스위스 등과 더 긴밀한 협력 관계를 구축하면서 공동으로 중립 노선을 지켜가는 정책을 펼쳤다. 지역에서 강대국이 나타나 세력을 더 확장할 때 작은 나라들은 이 강대국에 편승하기 쉽다. 거기에서 얻을 수 있는 안보적·경제적 이익이 많기 때문이다. 그 강대국이 너무 마음에 들지 않을 경우, 다른 강대국과 손잡고 균형을 추구할 수도 있다. 하지만 스웨덴의 선택은 중립지위 견지였다. 그것이 장기적으로 스웨덴을 스스로 지켜갈 수 있는 길이라고 판단한 것이다.

제2차 대전 당시
유연한 중립

제2차 세계대전 당시에도 중립이었다. 하지만 제1차 세계대전 당시의 견고한 중립과는 달랐다. 독일과 독일의 적 영국에 모두 협력하는 유연한 중립이었다.

독일이 노르웨이를 침공할 때는 철도를 빌려줬다. 볼보와 사브가 생산하는 전투기와 군용차량의 엔진을 독일에 제공했다. 또 스웨덴에서 많이 나는 철광석을 독일의 군수업체에 공급하기도 했다. 독일에 대한 협력은 독일과의 경제 교류를 이어가기 위한 것이었다. 제1차 세계대전 당시 3국 협상에 속한 독일을 봉쇄하는 바람에 경제적으로 어려움을 겪었던 스웨덴은 최대 교역국 독일과의 무역을 계속하고 싶어 했다. 그래서 독일이 요구하는 노르웨이 침공로를 제공한 것이다.

독일과 싸우는 영국에도 군수 장비를 공급했다. 양측에 협력하면서 한쪽으로 크게 치우지지 않는 전략을 실행하면서 중립을 유지한 것이다. 중립을 유지하면서도 양측에 자국의 물자를 수출해 경제적 이익도 확보했다. 그야말로 꿩 먹고 알도 먹은 경우가 아닐 수 없다.

중립 위한 자주국방

이렇게 스웨덴이 중립 외교를 지속할 수 있었던 것은 무엇보다 자주국방을 실현했기 때문이다. 제2차 세계대전 당시 중립을 선언한 나라는 20개국이었는데, 그 가운데 실제 중립을 유지한 나라는 5개국에 불과했다. 스웨덴도 그중 하나이다. 스웨덴은 중립을 지속적으로 견지하기 위해 군비 강화를 추진했다.

스웨덴은 1936년 3700만 달러이던 국방 예산이 1938년 5800만 달러로 늘었다. 더 나아가 1939년에는 3억 2200만 달러로, 1942년에는 5억 2700만 달러로 급속하게 증가했다. 이렇게 늘어난 돈으로 기관총과 대포, 전차 등 무기를 만들었고 병력을 증강했다. 1938년에는 징집제를 시행했고, 1940년에는 퇴직 군인을 중심으로 예비군 조직인 국토부대Swedish home guard를 창설했다. 제2차 세계대전이 끝날 때쯤에는 현역병만 70만 명(15개 사단), 폭격기 880대, 전투기 600대, 전차 800대, 구축함 28척, 순양함 6척을 구비한 강군을 보유하게 되었다.

스웨덴이 유럽 대부분의 나라가 관여하는 대규모 전쟁에 개입하지 않으면서 스스로 국방을 강화하는 정책을 펴 나갈 수 있었던 것은 1930~1940년대 정국을 주도한 사회민주당의 리더십 덕분이었다. 특히 1932년부터 1946년까지 14년간 총리를 맡은 페르 알빈 한손Per Albin Hansson의 지도력은 국론을 한데로 모아 국방력 증가와 중립 외교 노선을 지켜 나가는 데 크게 기여했다.

한손은 1885년 스웨덴의 가난한 노동자 가정에서 태어났다.

페르 알빈 한손.

청년 시절부터는 사회민주당에서 활동했는데, 초기에는 사민당 내
에서도 좌파였다. 하지만 점차 점진적 개혁을 위해서는 중산층과 농
민 등 다양한 세력과의 연대가 중요함을 인식하고, 이런 방향으로
활동 폭을 넓혀 갔다. 이러한 지향점과 탁월한 연설 능력으로 사민
당의 리더가 된 한손은 1932년 총리직에 올랐다.

　총리가 된 한손은 기초적 복지를 확대하는 사회개혁을 단행해
스웨덴을 모범적인 복지국가로 성장시켰다. 국방력 강화에도 힘을
쏟아 제2차 세계대전 당시에는 중립 정책을 견지할 수 있었다. 그는
"스스로의 방어 능력 없이는 중립 노선은 유지될 수 없다"고 강조하
며, 전쟁 불개입과 자주국방 정책을 강력 추진해 스웨덴을 중립 노
선의 대표 국가로 자리매김하도록 했다. 대중적 포용력과 통합적 리
더십을 바탕으로 스웨덴의 미래 비전을 제시하고 실행한 한손은 지
금도 많은 스웨덴 사람이 존경하는 대상이다.

냉전 시대
신축성 있는 중립

제2차 세계대전이 끝나고 유엔이 창설되자 스웨덴은 가입했다. 제1차 세계대전 후 국제연맹에 참여했던 것과 같은 생각이었다. 유엔을 통해 국제평화를 이룰 수 있고, 스웨덴의 안보도 보다 분명하게 확보할 수 있을 것으로 판단했다. 유엔은 소련도 미국도 다 들어가 있는 국제기구이다 보니 중립 정책에 장애가 되는 것도 아니었다.

하지만 곧 세계정세는 바뀌었다. 제2차 세계대전 중 연합국을 구성했던 미국과 소련은 독일, 이탈리아, 일본이라는 적이 사라지자 곧 서로 갈등과 경쟁의 국면으로 접어들었다. 거대한 적이 목전에 있을 때 국가들은 동맹을 형성하기 마련이다. 위협의 공유sharing threat가 동맹의 큰 동인이 되는 것이다. 하지만 그 위협이 사라지는 순간 동맹의 구성국들은 자국의 국익을 추구한다. 반목하고 경쟁하고 분쟁하는 단계로 들어서기 십상인 것이다. 생각이 다르고, 추구하는 바가 다르고, 처한 환경이 같지 않으니 그럴 수밖에 없다.

그렇게 미국과 소련은 냉전에 돌입했고, 중립국들은 새로운 국제환경에 대처할 방안을 마련하느라 다시 분주해졌다. 스웨덴의 대응 방안은 1930년대 국제연맹 무력화 당시 추진했던 지역 안보 체제 구축을 다시 시도하는 것이었다. 핀란드, 노르웨이, 덴마크와 함께 공동방위 조약을 체결하고, 미국-소련 사이에서 중립을 분명히 지향하는 것이었다.

하지만 이번에도 어려웠다. 같은 북유럽 국가이지만, 국가 비전과 외교적 정향은 모두 달랐다. 핀란드는 1948년 소련과 안보조약을 맺고 유사시 소련의 도움을 받아 안보를 확보하는 쪽을 선택했다. 노르웨이와 덴마크는 1949년 북대서양조약기구(나토) 창설 멤버가 되면서 미국·서구와의 협력 속에서 안전을 보장받는 길을 찾는 쪽을 택했다. 이렇게 각자의 길을 가면서 북유럽 안보 체제를 만들어 내려던 스웨덴의 전략은 무산되었다.

미국과 소련 사이에서 나름의 살길을 찾아가는 주변국을 보면서 스웨덴도 가는 길을 정해야 했다. 또 다시 중립의 길을 택했다. 북유럽 공동의 중립은 실패했지만, 홀로 중립의 길을 가기로 한 것이다. 미국과 서방이 만든 나토에도, 이에 대항해 1955년 소련과 동구가 구축한 바르샤바조약기구에도 가입하지 않았다. 동서 냉전 사이어느 하나에 가담해 경제성장과 안보를 구축하는 대신 스스로 경제발전과 방위산업 성장을 적극 추진했다. 특히 중화학공업 발전에 주력하고 수출을 증대해 경제를 성장시키면서, 그렇게 축적한 국부를 군비 확충에도 적극 투자했다. 자강력을 갖춘 중립의 길을 꾸준히 추진한 것이다.

그런데 좀 깊이 들어가 보면, 대외적인 중립 외교 표방과는 달리 친서방적인 측면이 존재했다. 나토와는 비밀스럽게 협력을 추진했다. 외부로 드러나게 공조를 노골화하지는 않으면서도, 나토가 갖추고 있는 군사 장비와 스웨덴 무기 사이에 호환성을 늘려 나가는 등의 협력을 해온 것이다. 또 경제협력개발기구OECD의 전신이면서, 서방 국가들의 상호 교역을 촉진하기 위해 1948년 창설된 유럽경제협력기구OEEC에 가입해 영국, 프랑스 등과 경제협력을 적

다그 함마르셸드.

극 추진했다. 1960년에는 영국, 노르웨이, 덴마크, 오스트리아, 스위스, 포르투갈 등과 유럽자유무역연합EFTA을 설립해 서로 무역장벽을 줄이고 경제협력을 진척시켜 나가기도 했다.

그러면서도 미국이나 소련과 동맹을 맺지 않으면서 중립의 기본 원칙은 지켜 나갔다. 동시에 중립국이라는 지위를 활용해 세계 곳곳에서 발생하는 분쟁을 해결하고 세계평화를 달성하기 위한 노력을 게을리하지 않았다. 그런 노력은 특히 1953~1961년까지 유엔 사무총장을 지낸 다그 함마르셸드Dag Hammarskjöld를 통해 발현되었다. 함마르셸드는 1905년 스웨덴 남부 도시 옌셰핑에서 출생해 명문 웁살라대학에서 공부했고, 스톡홀름대학에서 경제학 박사학위를 받았다. 잠시 교수를 하다가 공직에 입문해 재무부 차관과 외교부 차관, 무임소 장관 등을 지냈다. 1951년부터는 유엔총회 스웨덴 부대표와 대표로 참석해 국제적인 활동 영역을 넓혀갔고, 덕분에 1953년에는 제2대 유엔사무총장에 올랐다.

함마르셸드는 관리형이 아니라 비전 제시형이었다. 유엔의 분쟁 해결, 평화 유지 비전을 분명히 제시하고, 이를 실현하는 데 장애가 발생하면 적극 극복해가는 스타일이었다. 그런 태도로 유엔사무총장의 영역도 크게 확대해 현대 세계 외교사에 큰 족적을 남겼다. 1954년 중국에 억류된 미국 정찰기 승무원을 석방시켰고, 1956년에는 처음으로 유엔평화유지군을 구성해 수에즈 위기를 조기에 종결시켰다. 1961년에는 콩고민주공화국의 내전 해결에 직접 나서기도 했다.

함마르셸드는 이 내전을 해결하기 위해 동분서주하던 중 1961년 9월 17일 비행기 추락사고로 사망했다. 세계평화를 위한 그의 열정이 인정돼 그해 노벨 평화상이 추서되었다. 사망자에게는 노벨 평화상을 주지 않던 노벨위원회의 오랜 전통은 그때 깨졌다. 함마르셸드의 국제평화를 위한 분투는 스웨덴의 평화 지향 문화와 전통에서 나온 것이라 할 수 있다. 냉전 와중에도 스웨덴은 함마르셸드가 보여준 것처럼 국제분쟁의 평화적 해결과 세계평화 달성을 위한 공력을 지속적으로 기울이고 있었다.

베트남전쟁 반대

냉전 당시 어느 쪽에도 직접 가입하지 않으면서 세계평화라는 명분 있는 이슈에 주목했던 스웨덴은 그 연장선에서 세계적인 군축, 제3세계 발전에 대한 지원 등에도 공을 들였다. 그런 맥락에서 베트남전쟁에도 반대했다. 베트남은 프랑스와 일본의 지배를 벗어나 자신들의 나라를 만들려 했다. 그 주역은 호찌민이었다.

문제는 호찌민이 사회주의자라는 것이었다. 미국은 사회주의를 싫어했고, 사회주의 세력이 확장되는 것은 더욱 싫어했다. 그런 미국이 호찌민의 북베트남이 베트남 전체를 지배하는 것을 두고 볼 리 없었다. 미국은 개입했고, 전쟁은 미국과 북베트남의 싸움이 되었다. 스웨덴은 미국이 약소국 분쟁에 개입하는 것에 실망했고, 사회주의 세력과 자본주의 세력이 전쟁하는 것도 반대했다. 중립국 스웨덴은 기본적으로 그런 개입, 그런 전쟁을 하지 말자는 것이었다.

스웨덴의 베트남전 반대운동은 올로프 팔메Olof Palme를 빼고는 얘기할 수 없다. 팔메는 1927년 스톡홀름의 유복한 집안에서 태어났다. 스톡홀름대학에서 경제학을 전공했고, 졸업 후 미국에서 유학했다. 자유주의 국가 미국에서 시장 지상주의 이면을 관찰하면서 좌파적 이념을 갖게 되었다.

귀국 후 사회민주당 당수이면서 총리인 타게 엘란데르Tage Erlander의 보좌관으로 정계에 발을 들여놓았다. 팔메는 1957년 의회의원에 당선되었고, 1967년에 교육부 장관이 되었다. 교육비 장기 대출 제도를 실시해 가난한 사람들도 대학 교육을 쉽게 받을 수 있게 했다. 그의 관심은 교육뿐만 아니라 노동과 사회복지, 외교 등 다양했다. 특히 교육부 장관 시절 베트남전 반대 시위에 직접 참가해 전쟁 반대와 평화 옹호에 대한 신념을 명징하게 드러냈다. 1968년 2월 5000여 명이 참가한 시위에서는 직접 반전 연설을 하기도 했다. 그는 외쳤다.

"도대체 우리가 무슨 근거로 베트남 국민이 스스로 체제

를 선택할 권리를 부정할 수 있단 말입니까? 다른 사람의 보호
자가 되는 것은 민주주의의 목적일 수 없습니다. 오히려 이것
은 민주주의의 기본 이념을 남용하는 것입니다."

미국이 베트남에 무력으로 개입해 자본주의를 심으려는 정책
을 정면으로 비판한 것이다. 또 평등 세상의 실현도 강조했다.

"우리는 부자 나라가 무력이나 압제로 그들의 특권을 지키
는 미래를 원하지 않습니다. 우리는 우리가 함께 살아가는 평
등한 세상을 원합니다. 베트남은 먼 나라가 아닙니다. 그들은
우리 가까이 있습니다. 그들에게 평화와 독립은 반드시 주어져
야 합니다."

보다 나은 세상을 위한 국제적인 연대도 강조했다.

"해방을, 정의를, 더 나은 삶을, 가난과 기근으로부터 자유
를 찾기 위한 세계적 요구는 더욱 거세질 것입니다. 우리 잘사
는 나라들이 스스로를 위해 성벽을 쌓는다면, 결국 우리는 파
시즘으로 향할 것입니다. 하지만 우리는 그럴 필요가 없습니
다. 베트남전쟁을 반대하는 목소리가 희망의 징표입니다. 단지
베트남의 평화와 자유만을 위한 것이 아닙니다. 우리의 행진은
국제적인 연대입니다. 편협하고 이기적인 이익의 논리가 아닌
연대책임과 공동의무, 우리의 형제애를 실질적으로 구현하는

방법입니다."

베트남전 반대운동을 기화로 국제적인 연대를 강화해 모든 나라가 가난과 기근, 불평등, 부정의를 벗어나 함께 번영할 수 있는 길을 찾아가자는 의로운 외침이었다.

북유럽의 선진국 스웨덴 교육부 장관이 반전 시위의 전면에 나서 공개적으로 질타했으니 미국

올로프 팔메. 1968년 베트남전 반대 시위에서 연설하는 모습.

도 놀라고 세계도 놀랐다. 물론 미국은 놀라면서 격노했다. 스웨덴과 미국 관계는 순식간에 얼어붙었다. 하지만 팔메는 멈추지 않았다. 베트남전에 대한 반대 입장을 기회 있을 때마다 분명하게 드러냈다. 1969년 팔메는 총리가 되었는데, 이후에도 베트남전 반대 입장은 변함이 없었다. 베트남전을 제2차 세계대전 당시 나치의 유대인 학살, 즉 홀로코스트에 비유했다. 미국이 나치와 다름없다는 것이다.

베트남전에 반대하면서 팔메는 단순한 중립 외교가 아니라 '제3의 길'을 찾아가는 외교를 전개했다. 작은 나라들이 하나로 뭉쳐 강대국에 휘둘리지 않으면서, 오히려 강대국 외교에 영향을 미치려 한 것이다. 중소국들을 모아 탈핵을 결의하고, 참여국을 점점 늘

려 핵보유국을 압박하려 했다. 그냥 놓아두면 제대로 진행되지 않는 강대국의 핵군축을 그런 식으로 실현하려 한 것이다. 그는 1980년 '군축과 안전보장에 관한 위원회(일명 '팔메위원회')'라는 국제조직을 만들어 위원장직을 맡았다.

1984년 팔메는 '6개국 구상'Six-Nation Initiative을 출범시켰다. 스웨덴을 비롯해 그리스, 아르헨티나, 멕시코, 인도, 탄자니아가 하나의 국제기구를 만들어 핵확산을 방지하고, 핵무기 관련 실험을 엄금하는 포괄적 핵실험금지 조약을 만들어내려 했다. 하지만 1986년 2월 팔메가 괴한에게 저격을 받아 사망하는 바람에 진전을 보지 못했다. 그가 걷던 반전, 평화, 자유, 연대의 걸음은 거기서 멈추었다(이후 '포괄적 핵실험금지 조약'은 1996년 유엔총회에서 채택되었지만 미국을 비롯해 중국, 러시아, 인도, 파키스탄 등 많은 나라가 이를 비준하지 않아 발효되지 못하고 있다).

요컨대 팔메의 주도 아래 스웨덴은 미국이 주도하는 베트남전쟁에 적극 반대했다. 이에 그치지 않고 중소국의 연대를 통해 강대국 중심으로 세계를 운영하는 것에 전면적인 변화를 가하려 했다. 작은 나라이지만 당차고 큰 외교를 전개한 것이다.

탈냉전 후
유럽연합 가입

1991년 소련이 망하고 냉전이 끝나면서 스웨덴도 갈 길을 고민했다. 소련은 붕괴됐고, 미국의 일극 체제가 된 세계질서 속에서 외교 노선을 어떻게 설정해야 할지 고심하지 않을 수 없었다. 우선은 유럽 통합에 참여하기로 결정했다. 1991년 유럽공동체EC 가입 신청을 했다. 1994년에는 국민투표를 실시해 52.3퍼센트가 가입 찬성에 투표했다. 이를 바탕으로 1995년 1월 공식 가입했다. 그때는 EC에서 EU(유럽연합)로 유럽 통합 체제가 바뀌어 있었다. 스웨덴은 중립 노선을 지켜오던 핀란드, 오스트리아와 함께 가입했다.

스웨덴이 EU에 가입한 가장 큰 이유는 경제였다. 1980년대 이후 스웨덴은 대기업에 대한 규제를 완화하고, 해외 자본의 투자를 적극 유치했다. 경제의 지속적인 성장 속에서 복지국가를 유지할 수 있다는 생각이었다. 물론 대기업들은 꾸준히 EU 가입을 요구해왔다. 유럽의 주요 국가들과 교류와 협력을 강화해야 기업들이 지속적으로 성장할 수 있다는 주장이었다. 그런 와중에 1990~1992년 경기 침체를 경험했고, 그에 대한 탈출구로 서유럽과의 적극적인 교역의 길을 택했다. 그러자면 EU에 가입해야 했다.

EU 가입은 중립 노선을 어느 정도 훼손하는 것이었다. EU는 자본주의 체제를 기반으로 하는 지역 통합 체제이다. 더욱이 그 속에서 공동의 외교 안보 정책도 추진해왔다. 거기에 가입하는 것은 자본주의, 자유주의 중심의 노선에 동조하는 것이었다. 하지만 스웨덴은 EU 가입은 어디까지나 경제 교류를 위한 것일 뿐, 군사적 중립은 견지해 나갈 것이라고 밝혔다. 2002년에는 사회민주당 정부와 우파 정당들이 함께 군사적 동맹 불참여와 중립 노선 유지를 새삼 천명했다. 세계적 군축을 위한 노력도 새롭게 강조되었다.

EU 회원국이 되고 나서도 유럽경제통화동맹EMU에는 가입하지 않았다. 유로화를 사용하지 않고 있는 것이다. EU 회원국 27개국 가운데 유로화를 쓰지 않는 나라는 스웨덴과 덴마크, 체코, 크로아티아, 헝가리, 폴란드, 리투아니아, 불가리아, 루마니아 등 9개국이다. 특히 스웨덴은 독자적인 재정 운용과 함께 고유의 복지 정책을 계속 유지하기 위해서이다. 공동 통화를 사용하면 재정 운용 방향에 간섭을 받기 쉽고, 국민복지에 예산을 많이 쓰는 스웨덴의 전통적인 정책에도 간섭을 받을 수 있다는 우려가 작용한 것이다. 이렇게 스웨덴은 경제성장을 위해 EU에 가입해 유럽 국가들과 경제교류를 확대하면서도 나름의 재정 정책과 외교 안보 정책은 견지해나가는 모습을 보였다.

러시아-우크라이나
전쟁 후 나토 가입

영원히 중립일 것 같던 스웨덴도 새로운 국제질서에 영향을 받지 않을 수 없었다. 2022년 2월 러시아가 우크라이나를 침공하자 유럽의 질서는 새 국면을 맞았다. 동진하는 나토에 경고를 날리던 러시아가 우크라이나의 나토 가입 움직임에 무력으로 맞선 것이다.

우크라이나는 역사적으로 러시아의 영향권이어서, 그 움직임에 따라 러시아가 크게 자극받을 수 있는 점은 이해가 가능하다. 하지만 우크라이나가 친서방 움직임을 보인다고 해서 군대를 동원해 무력으로 공격하는 행위는 21세기 강대국의 행위 치고는 터무니없다. 하지만 러시아는 그런 길을 택했다. 블라디미르 푸틴Vladimir Putin은 그렇게 예측가능성predictability과는 거리가 먼 지도자이다.

앞뒤 없는 러시아의 군사행동에 러시아 주변의 폴란드와 발트 3국(에스토니아, 라트비아, 리투아니아), 북유럽국가들은 안보 불안이 증대될 수밖에 없었다. 폴란드는 급속히 군비를 강화했다. 전통적으로 중립을 지켜오던 스웨덴과 핀란드는 나토 가입을 추진했다. 핀란드가 먼저 2023년 4월 가입했고, 스웨덴은 좀 늦어져서 2024년 3월 가입했다. 스웨덴이 늦게 가입한 것은 튀르키예와 헝가리의 반대 때문이었다. 튀르키예는 스웨덴이 튀르키예 내부의 소수민족인 쿠르드족을 지원한다며 스웨덴의 나토 가입을 반대했다. 헝가리는 스웨덴의 정치인들이 헝가리의 민주주의 쇠퇴를 비판한 것 때문에 반대했다.

하지만 스웨덴은 이들 반대 국가들과 적극 협상을 벌여 찬성을 얻어냈다. 튀르키예가 요구해온 반테러리즘 법안 강화를 들어주고, 튀르키예의 EU 가입도 지원하기로 하면서 튀르키예의 반대를 무마시켰다. 헝가리에 대해서는 스웨덴이 생산하는 그리펜 전투기를 제공하고, 방위산업체 사브가 헝가리에 인공지능(AI) 연구센터를 세우기로 약속하면서 지지를 얻어냈다.

스웨덴의 나토 가입은 서구와의 더 긴밀한 협력, 나토 가입을 통한 더 강한 안보 확보를 실현하는 차원에서 이루어졌다. 하지만 좀 더 깊이 들어가 보면 오랜 스웨덴 전통과는 잘 어울리지 않는 측면을 확인할 수 있다. 나토 가입 신청 직전인 2022년 4월 스웨덴 신문 『아프톤블라데트』가 실시한 여론조사에 따르면, 조사 대상의 57 퍼센트가 나토 가입에 찬성했다. 나머지는 여전히 나토 가입에 반대한 것이다.

오랫동안 스웨덴 정치의 중심 역할을 해온 사회민주당도 러시아의 우크라이나 침공이 스웨덴과 유럽의 안보를 급속히 악화시키는 환경에 직면해 나토 가입을 지지하긴 했지만, 그 속에서 적극적 역할을 하는 것은 반대했다. 스웨덴 영토 안에 나토군의 영구 주둔에 반대하고, 핵무기 배치도 허용할 수 없다는 입장을 분명히 했다.

유럽의 정세와 세계정치의 변화에 적응해가면서도 강대국의 요구에 생각 없이 따라가는 것을 경계하겠다는 얘기로 들린다. 안보의 보다 확실한 보장책으로 나토에 가입하면서도 나름의 생각과 정책을 꾸준히 고민하고, 그에 따라 주장할 것은 주장하겠다는 말로 들리기도 한다. '주장 있는 외교'라는 전통은 버리지 않겠다는 얘기에 다름 아닌 것이다.

당찬 외교의 동인

나토 가입으로 중립 노선이 좀 훼손되긴 했지만, 스웨덴은 여전히 나름의 외교를 지향하고 있다. 200년 이상 지켜온 전통인 만큼 정치권도 시민들도 중립 노선을 완전히 던져버리는 것이 쉽지 않다. 중립주의는 1907년 체결된 헤이그협약Conventions de La Haye에서 개념을 잘 정의해놓았다. 이 협약에서 외교적 중립성은 네 가지 의무를 이행할 때 인정될 수 있다고 본다.

첫째는 불간섭 의무이다. 분쟁 당사국에 군사적인 협력이나 원조를 제공하지 말아야 한다는 것이다. 둘째는 예방 의무이다. 그냥 가만히 있는 것이 아니라 자국의 중립성이 훼손되지 않도록 적극 힘써야 한다는 것이다. 셋째, 관용 의무이다. 공해상에서 진행되는 분쟁 당사국의 활동은 용인해야 한다는 내용이다. 공해상의 항행은 누구에게나 열려 있고, 공해는 누구도 간섭할 수 없다는 국제법의 기본 원칙을 재차 확인하는 것이라 할 수 있다. 넷째는 비편향성의 의무이다. 분쟁 당국에 군사적 원조를 하지 않는 것은 물론이고, 비군사적 부문에 대해서도 동등하게 대우해야 한다는 것이다. 인도적 원조를 하더라도 한쪽에 치우치지 않도록 해야 한다는 내용이다.

스웨덴이 나토에 가입했지만, 명백한 침략국에 대한 국제사회의 공동 대응 정도를 제외하면, 헤이그협약이 규정하는 중립주의의 원칙에 크게 벗어나는 외교를 전개할 것 같지는 않다. 그렇다면 오랫동안 스웨덴이 독자적인 노선을 지켜올 수 있었던 동인은 무엇일까? 여러 가지를 꼽을 수 있을 것이다.

첫째, 스웨덴인들의 자존심이다. 게르만족의 한 갈래인 스웨덴인은 자주정신이 높아 간섭을 싫어한다. 매사에 성실하고 부지런하면서 합리적이고 적극적인 면도 있다. 그런 만큼 부정과 불법과는 타협하지 않는 특성도 보인다. 17세기에는 유럽의 강국으로 군림했던 적도 있어 그 자존감은 매우 높다. 이러한 민족적 특성은 중립 노선의 바탕이 되어왔다.

둘째, 사회민주당의 균형 감각이다. 사민당은 1920년대부터 스웨덴 정치의 중심 역할을 하면서 자본주의 이념과 사회주의 이념의 장점을 취해 정책에 반영해왔다. 대외적으로는 반전, 평화, 군축 등 명분 있는 주장들을 전개하면서 국제사회에서 활동 폭을 넓혀왔다. 사민당은 동아시아의 분쟁 해결에도 관심이 많다. 유럽과 북한, 미국과 북한의 대화를 위해 많은 노력을 기울였다.

이는 북유럽 국가들이 전통적으로 추진해온 '노르딕 밸런스 Nordic Balance'와도 연결되어 있다. '노르딕 밸런스'는 지리적으로 소련과 가까운 북유럽 국가들이 소련의 영향권에서 벗어나려고 하지만, 미국에 가까이 가지도 않으려는 정책을 말한다. 스웨덴의 사민당은 특히 이러한 정책의 실질적 실행을 중시했다.

KBS 기자 시절 나는 사회당의 그런 모습을 직접 확인할 수 있었다. 2004년 10월 나는 미국 대통령선거를 계기로 새로운 미국 행정부의 대북 정책, 한반도 문제 해결의 가능성 등을 내용으로 하는 한 시간짜리 다큐멘터리를 만들고 있었다. 공화당이 집권했을 때, 민주당이 집권했을 때 예상되는 북미 관계를 정리하고, 그에 따라 북핵 문제 해결의 가능성을 짚어보는 것이 주요 내용이었다.

원고를 쓰고 다큐멘터리를 만들어가면서 미국과 북한 사이 가교 역할을 해주는 나라가 있으면 일을 좀 쉽게 풀어갈 수 있겠다고 생각했다. 스웨덴이 생각났다. 당시 스웨덴은 세계평화에 관심이 많은 사민당이 집권하고 있었고, 특히 총리 예란 페르손Göran Persson은 세계의 분쟁에 관심이 지대했다. 스웨덴에 직접 가 페르손을 인터뷰하고 싶었다. 하지만 미국 출장을 이미 다녀와 예산도 많이 썼고 시간도 부족했다.

밑져야 본전이라는 생각으로 스웨덴 총리실에 이메일을 보냈다. 질문을 보낼 테니 페르손 총리가 답변하는 내용을 녹화해서 보내줄 수 있겠느냐고 물었다. 생각지 않게 금세 답이 왔다. 해주겠다는 것이었다. 북미 관계 개선에 유럽과 스웨덴이 할 수 있는 역할, 예상되는 효과성 등에 대한 질문을 보냈다. 얼마 있지 않아 주한 스웨덴 대사관을 통해 녹화 테이프를 보내왔다. 스웨덴이 얼마든지 북미 관계 개선에 주요 역할을 할 수 있다는 내용이었다. 스웨덴, 특히 사민당 정부는 그렇게 좌와 우 사이에서 균형을 유지하며, 그 연장선상에서 세계평화에 기여하려 해왔다.

셋째는 자립 경제와 자주국방 능력이다. 19세기 후반부터 스웨덴은 경제력 향상에 주력해 큰 성공을 거뒀다. 자주 외교에는 경제뿐만 아니라 자주국방이 필수조건임을 깨닫고 1930년대부터는 방위산업 육성에 큰 힘을 쏟았다. 그 결과 사브(군용 항공기), 에릭슨(레이다), 볼보(항공엔진) 등 대형 방위산업체들이 성장해 있어 스웨덴의 자주국방과 경제성장에 크게 기여하고 있다.

넷째는 유연성이다. 스웨덴의 중립 정책은 유연하고 현실적인 특성이 있다. 스위스나 오스트리아처럼 조약이나 헌법으로 성문화된 것이 아니라, 정책적 지향점으로 중립 외교를 실행하기 때문에 필요에 따라 조금씩 변형을 주기가 쉽다. 제2차 세계대전 당시 독일과 영국 모두와 협력 관계를 형성했던 것은 스웨덴 중립 외교의 유연성을 잘 보여준다. 러시아의 우크라이나 침공 이후 나토에 가입해 안보를 보다 분명하게 확보하려는 정책 또한 유연성과 현실 적응성을 확인해주는 사례이다. 유연성과 현실 적응성이라고 해도 스웨덴의 중립 전통을 완전히 무시하는 것이 아니라 세계정세 변화에 따른 주체적 변화의 모습이라고 보는 것이 옳을 듯하다.

넷째는 국제적 신뢰이다. 스웨덴은 중립 외교를 표방하면서도, 자국의 안보에만 집착하지는 않았다. 군축, 비핵화, 세계평화, 분쟁의 평화적 해결, 빈곤 퇴치, 개도국 원조 등 명분 있는 주장을 계속해왔고, 함마르셸드나 팔메 등은 이러한 명분에 기초한 실재적인 활동을 적극 펼쳤다. 오랫동안 해온 이러한 활동은 스웨덴 외교에 신뢰성을 증진시켰고, 국가적 위상도 향상시켜왔다. 또 그 바탕 위에서 중립 외교를 지속할 수 있었다.

종합적으로 보면 스웨덴의 외교는 무장중립 노선을 중심에 놓고 국제환경을 예의 주시하면서, 필요한 경우 '전략적 유연성(strategic flexibility)'을 발휘해 새로운 정세와 환경에 적응해 나가는 외교를 전개해왔다. 지금도 그런 기조에서 크게 벗어나지 않고 있다.

Chapter 15

참여적 중립, 오스트리아

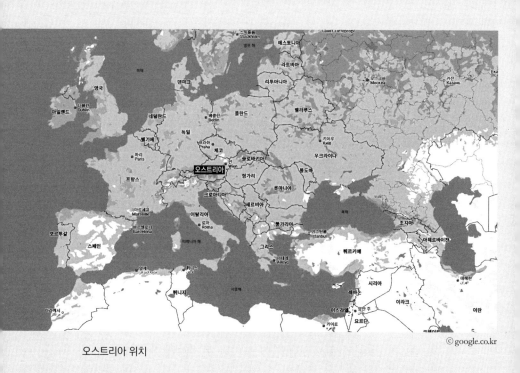

오스트리아 위치

ⓒ google.co.kr

왕년의 제국
오스트리아

우리에게 오스트리아는 멀다. 유럽의 소국 오스트리아와 많은 인연이 있는 것 같지 않다. 이승만 대통령의 부인 프란체스카 도너 Franziska Donner 여사가 오스트리아 출신인 것이 그나마 우리와 오스트리아를 연결시켜주는 정도이다. 오랫동안 파란의 동북아 정세 속에 있는 한반도의 미래를 고민하는 사람들의 머릿속엔 강대국에 영향을 받지 않는 영세중립국 오스트리아가 하나의 롤모델로 자리하고 있다. 그래서인지 학술적인 토론의 장이나 언론의 칼럼에서 가끔 등장하기도 한다.

오스트리아 역사는 유럽의 어느 나라 못지않게 유구하고 굴곡이 심하다. 오스트리아 지역에는 기원전 800년 즈음 켈트족이 자리 잡았다. 800년 가까이 그들 나름의 문화를 형성하며 살았다. 기원전 15년쯤에는 로마의 침략을 받아 속주가 되었다. 그렇게 로마의 영향권 속에 살던 중 서로마제국이 476년 멸망하고, 6세기 즈음 게르만족의 일파인 바이에른족이 오스트리아 지역을 지배하게 되었다.

지금의 오스트리아와 직접 연결되는 역사는 이때부터 시작된다.

프랑크왕국, 신성로마제국의 지배를 거쳐 13세기 후반부터는 유럽의 명문 왕가 합스부르크의 본령이 되어 큰 세력을 떨쳤다. 스위스의 소영주에 불과했던 합스부르크 가문의 루돌프 1세Rudolf I는 당시 신성로마제국 내부의 혼란을 틈타 영토를 확장하고 세력을 키워 신성로마제국 황제로 선출되었다. 1273년의 일이다. 루돌프 1세는 곧 스위스를 독립시키고, 오스트리아를 본령으로 삼아 신성로마제국을 통치했다. 이후 합스부르크 왕가는 네덜란드와 스페인 등 유럽의 많은 지역을 가문의 영지로 삼아 영향력을 확대해 나갔다.

오랫동안 유럽 정치의 중심 역할을 한 합스부르크 왕가의 오스트리아는 18세기 말에서 19세기 초 나폴레옹의 침공을 받아 수난을 겪었다. 오스트리아는 영국, 프로이센, 러시아와 연합을 형성해 나폴레옹을 물리쳤다. 1814년 오스트리아는 비엔나회의를 개최해 유럽 질서를 영국과 프랑스, 프로이센, 러시아, 오스트리아 5개국의 세력 균형 체제로 정리했다. 당시 오스트리아 재상을 맡고 있던 클레멘스 폰 메테르니히Klemens von Metternich의 능란한 외교로 이런 체제의 형성이 가능했다.

이후 유럽의 강대국들은 왕정을 유지하려 했다. 하지만 자유주의 운동의 소용돌이가 유럽을 휩쓸기 시작했다. 그 영향으로 1848년 3월 오스트리아도 자유주의 헌법을 수용하지 않을 수 없었다. 입헌군주제가 된 것이다.

1866년 독일 통일을 추구하던 프로이센의 침략을 받아 오스트리아는 패전했다. 오스트리아의 힘이 약해지자 내부의 이민족들이 독립운동을 강화했다. 결국 1867년 오스트리아는 마자르족의 요구를 수용해 헝가리왕국의 건설을 허용하고, 오스트리아와 헝가리를 연합해 '오스트리아-헝가리'라는 이름의 이중 제국을 수립했다. 국방과 외교, 재정은 공동으로 하되, 그 외의 부문은 각각 별개의 정부와 의회를 가지고 운영하는 체제였다.

이렇게 오스트리아는 세력이 줄어들고 있었던 반면 독일은 지속적으로 성장하고 있었다. 독일은 오스트리아와의 전쟁에서 이긴 뒤, 1870년 프랑스와 전쟁을 벌여 또 승리했다. 그 결과 1871년 독일 제2제국을 수립했다(제1제국은 신성로마제국, 제3제국은 히틀러의 제국). 이후 경제력과 군사력의 증강에 매진했다. 당시 독일의 재상 오토 폰 비스마르크Otto von Bismarck의 생각은 이러한 전략으로 독일의 내실과 안정을 추구하는 것이었다.

하지만 황제 빌헬름 1세 Wilhelm I가 사망한 뒤 즉위한 빌헬름 2세의 생각은 달랐다. 빌헬름 2세는 그동안 축적한 독일의 역량을 발휘해 세계로 진출하자는 생각이었다. 팽창 지향이었던 것이다. 황제와 지향점에서 큰 차이가 나자 비스마르크는 1890년 사임했다. 이후 발칸반도에서는 독일-오스트리아의 게르만주

가브릴로 프린치프.

의와 러시아-세르비아의 슬
라브주의가 대립하며 긴장이
높아졌다.

프란츠 페르디난트.

    1908년 오스트리아가
보스니아와 헤르체고비나를
강제로 병합하자 러시아와 세
르비아의 반감이 커졌다. 게
다가 오스트리아가 불가리아
에 지원을 강화하자 세르비
아는 오스트리아에 적대감이
더 높아졌다. 세르비아 내부
에서는 반反오스트리아 결사체들이 생겨났다. 그런 결사체의 일원
인 가브릴로 프린치프Gavrilo Princip가 1914년 6월 28일 보스니아
의 수도 사라예보에서 오스트리아의 황태자 프란츠 페르디난트Franz
Ferdinand를 암살하면서 인류사의 비극 가운데 하나인 제1차 세계대
전이 발발하게 되었다.

제1차 세계대전
패배로 소국 전락

발칸반도를 둘러싸고 고조된 민족주의가 전쟁의 깊은 원인으로 작
용한 데다, 독일의 융성과 그에 따른 영국과 러시아의 안보 우려까

지 어우러지면서 제1차 세계대전은 유럽 전체를 전쟁의 소용돌이로 몰아넣었다.

제2제국 수립 이후 독일의 경제는 성장일로였다. 국내 순생산 대비 자본 축적률이 1871~1890년에는 11.4퍼센트 증가했고, 1891~1913년에는 15퍼센트 늘어났다. 반면에 영국은 1875~1894년 6.8퍼센트, 1895~1914년에는 7.7퍼센트 증가에 그쳤다. 세계 전체의 제조품 가운데 차지하는 비중도 독일은 1880년 8.5퍼센트에서 1913년 14.8퍼센트로 증가했다. 반면에 영국은 같은 기간 22.9퍼센트에서 13.6퍼센트로 줄어들었다.

독일은 경제력을 바탕으로 군비도 강화해 영국이 자랑하던 해군력을 추월하려는 계획을 착착 실행하고 있었다. 독일은 베를린에서 바그다드까지 철도로 연결하는 계획을 세워 중동까지 진출하려 했다. 이는 러시아의 안보 불안을 야기했다. 이렇게 다원적인 원인이 작용했으니 전쟁은 커질 수밖에 없었던 것이다.

오스트리아 내부에서도 전쟁을 막으려는 움직임은 찾아보기 힘들었다. 민족주의와 맹목적인 애국주의가 오스트리아 사회에 만연했다. 음악가는 군가를 만들고, 화가들도 자원입대할 정도였다. 저명한 정신분석학자 지그문트 프로이트Sigmund Freud도 "전쟁은 해방을 위한 주요 요소"라며 전쟁을 부추겼다.

이런 분위기에서 시작된 제1차 세계대전은 엄청난 참화로 이어졌다. 1914년 7월 28일부터 1918년 11월 11일까지 4년 넘게 계속된 전쟁으로 1000만여 명이 사망했다. 그중 90퍼센트는 군인, 나머지 10퍼센트는 민간인이었다. 부상자도 2000만 명 이상 발생했다. 오스트리아-헝가리제국은 150만 명의 생명을 잃고, 패전국이 되어 제국은 해체되었다. 많은 영토를 잃고 소국으로 전락했다.

약소국이 된 오스트리아는 전후 분열과 갈등의 회오리 속으로 빨려들어 갔다. 각 정파들은 소국으로 전락시킨 주범을 찾으려 싸웠고, 그러면서 사회는 혼란에 빠졌다. 막대한 전쟁 배상금과 극심한 인플레이션은 오스트리아 국민의 삶을 피폐하게 만들었다.

계획경제에 반대하고 경제는 시장에 맡겨야 한다는 오스트리아학파의 태두 프리드리히 하이에크Friedrich Hayek는 1920년대 당시 젊은 연구자였다. 그는 '오스트리아 경기연구소' 소장을 맡아 정열적으로 연구하고 그 결과들을 발표하고 있었다. 그의 이론에 따른 것인지 오스트리아는 시장에 경제를 맡기고 정부는 거의 개입하지 않았다. 그 결과 실업자는 급증하고 중산층은 무너졌다.

그러면서 사회적 갈등은 더 심해져 무력 충돌까지 발생했다. 사회민주당 계열의 민병대와 보수주의인 기독교사회당 계열의 민병대가 충돌해 수십 명이 사망하는 사태까지 벌어진 것이다. 이러한 극심한 혼란상은 1930년대 후반까지 지속되었다. 결과는 1939년에 독일에 합병되는 것이었다.

1935년 3월 세계 지배의 야망을 불태우던 히틀러는 제1차 세계대전 직후 체결된 베르사유조약을 파기한다고 선언했다. 그리고 1936년 3월에는 제1차 세계대전 패전으로 빼앗겼던 라인란트에 군을 진입시켜 재무장시켰다. 1938년 3월에는 약해빠진 오스트리아를 압박해 병합해버렸다. 이후 일사천리로 1938년 9월에는 체코슬로바키아의 주데텐란트를 차지한 뒤, 1939년 9월 1일 폴란드를 공격하면서 제2차 세계대전을 시작했다.

연합국 통치 아래에서도
스스로 정부 구성

제2차 세계대전이 끝난 뒤 오스트리아는 미국과 영국, 프랑스, 소련에 분할통치 되었다. 독일과 같은 운명이었다. 분할통치는 1955년까지 계속되었다. 연합국의 통치 아래에서도 오스트리아는 계속 꿈틀댔다. 꿈틀대는 정도가 아니라 새로운 변혁을 이뤄냈다. 제1차 세계대전 직후와는 완전히 다른 길을 갔다. 우선 각 정파들이 타협과 조화의 정치를 실행했다. 사회민주당과 국민당(기독교사회당의 후신)의 지도자들은 대부분 제2차 세계대전 동안 나치의 수용소에 수감되어 있었다. 그들은 피점령국의 고난을 직접 체험했고 자유의 소중함, 화해와 결속의 필요성을 절감했다.

그런 정치 지도자들 가운데 빼어난 리더십을 발휘한 인물이 카를 레너Karl Renner였다. 그는 제2차 세계대전 이후 오스트리아 정치를 대화와 합의로 이끄는 데 결정적으로 공헌했다. 1870년 태어난 레너는 빈대학에 다니면서 사회민주당에 가입했고, 졸업 후 사회민주당 소속으로 정치 활동을 했다. 제1차 세계대전 후 총선에 승리해 총리가 되었지만, 사회적인 혼란상으로 제대로 지도력을 발휘하지 못했다. 1934년 기독교사회당 정부가 사민당을 강제로 해산하자 레너는 정부에 대해 반란을 시도하다 투옥돼 100일 동안 감옥 생활을 했다. 1938년 오스트리아가 독일과 합병한 후 그는 나치에 반대하며 지하운동을 벌였다.

풍부한 정치적 경험을 가진 레너는 제2차 세계대전이 끝나자 오스트리아 재건운동에 진력했다. 우선 소련과 협력했다. 소련은 오스트리아에서 영향력을 확보하기 위해 다른 연합국보다 기민하게 움직이고 있었다. 레너는 그런 소련의 속셈을 이해하면서 협력을 추구했다. 사민당 소속이어서 이오시프 스탈린과 대화가 잘 되는 편이기도 했다.

우선 각 정당 간 연정을 이뤄 임시정부를 수립하는 것이 급선무였다. 레너는 사민당(중도좌파), 국민당(우파), 공산당(좌파)의 대표들과 회담을 통해 연정에 합의하고 총리가 되었다. 내각에 각 정당이 골고루 참여하도록 하고, 장관과 차관은 다른 정당 소속이 맡아 서로 조화를 이룰 수 있게 했다. 오스트리아는 1945년 4월 27일 임시정부를 수립하고 독립을 선언했다.

하지만 미국과 영국, 프랑스는 이를 인정하지 않았다. 레너가 소련과 가까워 친소 정권으로 여긴 것이다. 임시정부 내각은 소련의 요구로 3분의 1이 공산당 소속이었다. 레너는 이렇게 소련의 요구를 들어주면서도 공산당 소속 장관 아래 비공산당원 차관을 두어 일정 부분 보완과 균형을 꾀했다. 오스트리아가 한쪽으로 흘러가면 반대쪽의 반발이 커져 다시 분열과 갈등이 커질 것을 염려한 것이다.

레너는 소련의 협조 속에 국내적 화합을 추구하면서, 서방 연합국의 지지를 확보하려는 노력 또한 게을리하지 않았다. 1945년 9월 즈음에는 서방과 소련이 오스트리아를 양분하려는 움직임을 보였다. 독일처럼 동서를 나눠 서쪽은 자본주의, 동쪽은 사회주의 국가로 나누려 한 것이다. 레너는 분주하게 움직여 각 주의 대표를 모아 오스트리아의 미래에 대한 회의를 개최하려 했다. 서방도 소련도 탐탁지 않아 했다.

하지만 레너는 신념과 뚝심이 있는 정치인이었다. 소련과 서방의 대표를 만나 꾸준히 대화했다. 서방의 대표에게는 회의가 제대로 진행돼 오스트리아의 바람직한 미래상을 정리하면 공산당을 배제한 내각의 성립도 가능하다고 말했다. 오스트리아의 친소련화를 막을 수 있다는 얘기였다. 소련에는 회의가 열리지 않으면 서방이 자신을 더 이상 신뢰하지 않을 것이고, 이후 새로운 친서방 오스트리아 대표를 뽑을 것이라고 얘기했다. 그런 노력의 결과 9월 24일 각 주 대표회의가 열렸다.

회의 결과 임시정부를 넘어 공식 정부 수립에 착수하자는 데 의견 일치를 보았다. 11월 25일에 총선을 실시한다는 것도 못 박았다. 이렇게 오스트리아의 정치 엘리트들이 한목소리를 만들어가면서 정치를 주도해 나가자 서방도 레너를 오스트리아 전체를 대표하는 지도자로 인정하지 않을 수 없었다. 레너의 예정대로 11월 25일 총선이 치러졌다. 결과는 국민당이 제1당, 사회당이 근소한 차이로 제2당이 되었다. 공산당은 참패했다. 소련의 과도한 패전 책임 요구가 좌파에 대한 반감을 유발한 것이다.

총선 이후 출범한 의회는 12월 20일 레너를 제2차 세계대전 후 첫 대통령으로 선출했다. 연합국의 통치 아래 있었지만, 오스트리아인이 직접 나서서 합의와 총선으로 정부를 구성한 것이다. 이는 오스트리아가 실질적 주권을 회복하고, 스스로의 자치와 독자적인 외교를 실행해 나가는 데 매우 중요한 계기가 되었다. 이때 확립된 합의제 정치는 이후 오스트리아의 전통으로 자리 잡아 지금까지도 세계적으로 모범적인 정치 안정의 모습을 보여주고 있다.

이런 모범 사례들을 관찰하다 보면 우리의 해방 정국 상황이 절로 떠오른다. 해방 직후 좌우 대립은 아주 심했다. 남에서도 북에서도 그랬다. 미국은 남으로, 소련은 북으로 들어와 통일임시정부를 세우려 시도했다. 미소공동위원회가 그 역할을 맡았다. 하지만 어떤 세력들과 통일임시정부 설립을 논의할지를 정하지 못했다. 좌도 우도 자기 세력을 더 많이 포함시키는 데 전력투구했다. 합의와 타협은 없었다. 모두를 아우르는 포괄적인 리더십을 가진 지도자도 부재했다. 그러면서 미소공동위는 무산되었다.

좌우 세력이 이념을 뒤로하고 완전한 독립과 통일을 앞세웠더라면, 혼란을 잠재우는 리더가 존재했더라면 우리 역사는 달라졌을 것이다. '만약의 역사'는 참으로 허무한 것이지만 그래도 상상해본다. 그때 그런 게 이루어졌다면, 지금 이렇게 남북이 갈라져 헛심을 쓰는 일도 없을 것이고, 남쪽 안에서도 불필요한 분열과 그로 인한 쓸데없는 에너지와 자원의 낭비가 없을 텐데……. 생각할수록 가슴이 답답해진다.

세계의 인정으로
영세중립

총선으로 공식 정부를 출범시킨 오스트리아는 우선 내부적으로 경제를 안정화하는 데 힘을 기울였다. 1920년대 자유 시장경제 지상주의로 기울었다 실패한 것을 반면교사로 삼아 그와 정반대의 정책을 실행했다. 필요한 곳에 정부가 과감하게 개입해 개혁하고 성장을 이끌어가는 정책을 전개한 것이다. 외교에서도 당찬 모습이었다. 패전국인데 패전국스럽지 않았다. 나폴레옹 전쟁 후 패전국 프랑스는 비엔나회의가 열리자 외무상 탈레랑Talleyrand을 파견해 승전국 못지않은 활발한 외교를 펼쳐 패전국의 피폐에서 조기에 벗어날 수 있었다. 오스트리아도 그에 못지않았다.

1946년 12월에는 점령군의 철수를 요구했다. 그리고 점령 4국에 오스트리아와의 관계를 정리하는 조약의 체결을 지속적으로 촉구했다. 하지만 진전은 되지 않았다. 무엇보다 소련이 문제였다. 소련은 독일 측에 참전한 오스트리아의 책임 문제, 오스트리아의 구체적인 국경문제, 오스트리아 내 독일재산 처리 문제 등의 완결을 요구하며 조약 체결을 미뤘다.

오스트리아도 가만있지 않았다. 1948년 체코슬로바키아가 공산화되는 모습을 보면서 소련에 대한 경계심을 강화했다. 그러고는 미국의 마셜 계획에 참여하고, 이의 실행을 위한 조직인 유럽경제협력기구에 가입했다. 1949년 4월 북대서양조약기구가 출범하고, 9월에는 서독 정부가 수립되면서 소련의 심기는 더 불편해졌다. 오스트리아와의 조약에는 더 비협조적인 태도를 보였다. 그러자 오스트리아는 유엔에 호소했다. 유엔 회원국들에 편지를 보내 점령 해지의 필요성을 설명했다. 1952년 12월에는 유엔 총회에 연합국-오스트리아 조약을 촉구하는 결의안을 상정해 통과시켰다.

소련이 조약을 지연시키는 상황을 타개해 나가기 위해 새로운 제안도 내놓았다. 바로 중립화였다. 레너 대통령은 일찌감치 1947년 1월 오스트리아 언론과의 인터뷰에서 스위스식 중립이 오스트리아의 독립에 기여할 수 있을 것이라고 밝혔다. 4월에는 보수 세력인 국민당이 레너의 중립화 제안을 지지했고, 10월에는 사회당도 지지를 선언했다. 보수와 진보 모두 함께 오스트리아의 중립화를 촉구한 것이다. 연합국의 이렇다 할 반응이 없었지만 오스트리아는 계속 중립화를 얘기했다.

레너의 사망(1950년 12월)으로 새 대통령이 된 테오도르 쾨르너Theodor Körner는 1952년 2월 언론 인터뷰를 통해 중립화를 재차 거론했다. 스위스를 '정치적 슬기의 모범'으로 칭송하면서 스위스식 중립화를 거듭 촉구한 것이다. 외무상 카를 그루버Karl Gruber 또한 "오스트리아는 어떠한 공격적인 블록에도 참여하지 않을 것"이라며 중립 지향을 강조했다.

그럼에도 움직이지 않던 소련은 1953년 스탈린이 사망하자 달라졌다. 1954년 1월 베를린에서 열린 연합국 외상회담에서 소련 외무상 뱌체슬라프 몰로토프Vyacheslav Molotov는 연합국-오스트리아 조약에 오스트리아가 어떠한 군사동맹도 체결해서는 안 되고, 오스트리아 영토 내에 외국의 군사기지도 두어서는 안 된다는 조항을 넣자며 중립화에 찬성 의견을 제시했다.

하지만 미국이 반대했다. 특히 당시 미국의 국무장관 존 덜레스John Dulles는 사회주의에 반감이 유독 심한 인물이었다. 그는 몰로토프가 중립화를 제안하는 것은, 중립이라고 하면서 소련과의 관계를 강화하려는 의도라고 생각했다. 덜레스는 마셜 계획에 참여하며 서방과 긴밀할 관계를 형성해가고 있는 오스트리아가 중립으로 남는 것으로 만족할 수 없었다. 오스트리아를 나토에 가입시키고 싶어했다. 중립국으로 인정되면 이게 곤란해지는 상황이었다. 그래서 중립화에 반대한 것이다.

다시 한동안 진전이 없던 연합국-오스트리아 조약 체결 문제는 1955년 2월 몰로토프가 소련의 연방최고회의 연설에서 오스트리아 문제를 진전시킬 수 있다고 밝히면서 해결의 실마리를 찾아갔다. 몰로토프의 연설로 고무된 오스트리아는 1955년 4월 율리우스 라브Julius Raab 총리를 단장으로 하는 대표단을 모스크바로 보내 회담에 들어갔다. 오스트리아는 종래의 주장대로 중립화를 제시했다. 소련은 중립화가 보다 공식적이고 제도적인 형태가 되어야 한다고 주장했다.

이에 대해 오스트리아가 제시한 안은 '오스트리아 의회의 중립화 결의 → 미국, 영국, 프랑스, 소련의 승인 → 세계에 공표' 순서로 중립화를 실현하는 안이었다. 소련도 동의했다. 4월 15일 이런 내용을 담아 양측이 '모스크바각서Moscow Memorandum'를 작성했다. 오스트리아는 소련과의 협상에 성공함으로써 연합국-오스트리아의 조약 체결과 독립을 성취할 수 있는 중요한 기반을 마련하게 되었다.

소련이 오스트리아의 중립화를 적극 지지한 것은 당시 국내외 정세에 따른 것이었다. 1949년 나토 창설과 서독 정부 수립에 이어 1953년에는 한국전쟁을 승리로 이끌지 못하고 휴전했다. 아시아와 아프리카의 신생독립국 중 많은 나라가 비동맹을 추구하고 있었다. 오스트리아의 중립국화는 이런 흐름에도 부합해 이들 신생국들과의 연대도 강화할 수 있었다. 소련 국내적으로는 스탈린 사망 후 권력이 니키타 흐루쇼프Nikita Khrushchyov로 집중되어 갔다. 흐루쇼프는 동서 양 진영의 평화 공존을 주장하고 있었다. 오스트리아를 공산화하려면 동서 진영의 충돌이 불가피하고, 중립화는 양 진영의 대화를 통해 실현 가능할 것으로 여겼던 것이다.

소련과의 중립화 합의 다음 단계는 중립화를 서방 연합국들로부터 승인받고, 연합국-오스트리아 조약을 통해 완전한 해방을 얻는 것이었다. 오스트리아는 서방과 회담을 열기 위해 적극적으로 외교를 전개했다. 이에 따라 1955년 5월 회담이 열리게 되었다. 서방 3국(미국, 영국, 프랑스)은 오스트리아가 소련과 먼저 중립화를 합의한 것에 불만을 제기했다. 모스크바각서는 국제조약도 아니고 정치적 합의에 불과하니 거기에 무게를 둘 필요가 없다는 얘기도 했다.

하지만 소련과의 합의도 있고, 오스트리아를 소련에서 완전히 분리시켜 서방의 일원으로 만들기는 매우 어렵다는 것도 인식하고 있었다. 그래서 결국 모스크바각서의 내용에 동의해주었다. 그리고는 5월 15일 빈의 벨베데레 궁전에서 연합국-오스트리아 조약이 체결되었다. 이로써 오스트리아는 독립국가가 되었다. 영토는 1938년 독일과의 합병 전으로 되돌아갔다.

하지만 연합국-오스트리아 조약에 중립화 조항을 넣지는 않았다. 모스크바각서의 내용대로 중립화를 실현하면 된다는 생각이었다. 각서에서 제시한 프로세스에 따라 1955년 10월 26일 오스트리아 의회는 중립 선언에 관한 결의안을 채택했고, 정부는 곧 대내외에 영세중립을 선언했다. 11월 14일 정부는 각국에 오스트리아의 영세중립 승인을 요청했다. 미국과 영국, 프랑스, 소련을 포함해 60여 개국이 오스트리아의 영세중립을 승인했다. 이로써 오스트리아의 제도적 영세중립이 국제적으로 확립되었다. 작은 나라의 끈질기고 당찬 외교가 큰 승리를 거둔 대표적 사례이다.

참여적 중립

오스트리아는 이렇게 많은 나라가 인정해주어서 중립 입장을 하나의 제도로 정착시킨 대표적인 제도적 중립국가가 되었다. 스위스가 국제조약으로 중립을 인정받은 것과는 조금 결이 다르다. 같은 제도적 중립국이지만 오스트리아는 국가들의 직접 승인, 스위스는 조약으로 인정받은 중립국인 것이다. 어쨌든 두 나라 모두 제도로 영세중립을 인정받아 여전히 그 입장을 견지하고 있다. 그러면서 작은 나라들, 특히 강대국의 틈바구니에 끼어 있는 약소국들의 외교적 롤모델 역할을 하고 있다.

중립이지만 오스트리아는 단순한 중립이 아니라 국제사회에서 주요 역할을 해 나가려는 적극적·참여적 중립을 지향하고 있다.

스위스가 국제 구호활동을 중심으로 국제사회에 적극 기여하는 외교를 전개한 것과 유사한 길을 걷고 있다. 오스트리아는 특히 냉전 시대 동서 양 진영 사이에서 가교 역할을 자처했다. 냉전의 위험성을 깊이 인식하고, 냉전 상황의 개선이야말로 국제평화에 기여하는 길이라는 생각에서였다.

1961년 미국과 소련은 냉전의 한가운데에서 절체절명의 위기를 겪고 있었다. 1948년 소련의 서베를린 봉쇄로 제1차 베를린 위기를 맞았던 미국은 국제사회와 연대해서 소련을 압박해 봉쇄를 겨우 해제할 수 있었다. 1950년대 많은 동독인이 서독으로 넘어가자 위기감이 높아진 소련은 1958년 11월 다시 서베를린을 봉쇄하겠다고 위협했다. 미국과 영국, 프랑스 군대가 서베를린에서 철수하지 않으면 서베를린을 봉쇄하겠다고 한 것이다. 아이젠하워Dwight Eisenhower 미국 대통령은 이 문제를 해결하지 못하고 케네디John F. Kennedy 대통령에게 넘겼다. 케네디와 소련 공산당 서기장 흐루쇼프가 만나야 해결될 수 있는 문제였다.

긴장된 회담의 장을 오스트리아가 마련해줬다. 오스트리아의 수도 빈에서 1961년 6월 3~4일 케네디와 흐루쇼프가 만났다. 하지만 애석하게도 케네디는 준비가 되어 있지 않았다. 의욕만 앞서고 전략이 없었다. 흐루쇼프는 케네디를 애송이로 보았을 뿐, 회담을 성공으로 이끌 생각이 별로 없었다. 회담이 실패하자 소련의 기세는 더 강해졌다. 서방이 서베를린에서 철군하지 않으면 서베를린을 동독으로 편입시키겠다고 위협했다. 미국은 핵전쟁 가능성까지 상정하고 대비하지 않을 수 없었다. 그 와중에도 동독에서 서독으로 넘

정상회담을 위해 만난 케네디와 흐루쇼프(1961년 6월).

어가는 사람은 더 많아졌다.

동독과 소련은 1961년 8월 3일 동서 베를린 사이 장벽을 설치하기로 결정했고, 8월 13일 장벽을 설치했다. 미국은 "전쟁보다 장벽이 낫다"며 맞대응을 피했다. 그렇게 케네디-흐루쇼프 정상회담이 실패로 끝나고 베를린 장벽까지 세워졌다. 당시 오스트리아는 미소 정상회담이 열리면 어떻게든 해결의 실마리가 마련될 것으로 보고 빈 회담을 기꺼이 환영하면서 회담의 장을 제공했던 것이다.

1970년대 들어서는 사민당의 브루노 크라이스키Bruno Kreisky가 총리를 맡으면서 참여적 중립 정책이 더 활성화되었다. 크라이스키는 1970년부터 1983년까지 13년간 사민당 단독 정부를 이끌었다. 그는 동서 진영 사이의 가교 역할과 국제평화 증진을 위한 활동을 적극 전개해 오스트리아의 국제적 위상을 더욱 높였다.

크라이스키는 1911년 유대인 가정에서 출생했다. 15세에 사회민주당에 가입해 활동했으며, 빈대학에 진학해 법학을 전공했고 법학 박사학위까지 취득했다. 나치에 동조하는 정권에 반대하는 운동을 전개하다가 1935년 투옥되었지만, 1938년 탈옥해 스웨덴으로 망명했다.

크라이스키는 제2차 세계대전이 끝난 뒤인 1946년 스웨덴 스톡홀름 주재 오스트리아 공사관에서 근무했다. 1951년 오스트리아로 귀국해 외교부에서 일했다. 1953년에는 외교부 차관이 되어, 1955년 연합국-오스트리아 조약을 체결하는 데 주요한 역할을 했다. 1956년에는 의회 의원에 선출되었고, 1959년에는 다시 외교부 장관이 되어 1966년까지 일했다. 1967년에는 사회민주당 당수가 되었고, 1970년에 총리가 되었다.

총리가 된 크라이스키는 자신이 유대인임에도 중립적인 입장에서 중동 평화를 이루기 위한 노력을 전개했다. 이스라엘과 충돌하고 있는 팔레스타인의 권리를 인정하고, 이스라엘과 팔레스타인이 동등한 입장에서 중동의 평화와 안정을 이룰 방안을 만들어내려고 노력했다. 동서 냉전의 상황에서 세계의 긴장을 완화하기 위해서는 비동맹 중립주의 외교의 확산이 필요함을 역설하면서, 이를 위한 조직으로 'N+N 그룹Group'을 창설하기도 했다. 그는 국제평화와 긴장 완화를 위해 글로벌 차원의 다자주의를 통한 평화 증진, 분쟁 중인 국가들의 화해와 중재, 제3세계를 위한 마셜 계획 추진 등 다방면에서 다차원적으로 전개했다.

크라이스키 총리의 이러한 활동을 배경으로 1972년에는 오스트리아 외무 장관을 지낸 쿠르트 발트하임Kurt Waldheim이 유엔사무총장이 되어 국제평화를 위한 활동을 펼쳐 나갔다. 1980년에는 수도 빈 안에 유엔기구도시UNO City를 건설했다. 여기에 국제원자력기구IAEA, 유엔산업개발기구UNIDO, 유엔마약범죄사무소UNODC, 유럽안보협력기구OSCE, 석유수출국기구OPEC, 포괄적핵실험금지조약기구CTBTO 등 국제기구 30여 개를 유치해 국제평화 증진에 기여하고 있다. 오스트리아 정부가 무상으로 사무실을 제공하는 등 적극적인 유치 활동을 벌여 이루어낸 것이다.

크라이스키가 총리에서 물러난 이후에도 오스트리아는 참여적 중립 입장을 지속적으로 지켜오고 있다. 1991년 걸프전이 발생했을 때는 불개입의 입장에 그냥 머물러 있지 않았다. 미국과 동맹국에 영토와 영공 통과를 허용했다.

국제분쟁에 어느 쪽을 지원하면 중립성이 훼손될 수 있다. 하지만 걸프전은 이라크가 쿠웨이트를 일방적으로 침공한 것이므로 피침략국을 돕는 것은 '국제사회의 경찰 행위'에 해당한다고 할 수 있다. 오스트리아는 이러한 논리적 근거를 바탕으로 쿠웨이트를 돕고 이라크를 응징하는 미국과 동맹국에 적정 규모의 편의를 제공한 것이다. 전투에 직접 참여하면 중립성이 훼손될 것으로 여겨, 전투에 참여하지 않으면서도 국제사회의 경찰 역할에 기여하는 길을 찾은 것이다.

1995년에는 유럽연합에도 가입했다. '유럽 내에서는 연대, 유럽 밖에서는 중립'을 내세우며 EU의 회원국이 된 것이다. 중립성 훼손이라는 우려의 시각도 있었지만, 오스트리아는 유럽 국가들과의 연대를 강화해 경제적 성장을 추구하면서 지나친 군사협력은 자제하는 쪽을 선택했다. EU 회원국이면서도 EU의 군사행동에 직접 참여하지는 않는다는 단서 조항을 두고 EU에 가입한 것이다.

그러면서도 북대서양조약기구에는 여전히 가입하지 않고 있다. 방위 동맹에 직접 가입하는 것은 중립성을 바로 훼손할 수 있기 때문이다. 다만, 나토와 '평화를 위한 동반자 관계PfP'를 구축해 국제평화를 위한 활동은 함께하고 있다. 실제로 이 프로그램에 따라 코소보와 아프가니스탄에 병력을 파견했다. 시리아의 골란고원에 유엔 평화유지군의 일원으로 파병하기도 했고, 2010년대 중반 시리아 내전이 확산되었을 때는 난민 1000여 명을 받아들이기도 했다.

다뉴브강 유역의 국가들인 루마니아, 불가리아, 슬로바키아, 헝가리 등 11개국은 1948년 창설된 다뉴브위원회를 통해 다뉴브강의 활용과 관련한 협력을 추구하고 있다(오스트리아는 1960년 이 위원회에 가입했다). 이 위원회에서도 "오스트리아가 없으면 회의가 진행되지 않는다"는 말이 나올 정도로 오스트리아는 주변 국가와의 협력에서도 주도적인 역할을 하고 있다.

이렇게 오스트리아는 중립이면서도 중립 정책의 정향을 적극적으로 해석해 국제분쟁의 해결, 국제평화의 증진, 인도적 지원과 재건, 테러리즘 확산 방지, 주변국과의 협력 등에 세계 어느 나라 못지않게 적극 나서고 있다. 그러면서 영세중립의 의미를 새롭게 정립해 나가고, 스스로 국가의 국제적 위상을 신장시켜 나가고 있다.

무엇이 참여적 중립을
지속하게 하나?

이렇게 오스트리아가 영세중립이면서 적극적·참여적이고 큰 외교를 지속할 수 있는 요인은 무엇일까?

첫째, 정치적 합의의 전통이다. 제2차 세계대전 이후 임시정부와 공식 정부를 수립해 나가면서 합의의 힘을 경험한 사민당, 국민당, 공산당 등 여러 정치세력은 이후에도 줄곧 대화와 합의로 정치를 실행해왔다. 이러한 바탕 위에서 국민적 화합을 도모하고, 경제 정책과 대외 정책에서도 일관성을 유지할 수 있도록 해주었다. 보통의 작은 나라에서는 보기 어려운 풍경이다. 작은 나라가 작은 나라인 여러 이유 중 큰 비중을 차지하는 것이 정치적 분열이다. 이것 때문에 영토와 국민은 많은데 여전히 작은 나라에 머물러 있는 나라가 많다. 아프리카와 중남미, 동남아에 이런 나라가 부지기수이다. 오스트리아는 이런 문제를 극복하고 합리적인 전통을 만들어 작은 나라지만 큰 외교를 계속 펴고 있다.

둘째, 오스트리아 국민의 외교에 대한 지대한 관심이다. 소국으로 중립을 유지해 나가기 위해서는 주변 정세에 주목하지 않을 수 없다. 오스트리아 국민은 실제 그렇다. 오스트리아 신문들을 보면 쉽게 알 수 있다. 이 나라 주요 일간지의 톱뉴스는 보통 외신 뉴스이다. 세계의 변화, 국제사회의 움직임, 주변국의 정책 변화에 매우 민감하고, 늘 이에 관심을 기울인다. 국제 문제에 대한 관심은 국가의 미래에 대한 관심에서 오는 것이라 할 수 있다. 오스트리아 국민은 국제 문제를 주시하면서 나라의 미래를 깊이 생각한다. 그런 현상이 작은 나라이면서 자주적인 외교를 하는 영세중립국을 지속하도록 만든다.

셋째, 오스트리아 국민의 실용주의 정신이다. 영국의 존 메이너드 케인스John Maynard Keynes와 함께 20세기 전반의 대표적인 경제학자로 평가되는 조지프 슘페터Joseph Schumpeter가 오스트리아 출신이다. 슘페터는 기업가 정신과 혁신, 이를 바탕으로 한 창조적 파괴가 경제발전의 원동력이 될 수 있음을 논리적으로 주장해 세계적인 경제학자가 됐다. 슘페터의 주장처럼 오스트리아의 기업들은 연구개발R&D에 파격적인 투자를 하면서 새로운 제품들을 개발해 국가 경제의 성장을 이끌어왔다. R&D에 대한 국가 지원 체제도 잘 갖추어져 있다.

세계 곳곳에서 한 해 50억 병 이상 팔리는 스포츠 음료 '레드불'의 사례는 오스트리아 사람들의 실용주의 정신을 잘 보여준다. '레드 불'을 개발한 디트리히 마테쉬츠Dietrich Mateschitz는 1944년 오스트리아 중부에 있는 장크트마라인임뮈르찰에서 출생해 빈대학 경영학과를 졸업했다. 영국의 생활용품 기업 유니레버에서 직장 생활을 시작했고, 독일 치약 제조업체 블렌닥스로 이직했다.

블렌닥스의 마케팅 담당 직원이던 1982년 아시아 지역에 제품 홍보를 위해 태국으로 출장을 갔던 마테쉬츠는 공항에서 태국의 전통 음료 '끄라팅 댕'을 마셨다. 이 음료를 마시고는 장거리 비행과 시차로 인한 피로가 어느 정도 사라지는 것을 느꼈다. 마테쉬츠는 "이걸 좀 개선해서 깔끔한 음료로 개발하면 성공할 수 있겠다"는 걸 직감했다. 곧 태국 음료 회사와 협의해 합작 회사를 만들었다. 1984

세계 에너지 음료 시장에서 절대 강자의 위치를 유지하고 있는 '레드 불'.

년의 일이다.

합작회사는 알프스의 청정수와 '끄라팅 댕'의 원료를 합쳐 '레드 불'이라는 음료를 개발해 내놓았다. '끄라팅 댕'이 태국어로 '붉은 황소'라는 의미여서 '레드 불Red Bull'이라는 이름을 붙였다. 곧 대박이 났고, '레드 불'은 지금도 세계 에너지 음료 시장에서 절대 강자의 위치를 유지하고 있다.

1970년대 포스코에 기술협력을 제공해 세계적인 제철기업으로 성장하게 해준 것도 오스트리아의 철강회사 뵈스트알피네였다. 독일의 고급차 BMW에 엔진과 소음 제거 부품 등 핵심 부품을 공급하는 것도 오스트리아 기업들이다. 이런 힘으로 오스트리아는 1인당 국내총생산 5만 9000달러(2024년) 수준의 경제를 구가하고 있다. 이러한 실용주의 정신이 단순한 중립을 넘어 능동적 참여를 지향하는 참여적 중립의 정책, 그에 따른 국가 위상의 증진을 추구하도록 하고 있는 것이다.

요컨대 오스트리아의 정치 엘리트들은 분열과 갈등보다는 대화와 타협, 합의를 통해 국민의 결속을 이끌어낸다. 국민들은 실생활에서 실용 정신과 창조 정신을 꾸준히 발휘하면서 국제정세와 외교에도 끊임없이 주목한다. 이런 바탕 위에서 오스트리아의 참여적 영세중립의 전통은 이어지고 있는 것이다.

'작은 나라, 당찬 외교'라는 제목으로 책을 써야겠다는 생각이 든 게 2023년 3월이다. 당시 윤석열 정부는 일제 강제징용 피해자에게 제3자 변제 방식의 해법을 결정했다. 일본이 불법성을 인정 안 해도 좋고, 일본 측이 배상을 안 해도 된다는 식이었다. 그러면서 우리가 물잔의 반을 채웠으니 일본이 나머지 반을 채울 거라고 했다. 참 답답하다는 생각뿐이었다. 아무리 의식이 없고, 생각이 모자라고, 식견이 부족해도 그렇지 전 국민을 바보로 만드는 정책이 아닐 수 없었다. 국민들은 여전히 일본이 반성을 안 하고, 적반하장 식으로 나오는 데에 심한 반감을 가지고 있다. 그런데 정부는 아니다. 일본의 선의를 기대하며 외교를 해야 한단다.

이런 상황을 보면서 '당찬 외교', '줏대 있는 외교', '결기 넘치는 외교'를 하는 나라들을 찾아서 정리를 해보아야겠다는 생각을 했다. 책을 쓰기 시작하면서 걱정을 했다. 사례가 부족하면 어떡하지, 하는 염려였다. 기우였다. 사례는 많고 넘쳤다. 공부를 해보니 꼬리에 꼬리를 물고 사례는 나왔다. 13개 나라를 묶을 수 있게 되었다. 모두 생각 있는 외교를 하는 나라들이다. 작지만 생각이나 신념, 자존심, 줏대, 의지는 결코 작지 않은 나라들이다.

공통점은 신념 있는 외교의 전통을 만들어낸 주인공이 있고, 줏대 있는 외교가 하나의 문화로 정착해 있다는 것이다. 싱가포르의 리콴유 총리, 코스타리카의 루이스 알베르토 몽헤 대통령, 베트남의 호찌민 주석, 스위스의 앙리 기장 장군, 스웨덴의 페르 알빈 한손 총리, 오스트리아의 카를 레너 대통령 등이 자주 외교의 전통을 형성하는 데 결정적인 역할을 한 인물들이다. 이들은 국론이 분열되고 사회가 중심 없이 흔들릴 때 다양한 세력들을 설득해 대화와 합의에 기초해 문제를 해결해 나가는 전통을 만들었다. 이런 사회적 기반은 중심 있는 외교의 기름진 토양이 되었다.

이런 사례들을 분석하면서 자주 외교의 기반, 문화적 배경 등을 정리하다 보니 우리 외교, 특히 보수 정권에서 외교는 더욱더 한심하고 답답하게 느껴진다. 왜 미국에 편승하는 전략을 지고지순하게 여기는지, 중국과는 척지어도 된다는 것인지, 일본에게는 왜 할 말을 못하는지, 북한과는 왜 계속 싸우려고만 하는지, 이해 못할 일 투성이이다.

미국이 우리를 도운 사실을 모르는 사람은 없을 것이다. 어려울 때 원조를 해줬고, 한국전쟁 때는 전쟁을 대신해줬다. 고마운 일이다. 하지만 그렇다고 해서 영원히 미국을 추수하면서 한미 동맹 지상주의에 빠져 있을 필요는 없다. 중국을 포위하자면 같이하고, 일본과 연대해서 북한을 압박하자면 같이할 필요까지는 없다.

우리 나름의 판단과 비전이 있어야 한다. '미국 너희들 사정은 알겠는데, 우리는 중국과 경제 관계를 계속 확대하고 싶어. 일본과 아직 안보협력을 할 만큼 신뢰가 쌓여 있지도 않아.' 왜 이렇게 말하지 못하나. 미국이 기분 나쁠까봐? 미국이 갑자기 주한 미군을 철수시킬까 봐? 이것도 기우다. 미국으로부터 버림받을까 봐, 즉 방기당할까 봐 지나치게 걱정하는 것이다.

기분 나쁠 수는 있다. 하지만 그렇다고 갑자기 한미 동맹을 버리고 주한 미군을 철수하는 일은 없다. 주한 미군이 그렇게 철수해도 되는 것이라고 생각했으면 벌써 철수했다. 미국은 국익이 없는 곳에 군대를 보내고 돈을 쓰지 않는다. 할 말을 하고, 우리가 필요한 것은 얘기해야 한다. 이제 미국의 눈치는 그만 봐도 된다. 그동안 너무 많이 봤다.

중국과는 관계를 얼른 회복해야 한다. 세계 제조업의 30퍼센트를 차지하는 중국과 관계가 얼어붙은 상태로 계속 가도 된다고 생각하는 걸까? 더욱이 중국의 산업 구조는 점점 고도화되고 있다. 미국이 막아도 첨단 기술은 날로 발전하고 있다. 왜 이런 나라와 소원하게 지내야 하는가? 싱가포르처럼, 베트남처럼 미국과도 중국과도 협력하면서 지내면 안 되는 것인가?

의식의 문제다. 대통령, 경제·외교 엘리트들의 인식이 문제다. 보수는 성장을 우선시하는데, 윤석열 정부는 보수 아닌가? 왜 우리의 장기 성장을 담보할 수 있는 길을 버리는 것인가? 모를 일이다. 21세기에도 이념 외교, 가치 외교에 매달리는 게 신기하기도 하다. 말은 늘 미래를 지향한다고 하는데 실제로는 1970년대에 머물러 있다.

일본에는 왜 늘 굽히는 것인지, 이건 더 이해되지 않는다. 물 잔의 반을 채워야 할 일본은 아직 반성도 사과도 할 생각이 없다. 잘못한 것이 전혀 없다는 종전의 태도 그대로다. 그렇다면 "우리가 당신들 선의에 기대를 걸고 강제징용 문제를 해결했는데, 왜 태도에 변화가 없는 것인가. 적반하장의 모습은 고쳐야 한다. 다시 그런 모습이 재연되면 강제징용 제3자 변제방식을 취소하겠다." 이 정도는 얘기해야 되는 것 아닌가?

그런데 윤석열 정부는 그러기는커녕 계속 양보다. 강제동원 피해 현장인 사도광산 유네스코 세계문화유산 등재에도 찬성해줬다. 강제 노역을 사도광산 역사에 포함시키겠다는 약속을 일본이 어기고 있는데도 찬성을 해준 것이다. 후쿠시마 원전 오염수 방류에 대해서는 여전히 별 얘기를 안 한다.

윤 정부는 만주국의 간도특설대 장교로 활동한 백선엽을 친일 인사가 아니라고 강변하는 김형석이라는 인물을 독립기념관장으로 임명했다. 또 대통령실 국가안보실 1차장 김태효는 방송에 나와 "중요한 것은 일본의 마음이다. 마음 없는 사람을 억지로 다그쳐서 사과를 받아낼 때 그것이 과연 진정한가"라고 밝혔다. 해명이 더 가관이다. 일본이 진정성 있는 사과를 하도록 해야 한다는 얘기였단다.

김태효의 말을 그렇게 들은 사람이 있는가? '이제 일본의 입장을 고려해야 한다', '사과를 더 이상 요구할 필요 없다.' 그의 말을 이렇게 해석한 사람이 나쁜가? 유사시 자위대가 한반도에 들어올 수도 있다고 생각하는 인물이니 일본의 마음을 먼저 생각하는 것이 어쩌면 당연한 일일지도 모르겠다.

북한과는 왜 싸우려고만 할까? 여기에는 여러 가지 요인이 있다.

첫째, 보수는 북한을 무조건 싫어한다. 악마로 여긴다. 이념적으로 싫어하고 감정적으로도 싫어한다.

둘째, 북한과 싸워야지 세력을 결속시킬 수 있다. 북한이 곧 쳐들어올 것처럼 얘기하고, 위기의식을 부추겨야 보수를 똘똘 뭉치게 할 수 있다.

셋째, 미국 말대로 한·미·일 안보협력을 강화하려면 북한을 계속 악마화해야 한다. 더욱이 윤석열 정부는 일본과의 안보협력에 목을 매다시피 하고 있다. 북한이 밀고 내려오면 유엔사의 후방 기지, 즉 일본에 있는 미군기지 일곱 개가 매우 중요한 역할을 하는데, 이 후방기지가 원활하게 작동하려면 일본의 협력이 중요하다. 이동 경로 협조, 필요한 물자 보급 등 일본이 해줄 부분이 많다. 한·일 안보협력, 한·미·일 안보협력을 견고하게 만들어내려면 북한이 계속 악마로 존재해야 한다. 더 나쁜 악마가 되어가야 한다.

그런데 이런 생각은 참 단순하다. 국가 운영이라는 게 엄청 고차원일 것 같지만 그렇지는 않다. 천박한 인식을 가진 엘리트들이 그 얕은 인식을 그대로 내치에, 외치에 적용하는 경우가 너무 많다. 대부분 그렇게 운영된다. 트럼프 미국 대통령은 어땠나? '중국 성장 막아야 하니 중국 제품에 관세를 매겨, 중국에 기술 줄 만한 제품 수출 하지 마.' 이런 단순한 인식으로 세계를 흔들어놓았다.

식견 있어 보이는 케네디는 또 어땠나? '쿠바 점령해버려, 한 1500명 정도면 되겠지.' 이런 생각으로 1961년 쿠바에 병력을 보냈다. 완전 실패였다. 물론 전 정부에서 CIA가 주도해 만들어놓은 침공 계획이었지만, 케네디는 막지 않고 실행했다.

북한이 내려올 가능성이 있는지, 북한이 어떤 생각을 하고 있는지, 북한이 지금 어떤 상황에서 어떤 전략을 고민하고 있는지, 이런 것들에는 관심도 없고 알려고도 하지 않는다. 북한은 나쁜 놈들, 호시탐탐 침략을 노리는 놈들, 그러니 계속 압박하고, 침략에 대한 대응책을 만들어내고, 무기를 만들고, 미국·일본과 안보협력을 강화해야 한다는 생각만 한다.

생각을 조금만 바꾸면 정책은 180도 달라진다. 북한과 싸우려 하지 않고 대화하려 하면 달라지는 것이다. '안보 딜레마security dilemma'라는 게 있다. 그리스 역사학자 투키디데스가 『펠로폰네소스 전쟁사』에서 강조하는 것이다. 아테네는 스스로의 안전을 위해서 군대를 강화하고 동맹을 확대해 나갔는데, 스파르타는 이를 침략 준비로 보았다. 그래서 스파르타가 아테네를 먼저 공격한다. 결국 양국 사이에 긴 전쟁이 시작된다. 한쪽이 안보를 강화하면, 다른 쪽은 위기의식이 높아지고, 그 쪽도 병력을 강화한다. 결국 안보 강화는 위기로 연결된다. 이것이 안보 딜레마이다.

우리가 무기를 더 만들고 미국, 일본과 안보협력을 강화하면 북한은 이를 보고 나름의 안보 강화 조치를 하게 된다. 그러면 결국 우리는 더 큰 위기 속으로 들어가게 된다. 조금만 생각해보면 바보짓인데, 그걸 왜 계속하는가? 거기서 정치적·경제적 이익을 확보하려는 근시안의 대통령과 엘리트들 때문일 텐데, 나라를 계속 나락으로 떨어뜨리는 짓을 계속해야 하는지 깊이깊이 생각해볼 일이다.

생각을 바꾸면 된다고 했는데, 국가 간의 관계에서 정말 중요한 것이 생각이다. 국제정치학에서 관념idea, 정체성identity, 이익

interest 등으로 표현되는 것이다. 힘보다 훨씬 더 중요한 것이 생각이다. 상대국을 적으로 생각하면 무기를 사야 한다. 하지만 대화의 상대로 생각하면 협업해서 상생할 수 있다.

북한을 악마라고 생각하면 답은 하나다. 때려잡아야 하는 것이다. 하지만 대화의 상대이기도 하고, 장기적으로는 통일을 논의해야 할 주요 파트너라고 생각하면, 얘기는 완전히 달라진다. 무기 살 돈으로 북한에 공장 짓고 서로 잘 되는 길을 함께 모색할 수 있다. 그게 구성주의constructivism이다. 현실주의realism는 국가 간의 관계에서 가장 중요한 것이 힘이라고 본다. 모든 국가는 힘을 죽도록 추구하고, 힘이 강한 강대국이 국제정치를 주도하게 되어 있다고 생각한다. 하지만 구성주의는 다르다. 국가 간의 관계에서도 가장 중요한 것은 생각이라는 것이다.

미국이 가진 핵무기 5000개, 북한의 핵무기 50개 중 어느 것을 더 무서워하나? 우리 사회 대부분의 사람은 북한의 핵무기 50개를 더 무서워 할 것 같다. 현실주의 관점으로는 말이 안 된다. 핵무기를 5000개 가진 미국을 훨씬 무서워해야 한다. 힘이 더 세니까. 그런데 북한을 더 무서워한다. 바로 우리가 그렇게 생각하도록 교육받고, 그렇게 생각하도록 하는 정보를 많이 접하기 때문이다. 북한을 무서워하게 된 것은 바로 '북한은 무서운 존재'라는 생각 때문이다.

생각이 중요한데, 구성주의가 주장하는 생각은 변화하는 것이다. 국가들이 교류하고 교섭하고 거래를 계속하면 상대국에 대한 생각도 바뀐다는 것이다. 북한을 '무서운 존재'로 생각했더라도 교류를 하면서 다른 측면들을 발견하면 생각이 바뀐다는 것이다. 그래서 중요한 것이 대화하고 교류하는 것이다.

그런데 윤석열 정부는 대화를 싫어한다. 외교의 기본이 대화인데, 외교를 싫어하는 것이다. 물론 미국이나 일본, 우호적인 국가들과의 외교는 좋아한다. 같이 사진 찍고 덕담 주고받는 것은 좋아한다. 하지만 이건 진정한 외교가 아니다. 외교 놀이이다. 대통령은 기본적으로 이걸 좋아하게 돼 있다. 국내적으로는 비판도 많이 받고 욕하는 사람도 많은데, 외국 나가면 대접받고 세계 언론의 조명도 받고 좋다. 그러니 자꾸 나가려 한다. 하지만 한 나라를 한때라도 책임지고 있다는 책임감이 조금이라도 있다면 진정한 외교를 해야 한다.

만나기 싫어하는 나라를 만나고, 상대가 싫어하는 얘기를 많이 해야 한다. 그러면서 우리의 국익을 찾고 우리의 국격을 높여가야 한다. 이 책에서 소개하는 나라의 리더들은 대부분 그랬다. 국내적으로 정쟁을 주도하는 상대방을 만나 설득했다. 나라의 방향을 잡아가는 일에 동참하도록 했다. 그렇게 좌와 우를 통합하고, 부자와 빈자들의 갈등을 조정했다. 대외적으로는 때로는 대화로 때로는 결기로 국익을 확보해 나가고, 전쟁 종식과 국제평화 증진 등 지구적인 문제 해결에 발 벗고 나섰다.

우리의 대외 관계를 관장하는 높고 낮은 엘리트들이 아침에 일어나 출근하면서 '오늘은 일을 어떻게 풀어가 보나? 어느 길이 나라가 좋아지는 길이지?' 이런 고민을 하는 사람이 몇이나 될지 모르겠다. 대통령은 과연 이런 고민을 하고 있는지, 일선의 외교관들은 "오늘도 무사히" 기도만 하는 것은 아닌지 걱정이 되기도 한다.

늘 하는 얘기 같지만 우리를 둘러싼 국제환경은 실로 엄혹하다. 미국, 중국은 언제 끝날지 모를 전략 경쟁을 계속하고 있고, 일본은 진정한 한일 관계의 발전보다는 우리를 이용하려고만 한다. 조금 잘못 판단해 엉뚱한 길로 들어서면 국가의 미래가 긴 터널 속에 갇힐 수도 있다.

학자들이 외교관의 자질로 주로 강조하는 정확성, 침착성, 인내심 등도 중요하지만, 국가의 긴 미래에 대한 고민이 더 긴요해 보인다. 대통령은 국가의 대계를 담은 장기 외교 전략을 내놓고 그에 따른 액션 플랜을 따라야 한다. 외교 엘리트들에게는 강한 충성심이 요구된다. 대통령에 대한 충성이 아니라 국가에 대한, 국가의 장기 미래에 대한 충성이 어느 때보다 필요한 때가 아닐 수 없다.

참고문헌

〈단행본〉

권선홍 외, 『외교론』, 부산외국어대학교 출판부, 2009.

김덕, 『약소국 외교론』, 탐구당, 1992.

해롤드 니콜슨, 신복룡 옮김, 『외교론』, 평민사, 1981.

하수정, 『스웨덴이 사랑한 정치인 올로프 팔메』, 폴리테이아, 2012.

Hedley Bull, 『The Anarchical Society: A Study of Order in World Politics』, Third Edition, Mcmillan, 2002.

Harold Nicolson, 『Diplomacy』, Third Edition, Oxford University Press,1969.

Robert L. Rothstein, 『Alliances and Small States』, Columbia University Press, 1968.

Jan L. van Zanden·Richard T. Griffiths, 『Economical History of the Netherlands in the Twentieth Century』, Utrecht, 1989.

〈논문〉

곽재성·주효연, 「쿠바 의료 외교의 유용성과 한계」, 『라틴아메리카연구』 Vol.32 No.2, 2019, 49~68쪽.

김대성, 「제2차 걸프전과 터키의 대미, 대이라크 정책」, 『한국이슬람학회 논총』 제17권 제1호, 2007, 121~144쪽.

김새미, 「중견국 공공외교의 문화자원: 스웨덴 사례 연구」, 『유럽연구』 제39권 제2호, 2021, 277~308쪽.

김용균·백용훈, 「베트남 2023: 경제 부진, 외교 약진, 정치 정진」, 『동남아시아연구』 제34권 제1호, 2024, 33~62쪽.

김용빈, 「제2차 세계대전 시 독일의 침공을 억제한 스위스 방위전략의 특징과 교훈」, 『군사』 제88호, 2013, 291~329쪽.

김인춘·김옥, 「유럽 통합과 스웨덴 중립 노선: 역사, 성격, 진화」, 『한국과 국제정치』 제24권 제4호, 2008, 221~253쪽.

김진호·강병철, 「스웨덴과 핀란드의 중립화의 정치: 국제-지역-국내정치의 다이내믹스」, 『유럽연구』 제25권 3호, 2007, 49~87쪽.

김진호·김순임, 「코스타리카 비무장 영세중립 정책 연구」, 『평화학연구』 제10권 제4호, 2009, 149~168쪽.

김홍섭, 「오스트리아 모델: 친서방 영세중립의 성립과 발전」, 『독일언어문학』 제88호, 2020, 207~232쪽.

닐스 미스터버리, 「네덜란드의 한국전쟁 참전에 대한 연구」, 서울대학교 국제대학원 석사 논문, 2016.

심종석·김봉철·심민섭, 「영국-아이슬란드 대구 어업 분쟁에 관한 평가와 시사점」, 『EU연구』 제68호,

2023, 291~312쪽.

안성호, 「읍면동 풀뿌리자치와 향방전력 강화 방안: 스위스 2차 대전 '고슴도치 국방'의 교훈」, 『한국지방자치학보』 제24권 제1호, 2012, 47~76쪽.

우준모, 「우크라이나 전쟁을 통해 발견한 리투아니아의 지속가능 발전전략」, 『국제지역연구』 제26권 제4호, 2022, 59~82쪽.

이윤범, 「호치민 민족주의와 베트남의 외교전략: 남중국해 군도의 영유권 분쟁을 중심으로」, 『동남아연구』 제22권 제2호, 2012, 275~306쪽.

이장원·박기형, 「미·중 패권경쟁 사이에서 싱가포르의 외교적 선택과 시사점」, 『분석과 대안』 제6권 제3호, 2022, 203~245쪽.

이종주, 「김정은의 핵 강압외교 연구」, 『현대북한연구』 제22권 제3호, 2019, 88~130쪽.

이하얀, 「리투아니아의 경제 및 외교 전략: 레이저 산업을 둘러싼 중국과의 관계를 중심으로」, 『EU연구』 제69호, 209~234쪽.

임상래, 「식민지의 조건과 국가 발전: 코스타리카 성공의 역사적 성격을 중심으로」, 『중남미연구』 제35권 제4호, 2016, 87~110호.

임태훈, 「스웨덴과 핀란드의 중립 외교와 나토(NATO) 가입 영향에 관한 연구」, 『유럽연구』 제41권 제3호, 2023, 157~176쪽.

장붕익, 「이라크전쟁과 네덜란드의 외교정책: 대미정책의 현재와 그 전망」, 『국제지역연구』 제7권 제2호, 2003, 118~154쪽.

장붕익, 「제2차 세계대전 후의 네덜란드의 외교안보: 중립에서 능동적 외교 정책으로의 전환」, 『서유럽연구』 제1호, 1995, 51~63쪽.

장붕익, 「Dirk U. Stikker와 네덜란드의 전후 외교정책」, 『EU연구』 제9호, 2001, 161~185쪽.

장철균, 「스위스 중립의 성격과 한반도 중립 논의」, 『JPI 정책 포럼』, 2011년 11월, 1~13쪽.

정기웅, 「쿠바의 의료 외교: 소프트 파워 외교에의 함의」, 『국제정치 논총』 제55권 제3호, 2015, 295~326쪽.

정혜영, 「미·중 세력균형의 중심적 동학: 중국의 부상(浮上)과 싱가포르 전략균형 과제」, 『한중관계연구』 제5권 제3호, 1~34쪽.

조윤수, 「에르도안 대통령의 튀르키예: 20년의 통치 궤적과 국민적 선택」, 『외교』 제146호, 2023, 113~130쪽.

조현, 「제1차 세계대전에 대한 오스트리아의 성찰과 교훈」, 『글로벌정치연구』 제7권 제1호, 2014, 113~135쪽.

조현용·정기원·김용호, 「김정은 체제 외교 정책변화의 결정요인 분석: 대북제재와 국내정치 동학」, 『국방연구』 제62권 제4호, 2019, 133~157쪽.

최슬기, 「사회통합 역량으로 바라본 터키 사회의 질」, 『국제·지역연구』 제22권 제2호, 2013, 121~145쪽.

하용출·박정원, 「약소국의 자주외교 전략: 유럽 사례를 통해 본 가능성과 한계」, 『전략논총』 제9집, 1998, 7~59쪽.

홍순남, 「터키의 외교 정책기조」, 『중동연구』 제10권 제1호, 1991, 131~164쪽.

Pelin Aliyev·Göktuğ Çalişkan, 「How Does the GeopoliticlaPosition of Djibouti Influence its Relations with Great Power?」, 『The Journal of Diplomacy and Strategy』 Vol.4 No.2, 2023, pp.190~228.

Robert O. Keohane, 「Lilliputians' Dilemmas: Small States in International Politics」, 『International Organization』 Vol.23 No.2, 1969.

Kanako Masuda, 「Competition of Foreign Military Bases and theSurvival Strategies of Djibouti」, 『Knowledge Report』(JICA Ogata Sadako Research Institute for Peace and Development) No.8, 2023, pp.1~29.

〈기사〉
강민경, 「쿠바 최고 수출무기는 의사… 팬데믹 때마다 활약한 '백의의 군대'」, 『뉴스1』, 2024년 2월 15일.
권홍우, 「약소국의 벼랑 끝 전술, 대구 전쟁」, 『서울경제』, 2016년 9월 1일.
김나영, 「중·러와 맞짱 '인구 270만' 리투아니아… 비밀병기는 최첨단 레이저기술」, 『조선일보』, 2024년 2월 16일.
김리안, 「호박씨 깐 튀르키예… 중재한다더니 뒤로는 러시아 도왔다」, 『한국경제』, 2023년 11월 28일.
김병호, 「'셰셰' 외친 이재명과 달랐던 和 대사」, 『매일경제』, 2024년 3월 29일.
김병호, 「푸틴의 발레리나 서울 공연을 許하라」, 『매일경제』, 2024년 3월 08일.
김세훈, 「아이슬란드 사람들은 '행복'을 묻지 않는다」, 『경향신문』, 2016년 5월 31일.
김선한, 「지부티, 주요 강대국 각축장으로 변모… 미·중·유럽 진출 활발」, 『연합뉴스』, 2016년 4월 11일.
김정은, 「나토에 스웨덴기 올라간 날… 중립 노선 폐기 우려 목소리」, 『연합뉴스』, 2024년 3월 12일.
김주영, 「나토 들어가려는 스웨덴… 중립국 지위 누리며 변명」, 『매일경제』, 2023년 4월 27일.
김지원, 「불, 20세기 최대 굴욕에도… 아 거점 위해 베트남과 손잡아」, 『조선일보』, 2024년 5월 8일.
김찬호, 「스위스를 스위스답게 만든 이것」, 『오마이뉴스』, 2023년 10월 19일.
김현아, 「영-아이슬란드 조업권 놓고 18년간 '대구 전쟁' 하기도」, 『문화일보』, 2018년 9월 21일.
류지영, 「강대국의 각축장으로 변모한 아프리카 소국 지부티」, 『서울신문』, 2016년 4월 11일.
박찬일, 「북유럽 섬나라 아이슬란드도 삭힌 홍어 먹는다」, 『중앙선데이』, 2018년 12월 15일.
박혜정, 「아이슬란드의 신참 정착민들」, 『월간 샘터』, 2018년 1월호.
서민영, 「베트남, 게릴라 전술로 프랑스 물리쳐 식민통치 끝냈죠」, 『조선일보』, 2024년 5월 22일.
소정현, 「영세중립국 표방… 세계 최고의 금융산업」, 『서울일보』, 2020년 9월 3일.
신아형, 「코로나 외교로 존재감 키운 '의료강국 쿠바'」, 『동아일보』, 2020년 6월 10일.
신창호, 「카스트로, 638번 암살당할 뻔한 사나이」, 『쿠키뉴스』, 2006년 8월 3일.
안문석, 「싱가포르의 '새우의 고래 외교'」, 『인물과사상』, 2016년 12월호.
안석호, 「쿠바 의료지원단, 대재난 때 이들 없었다면…」, 『세계일보』, 2010년 12월 27일.
유병훈, 「나토의 골칫덩이 튀르키예가 갑자기 태세 전환한 이유」, 『조선일보』, 2023년 7월 13일.
유준, 「세계서 '가장 평온한 도시'에 아이슬란드 레이캬비크… 서울은 몇 위?」, 『매일경제』, 2024년 2월 28일.
윤서원, 「리콴유와 장남 리셴룽… 부자가 싱가포르 51년 집권했어요」, 『조선일보』, 2024년 5월 8일.
이봉현, 「자유언론의 피난처를 지향하는 아이슬란드」, 『신문과 방송』, 2010년 3월호.
이상헌, 「나폴레옹 전성기 연상시키는 유럽… 핀란드·스웨덴의 나토 가입」, 『여성경제신문』, 2023년 7월 24일.
이서화, 「연방공화국 스위스엔 대통령이 7명이에요」, 『경향신문』, 2011년 4월 3일.
이장훈, 「'21세기 다윗' 리투아니아, 왜 '골리앗' 러시아에 맞서나」, 『주간동아』, 2022년 7월 3일.
이정봉, 「중국에 '맞짱' 뜨는 유일한 나라 '리투아니아'… 세계 외교가가 놀랐다」, 『중앙일보』, 2022년 1월 26일.
이창우, 「스위스 국민 55%, 본국과 나토와의 관계 강화 지지」, 『뉴스비전』, 2023년 3월 18일.

이철민, 「NYT 등 미 언론, '트럼프의 분노와 화염 발언은 그의 즉흥적 표현'」, 「연합뉴스」, 2017년 8월 10일.

장예지, 「한국, '북한 형제국' 쿠바와 수교… 20여년 노력 결실」, 「한겨레」, 2024년 2월 16일.

장제일, 「아이슬란드 행복지수의 비결」, 「영남일보」, 2023년 7월 8일.

전수진, 「'미처럼 틱톡 금지? 우리는 다르다' 싱가포르 첫 서민 총리」, 「중앙일보」, 2024년 5월 11일.

정세정, 「중국의 1000년 지배 받았지만 자기 정체성 지켰죠」, 「조선일보」, 2023년 12월 27일.

정지섭, 「베트남 승전과 역사의 교훈」, 「조선일보」, 2024년 5월 22일.

정지섭, 「피의 과거 딛고 미래로 가는 '베·프'」, 「조선일보」, 2024년 5월 8일.

조현, 「냉전시대 중립국 외교로 발전 기틀, 대제국 시절 못잖은 영향력 되찾아」, 「중앙일보」, 2013년 9월 29일.

조홍석, 「아이슬란드는 어떻게 독립을 쟁취했을까」, 「매경 이코노미」, 2024년 6월호.

천금성, 「어촌이 나라 먹여 살린다: 선진 수산국 아이슬란드를 가다」, 「어항」, 2007년 가을호.

최재서, 「트럼프, 2017년 '북한에 핵 공격하고 남 탓하자' 논의」, 「연합뉴스」, 2023년 1월 13일.

Azernews, 「Russia becomes Turkiye's main energy supplier」, 「Azernews」, January 6, 2024.

Steven Dudley, 「Cuban doctors defect, speak out」, 「Miami Herald」, August 15, 2006.

David Evans, 「Turkey saves $2 billion on Russian oil as importssoar despite sanctions」, 「Reuters」, December 18, 2023.

Neil Ford, 「Djibouti's Diplomacy in the International Arena」, AfricanBusiness, May 14, 2024.

Eman Zahid Jokhio, 「Strategic Significance of Djibouti: A GeopoliticalPlayground for Global Powers」, 「Modern Diplomacy」, February 21, 2024.

Sizo Nkala, 「Locating Africa in the Indo-Pacific: The Case ofDjibouti」, 「E-International Relations」, September 12, 2023.

The Editorial Board, 「Cuba's Impressive Role on Ebola」, 「The NewYork Times」, October 19, 2014.

Nigusu Adem Yimer, 「How Djibouti Surrounded Itself by MilitaryBases」, 「Politics Today」, March 17, 2021. https://politicstoday.org/djibouti-surrounded-by-military-bases-of-china-us-france-uk-germany-others/